政治经济学报

第30卷

孟 捷 龚 刚 主编

重庆出版集团 重庆出版社

图书在版编目（CIP）数据

政治经济学报. 第30卷 / 孟捷，龚刚主编. -- 重庆：重庆出版社，2024.9. -- ISBN 978-7-229-19021-7

Ⅰ. F0-53

中国国家版本馆CIP数据核字第2024AS8377号

政治经济学报（第30卷）
ZHENGZHI JINGJI XUEBAO（DI-30 JUAN）
孟 捷 龚 刚 主编

责任编辑：荣思博 李 茜
责任校对：刘小燕
装帧设计：刘沂鑫

重庆出版集团
重庆出版社 出版

重庆市南岸区南滨路162号1幢 邮编：400061 http://www.cqph.com
重庆出版社艺术设计有限公司制版
重庆市鹏程印务有限公司印刷
重庆出版集团图书发行有限公司发行
E-MAIL:fxchu@cqph.com 邮购电话：023-61520678
全国新华书店经销

开本：787mm×1092mm 1/16 印张：13.25 字数：270千
2024年9月第1版 2024年9月第1次印刷
ISBN 978-7-229-19021-7
定价：53.00元

如有印装质量问题，请向本集团图书发行有限公司调换：023-61520678

版权所有 侵权必究

目录
CONTENTS

1	**政治经济学研究**
3	正确认识积累、消费与经济增长的关系 /冯金华 齐 昊
25	克服"非正规性":一项"先行示范区"走向高质量发展的学理研究 /席伟健
41	政道理念、建构性市场与基层治理:"生态银行"的政治经济学 /王东宾 李 波
60	技术进步、劳动控制与劳动生产率 ——基于鲍尔斯劳动榨取模型的修正与拓展 /卢 江 郭子昂
79	作为经济学概念的集体 /许建明
97	共同富裕的内涵:对相关共识与争议的政治经济学考察 /谢 超
115	**乡村振兴专题**
117	乡村振兴必须坚持正确的政治方向 /于 涛
124	共同富裕视角下宅基地"三权分置"改革成效评估:理论逻辑与指标构建 /刘润秋 王宁宁 张 列

经济学革命与经济思想史

141　究竟什么是供给侧管理：思想史的考察 /朱富强
171　"竞争局面"下非正统经济学流派的发展
　　　——以生态经济学为例 /郭楚晗

国外政治经济学

197　《垄断资本》出版25周年 /保罗·斯威齐
201　金融资本的胜利 /保罗·斯威齐

政治经济学研究

正确认识积累、消费与经济增长的关系

冯金华 齐 昊[*]

摘　要　积累与消费的比例是影响社会总资本再生产的重要因素，也是决定经济增长速度的关键变量。正确认识积累、消费与经济增长之间的关系，有利于科学制定和实施宏观调控政策，实现扩内需、稳增长的政策目标，保障我国经济行稳致远。马克思的社会总资本再生产理论是理解宏观经济运行的一把钥匙，为分析积累、消费与经济增长之间的关系提供了科学的研究框架。本文以马克思的经典例子为起点，关注积累、消费与经济增长之间的逻辑关系，阐释处理好积累与消费关系的宏观意义，说明如何把政府宏观调控与市场机制有机结合起来实现目标增长率。同时，本文还回顾了新中国成立以来积累与消费比例的历史演变，探讨了党和国家在社会主义经济实践中协调积累与消费关系的历史经验。

关键词　积累　消费　经济增长

一、引言

积累与消费的比例是影响社会总资本再生产的重要因素，也是决定经济增长速度的关键变量。积累可以扩大生产能力，促进新技术的应用，推动生产力发展，而消费直接关系到人民生活水平，因此，处理好积累与消费的关系是我国宏观经济治理所遵循的一项基本原则。当前，我国经济面临有效需求不足、部分行业产能过剩，必须着力扩大内需、畅通国内大循环。2023年中央经济工作会议提出："要激发有潜能的消费，扩大有效益的投资，形成消费和投资相互促进的良性循环。"[①]近日，中央财经委员会第四次会议进一步提出"实行大规模设备更新和消费品以旧换新"[②]。在这一背景下，正确认识积累、消费与经济增长之间的关系，有利于科学制定和实施宏观调控政策，实现扩内需、稳增长的政策目标，保障我国经济行稳致远。

---

[*]　冯金华，上海财经大学马克思主义学院教授；齐昊，中国人民大学经济学院副教授。
[①]　新华网：《中央经济工作会议在北京举行　习近平发表重要讲话》，2023年12月12日。
[②]　中国政府网：《习近平主持召开中央财经委员会第四次会议强调：推动新一轮大规模设备更新和消费品以旧换新有效降低全社会物流成本》，2024年2月23日。

马克思的社会总资本再生产理论是理解宏观经济运行的一把钥匙，为分析积累、消费与经济增长之间的关系提供了科学的研究框架。该理论不仅揭示了资本主义经济危机的必然性，而且，该理论也暗含着国家在一定的制度条件下可以对宏观经济起到调节作用，对社会主义市场经济的平稳运行具有丰富的政策含义。其一，部类结构（产业结构）、技术构成、分配结构和剩余价值的使用结构（最终需求结构）是影响社会总资本再生产的一系列结构性因素，分别对应产业政策、创新政策、分配政策和消费及投融资政策等一系列政策工具。这意味着，马克思视阈下的宏观经济治理比传统凯恩斯主义要丰富得多。其二，不同部类的资本之间彼此购买产品，相互创造需求，一个部类的资本支出将引起另一个部类的资本支出，因此宏观经济必然存在"乘数效应"。这意味着，国家可以通过影响个别部类的积累以实现对宏观经济的调节。其三，社会总资本的再生产是一个连续的历史过程，具有"路径依赖"特征。马克思明确阐释了早期的扩大再生产模式对后续再生产路径的影响。这意味着，宏观经济治理要通盘考虑当前和长远，综合实施逆周期与跨周期调节，保持经济处于相对平稳的增长路径上。

迄今为止，学界对马克思的社会总资本再生产理论已有不少研究，但缺少一个从马克思的经典例子延伸而来并与中国制度背景有机衔接的分析框架。并且，就中国特色社会主义政治经济学的教学而言，往往缺少一个连接政治经济学原理与社会主义经济实践的中介。本文试图以浅显易懂的方式填补这一空白。本文以马克思的经典例子为起点，关注积累、消费与经济增长之间的逻辑关系，阐释处理好积累与消费关系的宏观意义，说明如何把政府宏观调控与市场机制有机结合起来实现目标增长率。同时，本文还回顾了新中国成立以来积累与消费比例的历史演变，探讨了党和国家在社会主义经济实践中协调积累与消费关系的历史经验。

余文结构安排如下：第二节介绍马克思的模型；第三节基于马克思的模型，分析如何通过政府与市场作用的结合实现目标增长率；第四节回顾新中国成立以来社会主义经济实践中积累与消费的关系；最后是结语。

二、马克思的模型

（一）模型和假定

在马克思的再生产理论中，社会总产品从实物上被分为生产资料和消费资料，从价值上被分为不变资本、可变资本和剩余价值。[①]若用c、v和m分别表示不变资本、可变资本和剩余价值，用w表示产品的价值总量，用这些变量的下标 1 和 2 分别表示生产生产资料的第一部类和生产消费资料的第二部类，则马克思关于社会总产品的实物构成和价值构成（简称"社会总产品构成"）就可以综合地表示为：

$$c_1 + v_1 + m_1 = w_1$$
$$c_2 + v_2 + m_2 = w_2$$
（1）

马克思根据社会总产品构成模型（1）分析资本积累和经济增长时有一些重要的假定，其中包括[②]：

假定 1：任意一个部类的资本有机构成保持不变。

假定 2：任意一个部类的剩余价值率保持不变。[③]

假定 3：在扩大再生产的过程中，总是第一部类率先积累，且保持积累率[④]不变，第二部类则根据第一部类的积累率以及市场的供求关系来调整自己的积累率，以保证两大部类之间的供求平衡。[⑤]

下面按照社会总产品构成模型（1）和相应的假定 1—3 进一步研究社会总产品的扩大再生产及隐藏在其中的经济增长规律。

（二）扩大再生产

设一开始时（称为"第 0 年"，并称在此之后的下一个时期为"第 1 年"，如此类推），第一部类投入的不变资本和可变资本分别为 4000 和 1000（从而，第一部类的资本有机构成为 4∶1），生产的剩余价值为 1000（从而，第一部类的剩余价值率为 100%），第二部类投入的不变资本和可变资本分别为 1500 和 750（从而，第二部类的资本有机构成为 2∶1），生产的剩余价值为 750（从而，第二部类的剩余价值率亦为 100%）。根据这些数字，第 0 年的社会总产品构成可以更加具体地表示为：

$$4000c_1 + 1000v_1 + 1000m_1 = 6000w_1$$
$$1500c_2 + 750v_2 + 750m_2 = 3000w_2$$
（2）

---

① 《马克思恩格斯文集》第 6 卷，人民出版社 2009 年版，第 438—439 页。
② 除了下面这三条假定之外，马克思还假定生产周期为 1 年且不变资本在 1 年中全部消耗掉、不考虑剩余价值在产业资本家和其他资本家之间的分配、不考虑对外贸易等。
③ 假定 1 和假定 2 显然只适用于"短期"。在"长期"中，无论是资本有机构成还是剩余价值率都不会不变。不过，如果把长期看成是由若干个短期"拼接"而成，则通过在这些构成长期的不同短期中引入不同的资本有机构成和剩余价值率，就可以讨论长期的积累、消费和增长。
④ 这里的"积累率"是指积累或新增总资本占剩余价值的比率。它不同于后文将要使用的国民收入积累率，后者指新增不变资本占国民收入的比率。
⑤ 假定积累从第一部类开始，是因为在现实中积累通常以扩大生产资料生产为前提；此外，如后文所说，无论在计划经济还是在市场经济条件下，政府对第一部类的投资决策往往具有更大的影响力。

这就是马克思著名的"规模扩大的再生产的开端公式"①。

如果进一步设第一部类的积累率为50%，则根据开端公式（1）和假定1—3就可以计算得到：在第0年中，第一部类的积累即新增总资本为50%×1000＝500，资本所有者的个人消费为1000－500＝500；在积累的新增总资本500中，按4∶1的资本有机构成，新增不变资本和新增可变资本分别为400和100；第一部类与第二部类相交换的部分包括原有的可变资本、新增的可变资本与资本所有者的个人消费，三者之和为1000＋100＋500＝1500。

由于第二部类与第一部类相交换的部分包括原有的不变资本和新增的不变资本，但该部类的原有不变资本只有1500，故为了保证两大部类之间的供求平衡，它必须要新增加不变资本100；此外，为了保证第二部类的资本有机构成仍然为2∶1，它还必须要新增加可变资本50。于是，在第0年中，第二部类的总的积累等于100＋50＝150，资本所有者的个人消费为750－150＝600。

按照以上所说重新分配开端公式（2）中的各项即得到第0年的所谓"为积累的目的而改变的组合"②：

$$
\begin{aligned}
(4000c_1 + 400\Delta c_1) + \underline{(1000v_1 + 100\Delta v_1) + 500x_1} = 6000w_1 \\
\underline{(1500c_2 + 100\Delta c_2)} + (750v_2 + 50\Delta v_2) + 600x_2 = 3000w_2
\end{aligned}
\quad (3)
$$

其中，"Δ"表示"新增"，"x"表示资本所有者的个人消费，下画线指示的是需要在两大部类之间进行交换的部分。

由于假定两大部类的剩余价值率不变，即它们在第1年中仍然都是100%，故在经过交换和扩大再生产之后得到的第1年的社会总产品构成为：

$$
\begin{aligned}
4400c_1 + 1100v_1 + 1100m_1 = 6600w_1 \\
1600c_2 + 800v_2 + 800m_2 = 3200w_2
\end{aligned}
\quad (4)
$$

重复上述由第0年的社会总产品构成即开端公式（2）得到第1年的社会总产品构成即公式（4）的方法，就可由第1年的社会总产品构成即公式（4）进一步得到第2年的社会总产品构成。具体如下。

首先，由于假定第一部类的积累率不变，即它在第1年中仍然为50%，故该部类在第1年中的积累或新增总资本为550（＝50%×1100），资本所有者的个人消费为550（＝1100－550）。

其次，由于假定第一和第二部类的资本有机构成不变，即它们在第1年中仍然分别

---

① 《马克思恩格斯文集》第6卷，人民出版社2009年版，第574页。
② 《马克思恩格斯文集》第6卷，人民出版社2009年版，第576页。

为 4∶1 和 2∶1，故在第一部类的新增总资本 550 中，新增不变资本为 440，新增可变资本为 110，从而，与第二部类相交换的部分为 1100 + 110 + 550 = 1760；第二部类的新增不变资本为 160（= 1760 − 1600），新增可变资本为 80，总的积累为 240（= 160 + 80），资本所有者的个人消费为 560（= 800 − 240）。于是，第 1 年为积累的目的而改变的组合可表示为：

$$(4400c_1 + 440\Delta c_1) + \underline{(1100v_1 + 110\Delta v_1) + 550x_1} = 6600w_1 \\ \underline{(1600c_2 + 160\Delta c_2)} + (800v_2 + 80\Delta v_2) + 560x_2 = 3200w_2 \tag{5}$$

最后，由于两大部类的剩余价值率在第 2 年依然为 100%，故经过交换和扩大再生产的第 2 年的社会总产品构成为：

$$4840c_1 + 1210v_1 + 1210m_1 = 7260w_1 \\ 1760c_2 + 880v_2 + 880m_2 = 3520w_2 \tag{6}$$

按照上述方法继续分析第 2 年的社会总产品构成（6）可知，在该年中，按积累的目的而改变的组合为：

$$(4840c_1 + 484\Delta c_1) + \underline{(1210v_1 + 121\Delta v_1) + 605x_1} = 7260w_1 \\ \underline{(1760c_2 + 176\Delta c_2)} + (880v_2 + 88\Delta v_2) + 616x_2 = 3520w_2 \tag{7}$$

经过交换和扩大再生产，得到的第 3 年社会总产品构成为：

$$5324c_1 + 1331v_1 + 1331m_1 = 7986w_1 \\ 1936c_2 + 968v_2 + 968m_2 = 3872w_2 \tag{8}$$

（三）两大部类增长率的趋同

不难发现，在上述的扩大再生产过程中，两大部类的产值增长率（简称"增长率"）最终会趋于相同。

例如，由于任意一个部类 i（$i = 1, 2$）在任意一年 t（$t \geq 1$）中的增长率（用"g_{it}"表示）等于它在这一年的产值减去上一年的产值再除以上一年的产值，故根据上述第 0—3 年的社会总产品构成即公式（2）、（4）、（6）和（8）可以计算得到：

第一和第二部类在第 1 年的增长率分别为

$$g_{11} = \frac{6600 - 6000}{6000} = 0.1$$

$$g_{21} = \frac{3200 - 3000}{3000} \approx 0.067$$

在第 2 年的增长率分别为

$$g_{12} = \frac{7260 - 6600}{6600} = 0.1$$

7

$$g_{22} = \frac{3520 - 3200}{3200} = 0.1$$

在第3年的增长率分别为

$$g_{13} = \frac{7986 - 7260}{7260} = 0.1$$

$$g_{23} = \frac{3872 - 3520}{3520} = 0.1$$

由此可见，尽管第一和第二部类的增长率在第1年不同，分别为0.1和0.067，但在第2年和第3年均相同，即都等于10%（参见图1）。

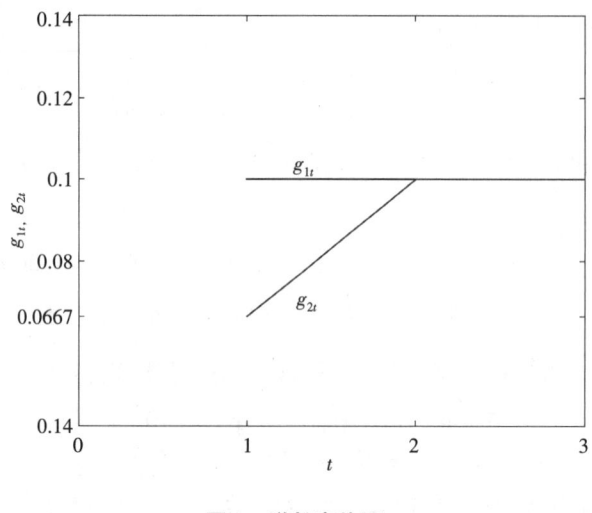

图1　增长率趋同

继续计算下去还可说明，两大部类的增长率不仅在第2年和第3年均等于10%，而且在以后各年也都将等于10%。

于是得到结论：在假定1—3条件下，如果第0年的社会总产品构成如开端公式（2）所示，则当第一部类先积累，且积累率为固定的50%时，从第2年起，两大部类的增长率将总是都等于10%。

上述结论还可以推广到更加一般的情况，即：假定在积累或扩大再生产的过程中，每一部类的资本有机构成和剩余价值率均保持不变，第一部类率先积累且保持积累率不变，则从第2年开始，两大部类的增长率将总是相等的，即有：

$$g_{2t} = g_{1t} \quad t \geq 2 \tag{9}$$

这就是马克思模型中的增长率趋同。在下一节，我们将以这一趋同为前提，得到第一部类的积累率与两大部类总增长率之间的函数关系及其他关系。

三、政府与市场作用相结合实现目标增长率

（一）两大部类积累率

根据上述增长率趋同的结果，即从第2年起，两大部类的增长率一定相同，容易推导它们的积累率之间的相互关系。

例如，第2年的两大部类增长率相同可以表示为：

$$g_{22} = g_{12}$$

根据定义，第二部类在第2年的增长率等于它在第2年的产值减去第1年的产值再除以第1年的产值，即

$$g_{22} = \frac{w_{22} - w_{21}}{w_{21}} = \frac{\Delta w_{21}}{w_{21}}$$

与以前一样，在上式中，产值"w"的第一个下标"2"表示"部类"，第二个下标"2"和"1"表示"年"，如"w_{21}"表示第二部类在第1年的产值，"w_{22}"表示第二部类在第2年的产值（对后面带有双下标的其他变量都作同样的理解）。

在任意一个部类的资本有机构成和剩余价值率均不变的假定下，任意一个部类的新增不变资本（或可变资本、剩余价值）都可以表示为原有不变资本（或可变资本、剩余价值）与利润率和积累率的乘积，例如，第一部类的新增不变资本可以写为：

$$\Delta c_1 = \frac{\Delta c_1}{\Delta c_1 + \Delta v_1} \cdot \frac{\Delta c_1 + \Delta v_1}{m_1} m_1$$

$$= \frac{\Delta c_1/\Delta v_1}{\Delta c_1/\Delta v_1 + 1} s_1 m_1$$

$$= \frac{c_1/v_1}{c_1/v_1 + 1} s_1 m_1$$

$$= \frac{c_1}{c_1 + v_1} s_1 m_1$$

$$= c_1 \frac{m_1}{c_1 + v_1} s_1$$

$$= c_1 r_1 s_1$$

于是，任意一个部类的新增产值也可以表示为原有产值与利润率和积累率（分别用"r"和"s"表示）的乘积。[①]这样，上式就可以进一步写为[②]：

[①] 利润率指剩余价值与总资本之比。以第二部类为例，$r_2 = m_2/(c_2 + v_2)$。
[②] 如果任意一个部类的资本有机构成和剩余价值率均不变化，则它的利润率也不会变化。

$$g_{22} = \frac{w_{21}r_2s_{21}}{w_{21}} = r_2s_{21}$$

同理可得

$$g_{12} = r_1s_{11}$$

于是有

$$r_2s_{21} = r_1s_{11}$$

即在第1年中，两大部类的利润率与积累率的乘积相同。

按照同样的方法可以说明，在第1年以后的任意一年中，两大部类的利润率与积累率的乘积都相同，即有：

$$r_2s_{2t} = r_1s_{1t} \qquad t \geq 1 \tag{10}$$

换句话说，在马克思的模型中，两大部类从第2年起的增长率相同意味着它们从第1年起的利润率与积累率的乘积相同。

（10）式的两边同时除以第二部类的利润率得到：

$$s_{2t} = \frac{r_1}{r_2}s_{1t} \qquad t \geq 1$$

由于第一部类的积累率总是不变的，即它在任意一年的积累率总是等于它在第0年的积累率，故上式亦可表示为：

$$s_{2t} = \frac{r_1}{r_2}s_{10} \qquad t \geq 1 \tag{11}$$

这意味着，从第1年开始，第二部类的积累率总是等于第一和第二部类的利润率之比乘以第一部类在第0年的积累率。

例如，当第0年的社会总产品构成为开端公式（2）时，第一和第二部类的利润率分别为1/5和1/3，从而，公式（11）具体化为

$$s_{2t} = 0.6s_{10} \qquad t \geq 1$$

特别是，当第一部类的积累率为50%且保持不变时，第二部类的积累率从第1年起将始终为 $s_{2t} = 0.6 \times 50\% = 30\%$（参见图2）。

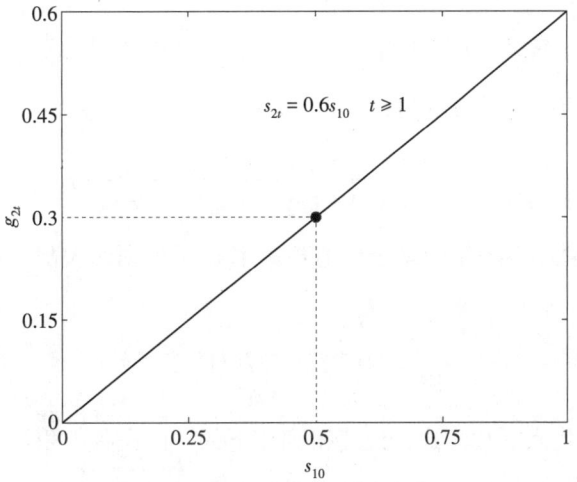

图2 第二部类积累率与第一部类积累率的关系

（二）从剩余价值积累率到国民收入积累率

剩余价值积累率是马克思经济学中的概念。在宏观调控中，政府使用的是与我国国民收入核算方法相一致的积累率，可称为"国民收入积累率"。国民收入积累率大致相当于今天通常使用的投资率，即投资占国内生产总值的比重。

按我国国民收入核算方法，积累率（用 s^* 表示）定义为新增不变资本与国民收入的比率，即：

$$s^* = \frac{\Delta c}{v+m}$$

相应地，消费率定义为1减国民收入积累率，即：

$$u_t = 1 - s_t^*$$

需要注意的是，国民收入积累率不同于马克思所说的积累率。根据上述定义，包括两大部类的整个经济在任意第 t ($t \geq 0$) 年的国民收入积累率可以表示为：

$$s_t^* = \frac{\Delta c_{1t} + \Delta c_{2t}}{(v_{1t} + m_{1t}) + (v_{2t} + m_{2t})}$$

即：

$$s_t^* = \frac{c_{1t} r_1 s_{1t} + c_{2t} r_2 s_{2t}}{(v_{1t} + m_{1t}) + (v_{2t} + m_{2t})}$$

从第1年起，两大部类的利润率与剩余价值积累率的乘积相同，故得到：

$$s_t^* = \frac{c_{1t} + c_{2t}}{(v_{1t} + m_{1t}) + (v_{2t} + m_{2t})} r_1 s_{1t} \quad t \geq 1$$

根据附录里的推导，可得：

$$s_t^* = \frac{c_{11} + c_{21}}{(v_{11} + m_{11}) + (v_{21} + m_{21})} r_1 s_{10} \qquad t \geq 1$$

或者，用第 0 年的变量表示为：

$$s_t^* = \frac{c_{10}(1 + r_1 s_{10}) + c_{20}(1 + r_2 s_{20})}{(v_{10} + m_{10})(1 + r_1 s_{10}) + (v_{20} + m_{20})(1 + r_2 s_{20})} r_1 s_{10} \qquad t \geq 1 \qquad (12)$$

其中，第二部类在第 0 年的剩余价值积累率 s_{20} 可根据两大部类在第 0 年的扩大再生产条件解出：

$$s_{20} = \frac{v_{10} + m_{10} - c_{10} r_1 s_{10} - c_{20}}{c_{20} r_2} \qquad (13)$$

再将（13）式代入（12）式，最终得到如下的"国民收入积累率方程"：

$$s_t^* = \frac{c_{20} w_{10} r_1 s_{10}}{w_{20}(v_{10} + m_{10}) + (c_{20} w_{10} - c_{10} w_{20}) r_1 s_{10}} \qquad t \geq 1 \qquad (14)$$

国民收入积累率方程意味着，假定每一部类的资本有机构成和剩余价值率不变，第一部类率先积累且保持剩余价值积累率不变，第二部类跟随调整以维持两大部类之间的供求平衡，则在给定第 0 年的社会总产品构成后，从第 1 年开始，国民收入积累率 s_t^* 完全取决于第一部类的剩余价值积累率 s_{10}。

例如，当社会总产品构成为开端公式（2）时，国民收入积累方程（14）具体化为

$$s_t^* = \frac{3 s_{10}}{10 - s_{10}} \qquad t \geq 1$$

特别是，当第一部类剩余价值积累率是 50% 时，由上式得到，

$$s_t^* \approx 15.8\% \qquad t \geq 1$$

（三）目标总增长率与第一部类国民收入积累率

一个国家的国民经济发展状况，是以社会总产品和国民收入所达到的水平和速度（经济增长率）为综合标志的。经济增长率通常是政府宏观调控的主要目标。

根据增长率趋同和两大部类剩余价值积累率的关系，还可进一步得到总增长率和第一部类国民收入积累率的关系。

第一部类国民收入积累率可以写为：

$$s_{1t}^* = \frac{c_{10} r_1 s_{10}}{v_{10} + m_{10}} \qquad t \geq 1 \qquad (15)$$

容易证明，在假定 1—3 的条件下，从第 2 年起的总增长率将总是等于第一部类在第 0 年的利润率与积累率的乘积，即有如下的"总增长率方程"：

$$g_t = r_1 s_{10} \qquad t \geq 2 \qquad (16)$$

由（15）(16）式可得：

$$g_t = \frac{v_{10} + m_{10}}{c_{10}} s_{1t}^* \quad t \geq 2 \tag{17}$$

根据（17）式，给定第0年的社会总产品构成，总增长率取决于第一部类的国民收入积累率。这意味着，要实现目标总增长率，政府可以将调整第一部类国民收入积累率作为宏观调控的手段。例如，如开端公式（2）所示，如果此时按照国家发展战略和规划制定的整个经济的目标增长率$g_t = 5\%$，则根据（17）式有：

$$s_{1t}^* = \frac{c_{10} g_t}{v_{10} + m_{10}} = \frac{5\%}{0.5} = 10\%$$

换句话说，为了实现目标增长率5%，政府所需要做的是：将第一部类的国民收入积累率设定为10%并保持不变，而让第二部类的国民收入积累率根据市场的需要进行调整以维持两大部类之间的供求平衡。如此即可保证从第2年起，整个经济的总增长率始终等于目标增长率5%（参见图3）。

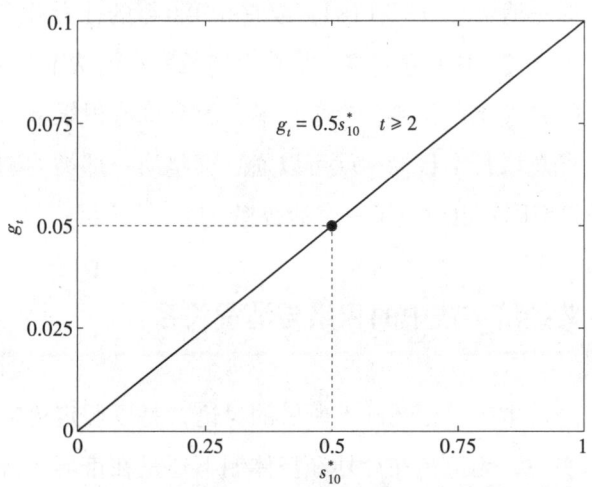

图3　总增长率与第一部类国民收入积累率

（四）消费率与总增长率的关系

由前面所说的国民收入积累率方程（14）、总增长率方程（16）及消费率的定义，可以进一步得到"总增长率—消费率方程"：

$$u_t = 1 - \frac{c_{20} w_{10} g_2}{w_{20}(v_{10} + m_{10}) + (c_{20} w_{10} - c_{10} w_{20}) g_2} \quad t \geq 1 \tag{18}$$

如前所说，这里的g_2是第2年的总增长率（它等于第2年之后任意一年的总增长率）。

需要注意的是：尽管国民收入积累率方程（14）反映的是从"第1年"起的国民收入积累率与第一部类剩余价值积累率的关系，但总增长率方程（16）反映的却是从"第2年"起的总增长率与第一部类剩余价值积累率的关系，因此，由这两个方程得到的总增长率—消费率方程（18）反映的是从"第1年"起的消费率与从"第2年"起的总增长率的关系。

当第0年的社会总产品构成为开端公式（2）时，总增长率—消费率方程（18）具体化为

$$u_t = \frac{2 - 4g_2}{2 - g_2} \qquad t \geq 1 \tag{19}$$

特别是，当第一部类的剩余价值积累率为25%且保持不变，从而，自第2年起，总增长率为5%也保持不变时，由上式可以计算得到

$$u_t \approx 92.3\% \qquad t \geq 1$$

即从第1年起，消费率总是约等于92.3%。

一般的总增长率—消费率方程（18），或它在第0年的社会总产品构成为开端公式（2）时的具体表现即公式（19）意味着，目标总增长率和消费率必须相互"兼容"。

从等式（11）（14）（18）看到，总增长率、剩余价值积累率和消费率是相互对应的。如果政府设定了总增长率目标，就可以通过调整第一部类的剩余价值积累率来实现该目标，这一积累率同时也对应了一个消费率。

四、社会主义经济实践中的积累与消费关系

前两节在马克思再生产模型基础上所做的讨论，是以假定再生产均衡条件得以实现为前提的。在现实中，无论是在计划经济体制下还是在市场经济体制下，这些均衡条件并不总是能得到满足。在计划经济体制下，会出现"短缺经济"或供不应求的情况；在市场经济体制下，会出现"过剩经济"或供大于求的情况。在上述两种情况下，积累和消费的关系都会呈现出与抽象模型不同的更为具体的特点。

在实践中如何协调积累和消费的关系是国家发展战略的有机组成部分，对国家经济发展具有重大影响。正如毛泽东同志所说："在我国的国民经济中，积累和消费的比例怎样才算恰当，这是一个关系我国经济发展速度的大问题，希望大家研究。"[①]本节首先讨论协调积累与消费关系的若干原则，然后回顾积累与消费关系的历史演变。

[①] 《建国以来毛泽东文稿》第十二册，中央文献出版社2023年版，第188页。

（一）协调积累与消费关系的若干原则

正确处理积累与消费的关系包含两个基本问题：一是根据国家的经济发展目标和发展战略，积累和消费的比例应该确定在什么水平上；二是给定符合国家目标和战略的积累与消费比例，如何实现这一比例。就第一个问题而言，积累与消费的比例关系与国家在不同发展阶段所追求的目标密切相关。积累是为了发展社会生产力，消费是为了提高人民生活水平，二者是辩证统一的关系，毛泽东同志曾形象地概括为"我们又要重工业，又要人民"[①]。但在不同发展阶段，国家的目标有不同的侧重。例如，在建国初期，为了尽快实现工业化，我国确立了高积累、低消费的发展战略；在改革开放初期，为了尽快提高人民生活水平，我国经济政策倾向于提高消费比重。就第二个问题而言，在我国计划经济时期，国家直接控制资源配置，可以调整积累和消费的比例。在社会主义市场经济条件下，国家依然能利用财政、货币、信贷、产业、分配、价格等一系列政策手段调节积累和消费的比例。

积累与消费的比例在实践中涉及多种利益关系，往往牵一发而动全身。正确处理积累和消费的关系必须综合考虑如下几方面的问题。

第一，国家、企业[②]（或农村集体）与个人之间的利益权衡问题。积累是国家或企业的行为，消费主要是劳动者个人的行为。积累和消费的关系背后是国民收入的分配和使用问题。改变积累与消费的比重，必然要调整国民收入在国家、企业与个人之间分配的比例。若要提高积累的比重，则必须提高国家的税收收入和企业的利润收入占国民收入的比重，相应降低劳动报酬的比重。倘若积累过度，就会对劳动者的生活水平产生不利影响，更有可能抑制劳动者的生产积极性，给生产的顺利进行以及生产效率的提高制造障碍。反之，若消费过度，就会挤占可用于积累的资源，社会生产力的发展就会受到阻碍。

第二，当前利益与长远利益之间的权衡问题。消费直接关系到劳动者当下的生活水平，而积累则通过多种渠道影响到劳动者未来的生活水平。首先，只有通过积累才能建设完整而强大的工业体系，才能维护国家主权和领土完整，人民才能安居乐业。从这个意义上说，积累是提高人民生活水平的基本前提。其次，积累能够扩大生产规模，创造出新的工作岗位，增加劳动收入总量，增强劳动者的消费能力。再次，积累通常伴随着新技术的应用和新产品的出现，可以为劳动者创造价格更低、质量更高、功能更强的消费品。然而，积累对劳动者生活水平的好处不会立即显现，往往需要一

---

① 《周恩来选集》下卷，人民出版社1984年版，第230页。
② 计划经济时期称为"工厂"。

段时间才能使劳动者受益,甚至是上一代作出牺牲,下一代收获回报,这就给不同劳动者群体之间利益的权衡增加了难度。

第三,不同部门之间的利益权衡问题。积累的进行需要机器、原材料等生产资料,而消费活动需要各种消费资料。生产资料主要是国民经济中重工业部门的产品,而消费资料主要是农业和轻工业部门的产品。积累比重的提高必然要求重工业更快增长,而消费比重的提高则要求农业和轻工业更快增长。积累和消费比重的变化意味着不同部门所获得的资金、土地、劳动力、政策支持等也会相应发生变化。集中资源更多的部门往往发展更快,其利润、工资、就业增长也会更快。不同部门发展速度不平衡,部门间的利益格局随之出现调整,在一些部门繁荣发展的同时,另一些部门则出现产能过剩、失业、债务等问题。

第四,不同所有制、不同地区之间的利益权衡问题。由于不同部门在所有制、空间布局等维度存在差异,部门间利益格局的调整往往会衍生出一系列利益权衡问题。一般而言,重工业部门国有企业的比重高,而农业和轻工业部门国有企业的比重低,部门间利益格局的调整也会影响到不同所有制经济之间的关系。进一步说,一些地区由于历史等原因集中了大量重工业部门,而另一些地区则是农业大省或者轻工业聚集的地区,因此,部门间利益格局的调整也会涉及地区间利益格局的调整。

总之,对积累与消费比重的调整不可能一蹴而就,往往牵涉一系列利益关系、体制机制的调整。必须综合考量、统筹兼顾,充分发挥市场在资源配置中的决定性作用,同时更好发挥政府的作用,才能处理好积累与消费的关系。

中国共产党在经济治理实践中十分重视正确处理积累与消费的关系,积累了丰富的经验。党和国家领导人在实践中总结经验,充分认识到积累和消费之间存在着辩证统一关系,过度积累或过度消费最终都将不利于社会主义经济发展。

党的八大前后,毛泽东同志在中央政治局扩大会议上作了《论十大关系》的重要讲话。这一讲话是在中央政治局听取了34个部门工作汇报之后作出的,是探索中国社会主义建设道路的开篇之作。在十大关系中,有两大关系直接涉及积累与消费的关系。

一是重工业和轻工业、农业的关系。毛泽东同志强调要吸取苏联和一些东欧国家片面注重重工业、忽视农业和轻工业的教训,提出要农轻重并举。若不重视农业和轻工业,消费品就会供给不足,货币的购买力和物价就会不稳定。在新中国成立之初的历史背景下,我国仍然要以重工业为投资重点,但也要适当地调整重工业和农业、轻工业的投资比例,更多地发展农业、轻工业。注重农业、轻工业,可以使粮食和轻工业原料更多些,积累更多些,投到重工业方面的资金也更多些;还可以保障人民生活的需要，使重工业发展的基础更稳固。在《关于正确处理人民内部矛盾的问题》中，毛泽东同志进一步说："发展工业必须和发展农业同时并举，工业才有原料和市场，才有可能为建立强大的重工业积累较多的资金。"①

二是国家、生产单位和生产者个人的关系。这里所说的"生产单位"是指当时的工厂和农村合作社。毛泽东同志强调，必须兼顾国家、集体和个人三个方面。苏联把农民生产的东西拿走太多，给的代价又极低，这样来积累资金，使农民的生产积极性受到极大的损害。我国要吸取苏联的教训，随着国民经济的发展和劳动生产率的提高，工资要适当提高，工人的劳动条件和集体福利也应有所改进；也要兼顾国家和农民的利益，处理好国家和农民的关系、合作社同农民的关系。

改革开放以后，邓小平同志也十分重视积累与消费的比例问题。他在回顾我国计划经济时期时，指出"我们过去长期搞计划，有一个很大的缺点，就是没有安排好各种比例关系。农业和工业比例失调，农林牧副渔之间和轻重工业之间比例失调，煤电油运和其他工业比例失调，'骨头'和'肉'（就是工业和住宅建设、交通市政建设、商业服务业建设等）比例失调，积累和消费比例失调"②。

改革开放之初，国家提高粮食收购价格，提高城镇职工工资水平，城乡居民收入和消费都有了明显上升。但是，滥发奖金等不合理现象挤占了基本项目建设资金，很多行业得不到奖金，引发苦乐不均，造成社会问题。对此，邓小平同志指出，"我们是个穷国、大国，一定要艰苦创业。逐步改善人民的生活，提高人民的收入，必须建立在发展生产的基础上。多劳多得，也要照顾整个国家和左邻右舍"③。

1991年，李鹏同志在《关于国民经济和社会发展十年规划和第八个五年计划纲要的报告》中，提出"今后十年乃至整个现代化建设进程中，都必须妥善处理积累与消费、国家建设与人民生活的关系，实现工资总额的增长不能高于国民收入的增长，实际工资总额的增长不能高于国民收入的增长，实际平均收入的提高不能超过劳动生产率的提高"④。1995年，江泽民同志在党的十四届五中全会闭幕会的讲话中，指出"要正确处理积累和消费的关系。进行现代化建设，国家必须有一定积累，才能集中力量办大事"，"企业也要有一定的积累，才能扩大再生产，增强发展后劲"⑤。

伴随着市场经济的发展，消费在国民经济增长中的地位日益突出，增强消费在拉

---

① 《毛泽东文集》第七卷，人民出版社1999年版，第241页。
② 《邓小平文选》第二卷，人民出版社1994年版，第250页。
③ 《邓小平文选》第二卷，人民出版社1994年版，第258页。
④ 《中华人民共和国国务院公报》第12号（总号：651），1991年5月10日，第431页。
⑤ 《江泽民文选》第一卷，人民出版社2006年版，第470页。

动经济增长中的作用成为宏观经济治理的重要内容。胡锦涛同志指出,"要把扩大居民消费需求作为扩大内需的重点,把提高农民和城市中低收入群众消费能力作为扩大内需的重中之重,合理调整投资和消费的关系,逐步提高消费率,形成消费和生产良性循环"①。我国第十一个五年规划(2006—2010年)提出"要进一步扩大国内需求,调整投资和消费的关系,增强消费对经济增长的拉动作用。正确把握经济发展趋势的变化,保持社会供求总量基本平衡,避免经济大起大落,实现又快又好发展"②。

习近平总书记也高度重视处理好积累和消费的关系,他说:"马克思在《资本论》中论述两大部类的关系时就曾指出,居民消费规模决定投资规模,投资规模决定生产规模,所以居民的最终消费才是经济增长的原动力。"③2015年,习近平总书记进一步提出:"过去,我国生产能力滞后,因而把工作重点放在扩大投资、提高生产能力上。现在,产能总体过剩,仍一味靠扩大规模投资抬高速度,作用有限且边际效用递减。虽然短期内投资可以成为拉动经济增长的重要动力,但最终消费才是经济增长的持久动力。在扩大有效投资、发挥投资关键作用的同时,必须更加有效地发挥消费对增长的基础作用。"④进入新时代,以习近平同志为核心的党中央把逐步实现全体人民共同富裕摆在更加重要的位置上。实现共同富裕,也要求处理好积累和消费的关系,用形象的语言来说,就是处理好"做大蛋糕"与"分好蛋糕"的关系问题。正如习近平总书记所说:"实现共同富裕的目标,首先要通过全国人民共同奋斗把'蛋糕'做大做好,然后通过合理的制度安排正确处理增长和分配关系,把'蛋糕'切好分好。"⑤

(二)积累与消费关系的历史演变

回顾新中国成立以来积累与消费关系的演变,首先要理解以下公式:国民收入使用额=积累+消费。⑥这个公式存在于20世纪90年代以前我国的统计制度中,积累和消费占国民收入使用额的比重分别称为积累率和消费率。⑦这里的国民收入只涵盖农业、工业、建筑业、运输邮电业和商业五个部门,其统计范围小于我们今天所使用的"国内生产总值"概念。图4展示了"一五"时期(1953—1957年)、"二五"时期(1958—1962年)、国民经济调整时期(1963—1965年)、"三五"时期(1966—1970

---

① 《胡锦涛文选》第二卷,人民出版社2016年版,第370—371页。
② 《中共中央关于制定国民经济和社会发展第十一个五年规划的建议》,《人民日报》2005年10月19日。
③ 习近平:《之江新语》,浙江人民出版社2007年版,第164页。
④ 习近平:《在党的十八届五中全会第二次全体会议上的讲话(节选)》,《求是》2016年第1期。
⑤ 习近平:《正确认识和把握我国发展重大理论和实践问题》,《求是》2022年第10期。
⑥ 在计划经济时期的统计制度下,国民收入使用额与国民收入略有不同,差别在于国民收入使用额不包含净出口。
⑦ 需要注意的是,本节的积累率是指国民收入积累率。

年)、"四五"时期(1971—1975年)的积累率和消费率。

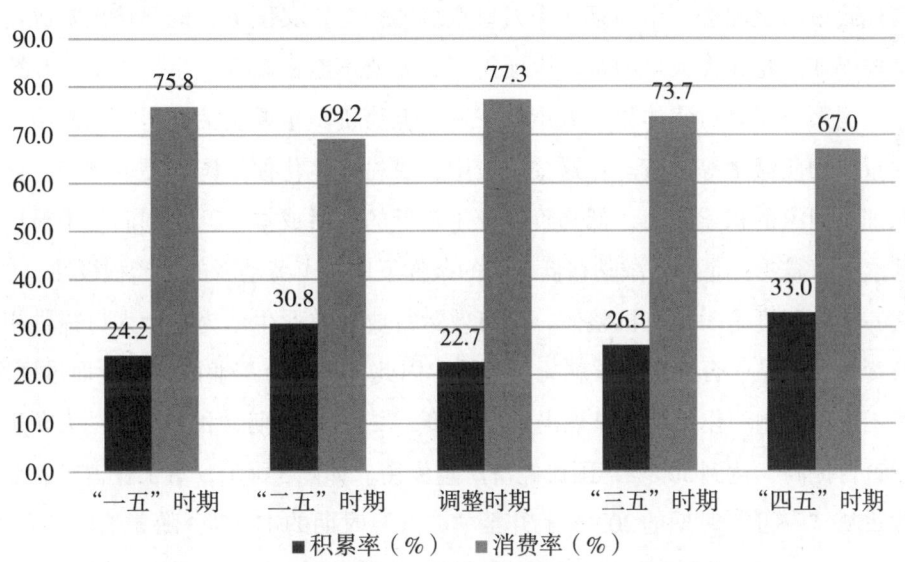

图4 "一五"时期至"四五"时期的积累率和消费率

数据来源:1993年《中国统计年鉴》

近代以后百余年来,中国积贫积弱、受人欺凌。新中国成立以后的首要任务就是建立一个完整的工业体系,实现工业化,只有这样才能巩固国防,摆脱旧中国贫穷落后的面貌,建设一个独立富强的国家。尤其是朝鲜战争所凸显的中美间悬殊的工业实力,使党和政府更加迫切地认识到发展重工业对巩固国防安全的重要意义。所以,新中国采取了高积累、低消费的发展战略,集中力量进行工业化建设。

如图4所示,整个计划经济时期总体上处于高积累状态,"一五"时期积累率达到24.2%。这一比例与消费率相比不算太高,但根据美国学者利皮特和里什金的研究,旧中国的积累率大约只有2%。[1]新中国能在短时期内大幅提高积累率,首先是因为党和政府有着实现工业化的强烈意志。其次是因为没收官僚资本、对民族资本实行社会主义改造,使国家具备了在社会主义国营经济基础上进行积累的能力。再次是因为新中国实施了土地改革,建立了主要农产品统购统销制度,使得国家能够集中大量剩余进行积累。[2]

---

[1] 参见 Lippit, V. The Development of Underdevelopment in China. *Modern China*, 1978, 4(3): 251-328. Riskin, K. Surplus and Stagnation in Modern China, in Perkins, D.(ed.). *China's Modern Economy in Historical Perspective*. Palo Alto, CA: Stanford University Press, 1975。

[2] 参见武力:《试论建国以来农业剩余及其分配制度的变化》,《福建师范大学学报(哲学社会科学版)》2004年第3期。

高积累、低消费的发展战略是一种推进工业化建设的有效手段，这一政策的实施需要其他政策与之配合。中国是一个人口众多的社会主义国家，既要挤出资源用于积累，又要保证满足庞大人口的基本生活需要，还要不断提高人民生活水平。在这一背景下，中国采取了农村集体化、城市低工资、低物价、重要生活资料定量配给、工厂管理注重非物质激励等政策。在这些政策中，农村集体化便于国家提取剩余，城市低工资保证了国家的积累能力，低物价保证了较低的生活成本，配给制满足了最广大人口的基本生活需要，非物质激励在低工资的条件下保持了劳动者的生产积极性。[①]

这一整套制度是一个有机整体，其有效运行要求农业生产为整个人口提供相对充足的粮食等农产品，否则高积累就无法维持。因此，一旦重工业脱离农业而过度发展，农业对工业化的制约作用就会显现出来。例如，"二五"时期，积累率在"大跃进"的背景下盲目提高，达到30.8%，国民经济严重失衡。如图5所示，重工业占工农业总产值的比重从"一五"时期的20.9%上升至"二五"时期的41.1%。随着工厂扩大招工，城镇人口迅速扩张，城镇人口的粮食需求也大幅增长，造成粮食供应紧张。1963—1965年的调整时期，工业项目关停并转，城镇精减了两千万职工，积累率下降到22.7%，重工业占比下降到32.6%，国民经济才恢复平衡状态。

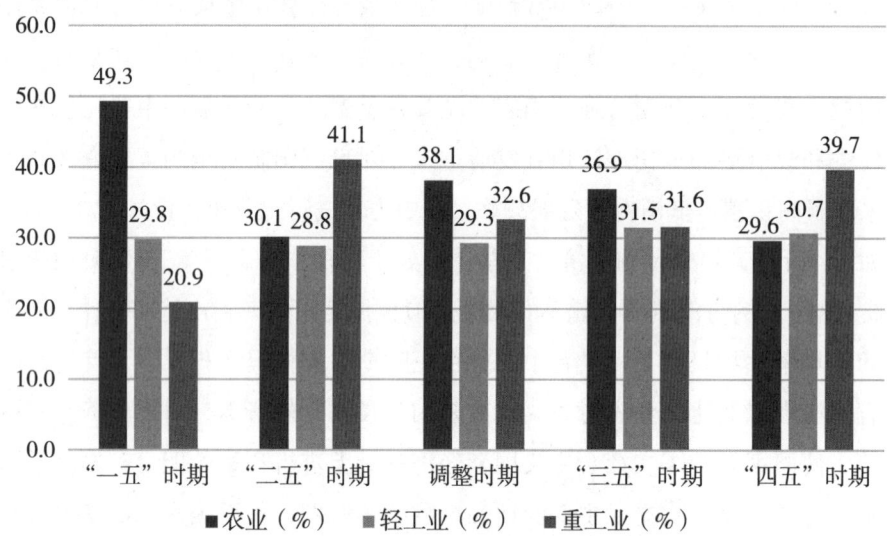

图5　"一五"时期至"四五"时期农业、轻工业和重工业占工农业总产值的比重

数据来源：1993年《中国统计年鉴》

计划经济时期的高积累、低消费战略对我国建立起比较完整的工业体系意义重大，

---

① 参见武力：《均衡与非均衡：邓小平关于经济发展的辩证思想研究》，《党的文献》2012年第6期。武力：《中国"举国体制"的形成与演变》，《经济导刊》2023年第7期。

但总体来看，计划经济时期并未处理好积累和消费的关系，主要体现在：（1）积累率过高，尤其是"大跃进"时期和"文化大革命"后期，因积累率过高，国民经济被迫进行调整；（2）各部门发展不平衡，重工业占比过高，农业和轻工业发展不足，同人民生活直接相关的住宅、文教卫生、城市公用事业发展不足；（3）人民生活水平虽然比1949年前有明显改善，但收入增长速度缓慢。例如，1977年职工平均货币工资576元，仅比1953年高16%。计划经济条件下，国家对生产资料计划调拨，生产资料生产出来后表面上没有实现问题，然而一旦生产资料被集中用于发展重工业，脱离轻工业和农业片面扩张，就会造成积累与消费失衡。

改革开放以后，我国针对不合理的积累与消费关系采取了三方面调整：（1）改变高积累、低消费的发展战略，保持积累和消费相对平衡，在提高人民生活水平的同时合理安排投资；（2）改变偏向发展重工业的政策，通过实行家庭联产承包责任制和发展乡镇企业，促进农业和轻工业快速发展；（3）调整收入分配格局，通过提高粮食收购价格、增加城镇职工工资等方式提高劳动报酬在国民收入中的比重。经过调整，积累率在"六五"时期（1981—1985年）下降至31.3%，重工业占工农业总产值的比重下降至36.5%，农业占比上升至28.9%，轻工业占比上升至34.6%。

在计划经济条件下，国家通过计划指令将国民收入按一定比例用于各部门的积累或消费；而在市场经济条件下，投资和消费主要是企业和个人分散决策的行为。无论在计划经济还是在社会主义市场经济下，社会再生产规律都在起作用，这一规律要求国民经济的各部门按比例生产。[①]但是，规律在不同情况下有着不同的表现形式：在计划经济中，积累与消费的关系虽然是通过计划分配实现的，但不能排除计划的盲目性和主观性，以及由此带来的积累和消费比例的失衡；在失衡情况下，经济调整就是不可避免的结果。在社会主义市场经济中，由分散决策带来的投资与消费行为经常性导致供求失衡，国家可以通过各种政策调节投资和消费，使重要比例关系保持在一个合理范围内。

20世纪90年代末，伴随社会主义市场经济体制的确立，我国的宏观经济逐渐从供给不足转变为供给过剩，供求失衡表现为总需求不足。在计划经济时期，生产资料是计划分配的对象，因而表面上没有产品实现的问题，这使得积累或投资主要成为供给侧的问题。在市场经济条件下，投资开始具有两重性，一方面，投资是一种需求，是

---

① 斯大林说："马克思的再生产理论的这一切基本原理，不仅对资本主义社会形态是有效的，而且任何一个社会主义社会在计划国民经济时，不运用这些原理也是不行的。"引自斯大林：《苏联社会主义经济问题》，《斯大林选集》下卷，人民出版社1979年版，第636页。

当年总需求的组成部分，与消费、净出口一起被称为需求侧的"三驾马车"；另一方面，投资经过一段时间会形成生产能力，从而增加未来的总供给。投资的两重性意味着，若投资占总需求比重过高，就会在较长时期内使总供给增长过快，加剧供求失衡。因此，扩大消费需求，让总需求更多依靠消费，才能从根本上解决总需求不足问题，使经济行稳致远。自20世纪90年代末至21世纪最初几年，我国经历了一段投资率上升、消费率下降的时期。如图6所示，这一时期最终消费（包括居民消费和政府消费）占GDP的比重一度下降，投资对拉动总需求的作用持续提高。我国国民收入初次分配的格局相应变化，劳动报酬占比在21世纪最初几年连续下降。

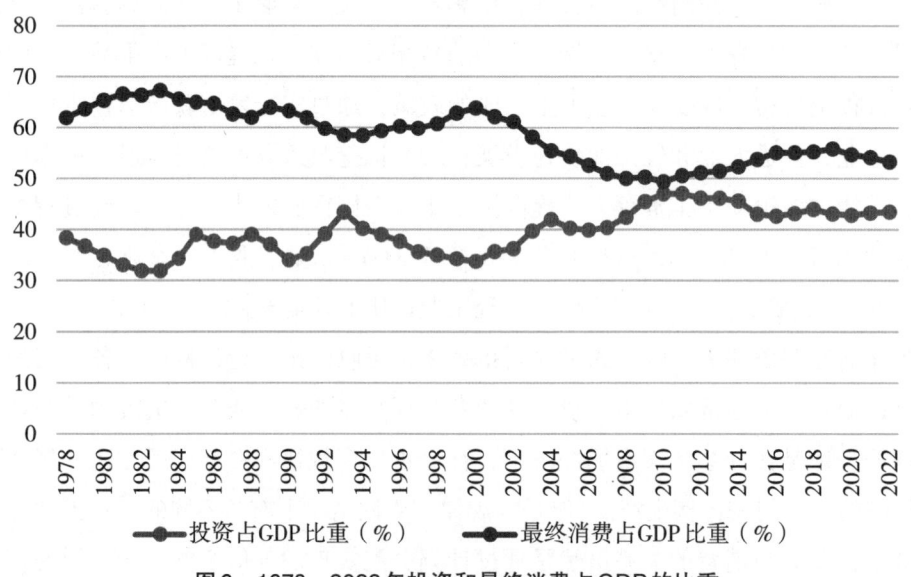

图6　1978—2022年投资和最终消费占GDP的比重

数据来源：国家统计局数据库

党的十八大以来，党和国家把共同富裕摆在更加重要的位置上，完善分配制度，健全社会保障体系；同时，结合供给侧结构性改革扩大内需，发挥消费在国内需求中的基础性作用，以解决长期以来过度依赖投资所引发的结构失衡问题。扩大内需不能单纯依靠投资规模的增长，必须注重投资的方向和效益，通过投资优化供给结构，以颠覆性技术和前沿技术催生新产业、新模式、新动能，发展新质生产力，创造新的消费需求，更好满足人民对美好生活的需要。2023年中央经济工作会议提出："培育壮大新型消费，大力发展数字消费、绿色消费、健康消费，积极培育智能家居、文娱旅游、体育赛事、国货'潮品'等新的消费增长点。稳定和扩大传统消费，提振新能源汽车、电子产品等大宗消费。"同时，我国还要推动共同富裕，增加城乡居民收入，扩大中等收入群体规模,提高居民消费能力。在一系列政策的作用下,我国劳动报酬占比止跌回升,最终消费占GDP比重提高,投资占比合理下降,分配结构和总需求结构趋向平衡。如图7所示,除个别年份以外,2012年以来我国最终消费对经济增长的贡献率明显提升。

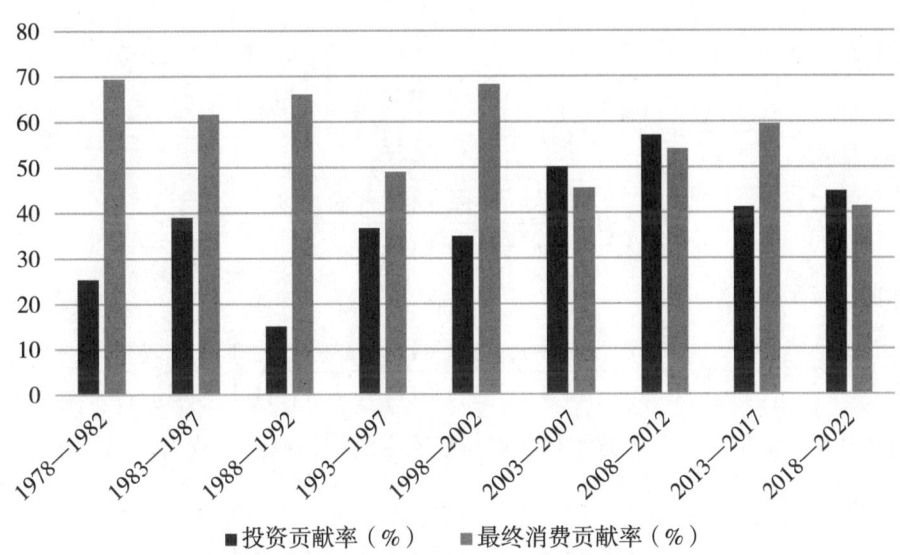

图7　1992—2022年投资和最终消费对经济增长的贡献率

注：贡献率指投资或最终消费增量与支出同国内生产总值增量之比

数据来源：国家统计局数据库

五、结语

在我国社会主义经济实践中,党和国家很早就认识到处理好积累与消费关系的重要意义,为构建中国特色的宏观经济治理体制积累了宝贵的理论与经验。本文以马克思的经典模型为起点,分析了积累、消费与经济增长之间的逻辑联系,阐释了在社会主义市场经济条件下国家实现经济增长目标、保持宏观经济稳定的机制。基于社会总资本再生产理论的分析表明,经济增长是社会总资本扩大再生产的结果,积累率、消费率与经济增长率之间具有明确的对应关系。基于这一关系,在社会主义市场经济条件下,国家首先根据国民经济发展规划制定目标经济增长率;进而,国家可通过地方政府、国有企业、借贷政策、产业政策等渠道调节第一部类(或国家控制力较强的行业)的积累率,使积累率与目标经济增长率保持一致;最后,第二部类(或国家控制力较弱的行业)主要在市场的调节下对第一部类的积累作出反应,并在一定条件下实现两部类增长率趋同。由此可见，我国的宏观经济治理模式超越了传统凯恩斯主义政策：在目标上，我国的宏观经济治理服务于国家的中长期发展规划；在手段上，依托国家对重点行业的影响力并充分利用市场机制，使政府与市场的作用相结合；在效果上，同时实现经济"总量"的增长与"结构"的平衡。

附录

令

$$\beta = \frac{c_{1t} + c_{2t}}{(v_{1t} + m_{1t}) + (v_{2t} + m_{2t})}$$

亦即

$$\beta = \frac{c_{1t-1}(1 + r_1 s_{1t-1}) + c_{2t-1}(1 + r_2 s_{2t-1})}{(v_{1t-1} + m_{1t-1})(1 + r_1 s_{1t-1}) + (v_{2t-1} + m_{2t-1})(1 + r_2 s_{2t-1})}$$

由于从第1年起，两大部类的利润率与积累率的乘积相同，故当 $t - 1 \geq 1$ 时，上式可以进一步写为

$$\beta = \frac{c_{1t-1}(1 + r_1 s_{1t-1}) + c_{2t-1}(1 + r_1 s_{1t-1})}{(v_{1t-1} + m_{1t-1})(1 + r_1 s_{1t-1}) + (v_{2t-1} + m_{2t-1})(1 + r_1 s_{1t-1})}$$

或者

$$\beta = \frac{c_{1t-1} + c_{2t-1}}{(v_{1t-1} + m_{1t-1}) + (v_{2t-1} + m_{2t-1})}$$

以此类推就有

$$\beta = \frac{c_{11} + c_{21}}{(v_{11} + m_{11}) + (v_{21} + m_{21})}$$

克服"非正规性":一项"先行示范区"走向高质量发展的学理研究*

席伟健**

摘　要　新时代十年以来,国内学界围绕中国改革开放以来经济社会发展的成就与问题,一方面在指导思想上坚持贯彻习近平经济思想,深入开展针对性研究;另一方面开始注重使用以经济社会发展的"非正规性"或"非正规经济"为代表的理论研究范式来观察、剖析、总结新时代中国特色社会主义市场经济的发展与演化,并与国际学术界展开对话。基于对习近平经济思想主旨精髓的把握,本文从对所谓的"非正规经济"以及经济社会发展的"非正规性"理论范式的剖析入手,系统论述作为国内超大城市的深圳经济特区在改革开放过程中发挥改革"先行先试"作用的历程,通过深入研究其推动高质量发展的战略方位、时间节点和实践来展现其共时性和历时性特征,并指出其有待破解的"改革再出发"的难题。在文章的最后,还对改革开放40多年来深圳作为体制改革的前沿阵地在推进国家治理体系和能力现代化方面所作出的探索性成就进行了总结与提炼。

关键词　习近平经济思想　中国特色社会主义先行示范区　高质量发展　非正规性

党的二十大报告中,高质量发展被作为全面建设社会主义现代化强国的首要任务提出,并在报告的第五部分旗帜鲜明地强调了"教育、科技与人才"对于实现中国第二个百年奋斗目标所具有的基础性战略性意义。本文立足于深圳改革开放40多年以来的发展经验,重点把握新时代深圳实现"高质量发展",系统阐述深圳从经济体制改革

---

* 本文系2019年度国家社科基金后期资助项目(19FZZB004);2023年度工业和信息化部党的政治建设研究中心重大项目(GXZY2307)。

** 席伟健,男,安徽定远人,中国人民大学法学博士、中国社会科学院马克思主义研究院博士后,现为哈尔滨工业大学(深圳)马克思主义学院教授,博士生导师,主要从事政治学理论、马克思主义中国化研究。

的"先行先试"走向全面深化改革的"先行示范"的理论升华过程及其根本原因①。

2020年10月14日,在庆祝深圳经济特区成立40周年的纪念大会上,习近平总书记提出深圳实现经济社会的跨越式发展的"十条宝贵经验",其中最根本的一条就是始终坚持党的领导,深圳也因而成为"党和人民在一张白纸上绘制出来的中国特色社会主义精彩画卷",创造了人类城市史上的奇迹。在学理上,近年学者的探索结论是,党的各级组织的存在、发挥作用,往往也是作为一种经济制度而存在的②,在市场的培育、供应链的维持和协调方面发挥着不可替代的"熊彼特意义上的"企业家的作用。在路风教授近年的一项经典研究中,就充分论证了以下三点,即国家在宏观经济增长过程中作为行动者的意义、宏观调控行为引发激进创新的效果,以及独立自主意识形态在自主创新中所起的决定性作用③。40多年来,中国特色社会主义市场经济蓬勃发展的经验已证明,党的领导在我国的宏观经济体系中发挥着重要的经济作用。作为中国特色社会主义政治经济学理论提炼的重大理论创新成果,习近平经济思想正引起国内外学界越来越多的研究兴趣。然而,已经成长为一座超大城市的深圳经济特区作为中国改革开放的"实验室"与"试验田",随着中国全面深化改革的事业进入"深水区""无人区",也开始肩负以"中国特色社会主义先行示范区"为标志、旨在探索实现高质量发展的历史责任,对于学界更加深入地认识中国式现代化的新道路,乃至认识"创造人类文明新形态"这一本质要求,具有重要的探索价值。

概言之,"中国特色"可能意味着中国式现代化道路之于西方自认为具有"普适性"的资本主义现代化道路,已体现出两方面区别:一方面是中国特色社会主义道路和事业本身所具备的高度时空压缩性,即中国走过的"并联式"现代化历程所用的时间与西方"串联式"现代化相比大大压缩;另一方面是与西方国家工业化转型的"正规经济"与"正规经验"相比,中国改革开放以来经济社会发展体现出了极其特别的"非正规性",不管是在城市产业规划和几十年来深圳城中村的"野蛮生长",还是在处理环保纠纷、邻避运动及劳资矛盾等方面,均表现出在坚持整体、全局利益基础上的

---

① 20世纪美国经济学"激进制度主义""新社会主义"大师约翰·肯尼斯·加尔布雷斯提出,对于一个经济体来说,在经济发展的不同阶段,创新的表现形式也各不相同。按照世界银行的标准,其国民收入水平超过1万美元时,基础创新和对基础创新的投入水平将决定其未来的经济表现。他在《经济学与公共目标》中指出,现代经济体系可以分为"计划体系"与"市场体系"对立并存的二元系统,其中,在互联网科技迅速发展的今天,对于具有跨国垄断企业性质的互联网公司而言,经营权与所有权早已出现分离,所谓的"专家组合"(即技术官僚、工程师、财务人员、法务人员等)代替企业所有者而接管了掌控企业的权力。这种现象上升到城市层面,也会出现"专家组合"主宰城市改革与发展的方向。

② 孟捷:《中国特色社会主义政治经济学的国家理论:源流、对象和体系》,《清华大学学报》2020年第35期。

③ 路风:《冲破迷雾——揭开中国高铁技术进步之源》,《管理世界》2019年第9期。

务实灵活的"有计划的非正规性"。费孝通曾经指出，中国工业腾飞的奥秘可能不在于城市工业部门，而是在经典西方经济学理论所忽视的乡村工业部门及其相对应的经济发展与社会治理模式。

综上，不管是所谓的"乡村工业部门"，还是"城市包围农村"所体现的微观经济活动的"非正规性"，都需要对深圳作为超大城市和经济特区的40多年的发展经验和模式做一深入的剖析和研究。

一、根据新时代党的理论创新成果调校市场经济之改革叙事

（一）经济社会发展及其"非正规性"研究综述

根据海外中国研究学界的研究，基于发展经济学的理论视角，学者认为当代中国的市场经济体系所体现出的"中国特色"表现为三个方面的"特色"：一是所谓的经济发展"区域竞次"（Race to the bottom）的策略，具体表现为中国地方政府间驱动经济增长的"政治锦标赛"现象；二是随中央-地方税制改革和"土地财政"改革而来的独特的城市化模式，被表述为"不完全城市化"；三是为了满足地方政府招商引资的需要，在"劳资协议"的谈判及劳动用工方式上默许企业用工"非正规性"现象的存在，也被表述为基于"灵活用工"劳动体制的"非正规经济"[1]。随着20世纪70年代资本主义生产方式转变为"后福特主义"时代的积累体制，弹性积累成为主要追求，外包用工的需求大量产生。对于国际资本来说，越少正式、正规保障的劳动力在全球化竞次的市场上越有竞争力。

根据黄宗智教授团队的经典研究，"非正规经济"的范畴在中国与其他发展中国家有相同之处：一是高比例的从业人员就业于正规经济部门之外；二是处于国家劳动法保护和社会保障网络系统之外。按照国际劳工组织（ILO：International Labor Office）的国际统计标准，"所有无法人资格、未经注册的公司或小作坊"被称为"非正规生产部门"，而非正规就业是指"发生在正规或非正规部门的所有不受社会福利保护的工作"，非正规经济则是"所有非正规企业、非正规生产活动、非正规从业者及其产出的总和"，包括"所有没有被现有体制认可、约束与保护的有偿性劳动（个体经营或被雇佣）和在创收型企业中的无偿劳动"[2]。

---

[1] 陈锋：《"区域竞次"、"非正规经济"与"不完全城市化"——关于中国经济和城市化发展模式的一个观察视角》，《国际城市规划》2014年第4期。

[2] ILO: International Labor Office. Women and men in the informal economy: a statistical picture. Geneva: International Labor Organization, 2002.

经济人类学视阈中非正规经济分为"外发型"和"内发型":前者是农民在国家与资本的牵引下产生的非正规经济,后者是"传统"和"地域"中的内循环经济——包括从自然攫取的经济、基于互惠关系的经济、基于伦理与文化中的经济。早期发展经济学认为,非正规经济是发展的阶段性现象,将伴随工业化的充分发展而消失,政府只需要扩大现代经济发展即可[1]。然而,在过去半个世纪的科技发展与经济全球化推动的产业转型中,传统工业产业中劳动密集型就业岗位大量减少,而激烈的市场竞争使越来越多的正规工作通过价值链体系外包。在全球化浪潮下,以极强的快速反应能力、小批量、多品种、零库存、低成本和短周期为主要特征的"柔性专业化"(flexible specialization)生产模式[2]应运而生,同时也对劳动者的权益福祉和技能构建构成了巨大的挤压效应。此外,与持二元经济观点的学者所设想的不同,在城市化过程中,部分农村剩余劳动力并未直接从农业部门进入城市现代部门,而是进入政府管制之外的非正规部门[3]。

对于所谓"非正规经济"与"正规经济"之间的辩证关系,有学者通过研究认为城市规划与管治在应对城市非正规经济活动方面存在两个结构性矛盾:一是"市场导向的技术性规划和管理"与"以非正规就业收入为生存基础的边缘人群"之间的"理性的冲突"[4];二是非正规经济伴随现代资本主义发展而存在,而不仅仅是等待被吸纳、取缔的残余部门[5]。如果认识不到这一点,对于此类产业及人群采取盲目的"正规化"措施会导致城市经济丧失优势,并使底层利益无法得以实现,违背改革的帕累托最优原则[6]。

近30年来,国际学界关于发展中国家经济社会发展的"非正规性"的研究主要聚焦于拉美、南亚或非洲地区,而对中国自身存在不乏生机活力的"非正规经济",缺乏足够的认识。"非正规经济"现象不仅存在于发展中国家,美国等发达国家中的非正规经济发展现象则被视为更深入的社会转型的一部分:在半导体通信产业全球化背景下,

---

[1] Rakowski C A. Convergence and divergence in the informal sector debate: a focus on Latin America, 1984-92. *World Development*, 1994, 22(4): 501-616.

[2] Castells M, Poters A. World underneath: the origins, dynamics and effects of the informal economy, in *the informal economy: studies in advanced and less developing countries*. Baltimore, MD: Johns Hopkins University Press, 1989.

[3] Elgin C, Oyvat C. Lurking in the cities: urbanization and the informal economy. *Structural Dynamics*, 2013, 27: 36-47.

[4] WATSON V. Seeing from the south: refocusing urban planning on the globe's central urban issues. *Urban Study*, 2009(11): 2259-2275.

[5] Phillips N. Informality, global production networks and the dynamics of 'adverse incorporation'. *Global Networks*, 2011, 11(3): 380-397.

[6] Lince S. The informal sector in Jinja, Uganda: implications of formalization and regulation. *African Studies Review*, 2011, 54(2): 74-93.

一方面带来规模递增报酬的先进制造业以高成本的"去制度化"方式攫取巨大利润；另一方面，微利产业则采取低成本的非正规化途径提高适应能力[①]。

与西方学界关于"非正规经济"和社会发展的"非正规性"研究观点不尽相同的是，鉴于中国改革的起点是对于"一大二公三纯"的计划经济体制的"破冰"，在体制惯性力量影响下，即便是非正规经济研究学界经常提到的深圳的"城中村"，事实上也有基本市政配套，并非法外之地，体现出强烈的正规性和计划特征。如果要从"非正规经济"的兴起和演化的视角来把握、研究深圳未来城市产业发展和治理改革的走向，接续袁庚当年在蛇口工业区所探索的体制改革，则需要更加深远的学术视野，那么问题的原点就要上溯至有关现代化道路的"中国特色"的研究。

进言之，使用波兰尼转型理论来分析，我国改革开放分为1978—1997年以及1997年以后两个阶段。第一个阶段主要形成了产品市场，第二个阶段则包含了要素市场、资本市场的形成。在1997年以后，中国形成了劳动力、货币和土地的市场。在形成的劳动力市场上，占大多数的农民工以一种所谓"半无产阶级化"（Semi-proletarianization）的形式出现，地方政府和基层组织呈现出一种表现出浓厚重商主义色彩的所谓"政治法团主义"的治理状态，而这一切改革探索的最初尝试都是在深圳破局的。

（二）"非正规经济"对地方政府治理体系的形塑与催化

依据学界共识，作为对改革开放以来体制变迁的"总体画像"，中国国家体制其实被认为是既高度集权又高度分权的。对于地方政府来说，受"中心工作"即"以经济建设为中心"的逻辑支配，通过所谓"正式法规的非正规运作"，地方经济社会发展表现出一种"有计划的非正规性"，地方政府官员因"两个积极性"被调动起来，高速增长的经济和日益丰富的市场供应导致原有计划经济体制下的"纵向短缺"和"横向短缺"均被打破，中国走出了短缺经济的陷阱。

回顾改革开放历程，伴随产业投资规模的扩大，基层政府的角色从兴办、经营乡镇企业一变而为招引、支持外来企业。地方政府经济活动主要所在地也从基层的村、乡上升到县、市和省。地方政府的非正规经济实践（非正规行为）一是表现为依赖非正规手段来招商引资，二是提供非正规经济相对廉价优质的劳动力和各种配套服务。因此，对于中国地方政府来说，使体制性成本小于体制性收益这一命题，比市场正规合同交易成本以及地方政府企业是不是处于硬预算之下，都显得更加重要。

新时代以来，国内外学界诸多研究地方政府行为的相关文献都证明，从半个多世

---

① ILO. Women and men in the informal economy: a statistical picture, 2nd ed. Geneva: International Labour Office, 2014.

纪前的"大跃进"到1978年以后连续30年年均10%以上的高速经济增长和国力的大幅提升,当代中国所遭受过的现代化探索道路的挫折和取得的辉煌成就,都离不开目前已趋于成熟的"举国体制"所发挥的作用。改革开放后在中央集权条件下出现的被学者从不同角度描述论证的地方政府间竞争、"锦标赛体制"和"地方政府公司化"等现象都表明,用一定的领导艺术对地方政府官员进行有效的考核和激励,围绕"一个中心两个基本点",抓大放小,纠正权力过分集中,改变是非功过不清、赏罚不明的"不成文法",打破长久以来的条条框框、"随风倒"和本本主义现象,在管理方法上克服官僚主义,在管理制度上加强责任制建设,正是改革开放以来中国经济持续增长、人民生活持续改善的体制性原因。

而依据"三元经济部门"的理论,在乡村工业部门——在珠三角地区体现为形形色色的"山寨"作坊——最早那批具有强烈乡土色彩的深圳本土制造业企业就是在中国乡土社会的合作网络和文化传统中成长发育起来的。当这种企业借本国制造业崛起之势,利用中国强大的交通、通信基础设施而加入全球价值链的时候,就进一步深刻地改变、塑造了全球价值链的格局。作为一种经济现象,学界有诸多学者对此进行了深入研究,认为当前中国制造业成功的经验之一就是在国有企业与中外合资、合作和外商独资企业之外,成功地唤醒、激活了中国乡村工业部门的制造潜力,并且成功地加入了全球价值链,这一成就正在深刻地改变全球产业布局,也给发达国家的制造业带来劳动雇佣体系上的挑战。

最后但也非常重要的是,随着城市的发展,城市高收入群体的扩大促进了城市的"绅士化"进程,增加了对高端的定制服务和产品的需求,即对劳动密集型服务的需求。但一方面在尖端产业增长和集聚所导致的激烈土地竞争背景下,城市中心地价的高涨造成劳动密集型企业的生存困境,而灵活的非正规经济则可以有效降低成本,有助于产生并维系供应链和产业生态;另一方面,在非正规经济从业人员集中居住生活的地域,扩大的低收入群体形成对超低价格服务和产品的需求,往往形成基于非正规经济活动的自给自足乃至经济微循环[1]。显而易见,这种独特的经济形态对于劳动密集型产业大幅降低劳动力再生产的成本,是非常有价值的。

需要强调的是,深圳在得益于这一经济形态的同时,也要注意其中蕴含的危机和挑战——国际学界主要聚焦全球产业链和价值链的形成对非正规经济从业人员劳动能力和福祉的挤压——作为全球非正规经济研究领域的奠基人,盖伊·斯坦丁(Guy

---

[1] Mukhijav, Loukaitousideris A. *The informal American city: beyond taco trucks and day labor*. Cambridge, MA: The MIT Press, 2014.

Standing）在《危难工人：从居民到公民》(The Precariat: from Denizens to Citizens)一文中将有关"非正规就业""非正规部门""非正规经济"理论范式的研究推向"危难研究"，即主要研究新生代非正规就业人员甚至所谓的"新无产阶级""无用阶级"在第三波全球化浪潮中崛起的过程和表现，尤其是其生活状态和主观心态研究。很显然，这对于研究社会矛盾已经转型、民众美好生活需求日益凸显的中国具有重要理论价值。

（三）基于"两个互不否定"，正视改革开放战术层次上的"非正规性"

对加入世界贸易组织以来的中国发展经验及模式进行简要总结后不难发现，基于有关全球生产贸易分工体系内嵌的"默示性知识"，中国政府通过权衡正规经济和"非正规经济"同时存在的实际价值，大力推动城市产业的飞速发展和迭代升级，成功加入全球价值链，形成大进大出的外循环经济，利用世界范围内的"美元超常购买力"来不断发展壮大中国的经济实力。而这个模式之所以能形成，首先有中国传统乡村自然经济的影响，其次是乡村工商业的经济传统在新中国成立后并没有因为实行"一大二公"的计划经济而中断，反而是通过"麻雀虽小、五脏俱全"的乡村小工业建设而得以保留。这就要求对于新中国成立后第一个30年形成的经济传统之于深圳改革开放的影响，要做更加深入的研究透视。

新中国成立之初，在物质条件有限的情况下，能够在最短期内实现农业增产有效的做法就是动员人的力量，低成本地获取"劳动力租"。以成规模劳动投入来替代极度稀缺的资本，是中国能够跳出"发展陷阱"的核心经验之一[①]。这种劳动力动员的做法以"兵工"为典型，就是将部队成建制地动员，因地制宜执行各种建设任务。[②]众所周知，深圳特区基础设施建设从零到一的突破，就来自两支基建工程兵部队的贡献。在新中国成立初期国家财政十分困难的情况下，兵工在铁路的恢复和兴建的过程中，起到了难以替代的重要作用。作为经验的理论提炼，中国政府在城乡二元结构体制下以"组织化的劳动"替代极度稀缺资本，进行宏观层面的劳动对资本的要素替代，才成为发展中国家中几乎唯一的可以长期大规模、低成本使用劳动力的国家。[③]对于新中国而言，则是依靠土改所形成的劳动力低成本动员机制（即所谓的"土改红利"），即依靠"以土地共有"的基本制度为基础形成的"内部化机制"，并以此来进行充分的内部国民动员，形成了一种要素替代的比较制度优势，这是中国作为落后农业国成功实现工业化的核心经验。在此动员过程中，地方政府通过介入经济运行把政治能量转化为经

---

① 董筱丹、温铁军等：《中国特色之工业化与中国经验》，《中国人民大学学报》2011年第1期。
② 吴承明、董志凯主编：《中华人民共和国经济史（1949—1952）》，中国财政经济出版社2001年版。
③ 董筱丹、温铁军：《去依附：中国化解第一次经济危机的真实经验（1949—1952）》，东方出版社2019年版。

济优势。①根据前述分析，在新中国成立后的第一个30年内，中国通过"高积累、低消费"和"勒紧裤腰带支援工业建设"的模式基本完成了工业化的原始积累，奠定了中国制造业良好的生态基础和"比较优势"，形成了中国未来经济高速增长的发展潜力。

不可否认，农村进城务工人员（"劳务工"）作为一个职业群体对中国制造业的崛起乃至经济腾飞厥功至伟，但基于城乡二元体制下劳动再生产成本定价的差异而导致的同工不同权的痼疾却一直存在，"劳务工"的劳动方式与受到较为完备的权益保护和福利保障的"劳动者"不尽相同，长期以来处于切身权益"失语"的境况。客观而言，这一现象与经济高速增长时期的宏观政策取向有关。党的十八大以来，从"以人民为中心"的发展思想的提出，到脱贫攻坚、全面推进乡村振兴的伟大实践，某种意义上都是对改革开放以来存在的"非正规经济"后果和影响的根本应对。

二、从"先行先试"到"先行示范"：超大城市走向高质量发展的战略方位、历史坐标与实践基础

以深圳经济特区为典型例证，其实现跨越式发展的重要前提是通过变通权力的授予，地方政府在全球化大潮中"杀出一条血路"，默许非正规经济和地方治理的"非正规性"的存在，以全球价值链分工体系的底端为起点，不断实现城市功能的迭代升级并"逆袭"至中高端。作为新兴超大城市发展经验的总结，如何在检视城市产业发展的"非正规性"的基础上探索实现高质量发展的路径，就成为亟待解决的问题。

总体上，我国经济现在已经进入新常态，在两阶段理论框架下，面临跨越中等收入陷阱的挑战，经济增长的动力只能来自技术进步所带来的劳动生产率的提高，这就要求推动我国经济从外延式扩张上升为内涵式发展。同时，所谓技术进步不再意味着单纯的引进型技术进步，而更应该是自主研发型技术进步，即关键是能否实现由要素投入驱动向技术创新驱动的跨越。

（一）战略方位：高质量发展的"一点两地"

改革开放之初，邓小平同志要求针对资本主义发达工业国及其富裕的超大城市经济体展开研究。当时国内有少数人对社会主义道路、理论、制度缺乏自信，认为社会主义就是不如资本主义能创造物质财富，而深圳作为改革开放的前沿阵地，不得不在这种质疑声中承担探索社会主义市场经济发展的时代使命。纵观人类社会20世纪的历

---

① 何慧丽等：《政府理性与村社理性：中国的两大"比较优势"》，《国家行政学院学报》2014年第6期。

史，任何一个挑战西方跨国垄断资本全球霸权体系的国家，都最终遭到了失败。而依附于这个霸权体系的任何一个经济体，在其经济规模膨胀到一定程度的时候，都不得不作出是突破这个体系还是继续遵从这个体系的抉择。因此，早在20世纪70年代末，邓小平同志在面对全球资本主义体系给社会主义国家带来的挑战的时候，选择深圳作为社会主义市场经济的一个"试验场"，要在这座城市探索挑战、突破资本主义全球霸权体系的中国道路。而建设中国特色社会主义先行示范区是自改革开放以来，中央决定成立深圳经济特区后的又一重大战略部署。从"先行先试"到"建设中国特色社会主义先行示范区"，既是对深圳在中国改革开放40多年历史进程中地位、功能、成就的肯定，同时也是以伟大实践成果展示社会主义制度的强大优越性。回顾深圳实现跨越式发展的40多年，其开拓创新的历史使命主要表现在以下两个方面：

一是"先行先试"成功打造改革开放"试验田"。深圳经济特区曾经凭借"先行先试"的政策大胆闯、大胆干，在全国率先开启了社会主义市场经济伟大而艰苦的实践，成功地把价值规律、市场竞争、劳动力商品、股票利息等最基本的市场经济概念与实践推广到了全国，创造了无数的深圳速度、深圳奇迹，实现了从默默无闻的边陲农业县到具有国际影响力的全国经济中心城市、科技创新中心、区域金融中心的华丽蜕变。深圳不仅成为改革开放40多年中国实现历史性变革和取得伟大成就的一个缩影，也成为向世界展示中国改革开放发展成就的窗口。

二是"先行示范区"赋予改革开放"试验田"新的时代使命。深圳作为一座充满魅力、动力、活力、创新力的国际化创新型城市，要在更高起点、层次和目标上推进改革开放，形成全面深化改革、全面扩大开放新格局。从改革开放初期的"不争论"到打造中国特色社会主义先行示范区，是冷战后全球化格局下国家间利益约定格局嬗变、各国政治经济科技实力此消彼长的必然结果。而作为"特区中的特区"，前海承担着自由贸易试验、粤港澳合作、"一带一路"建设、创新驱动发展"四大国家战略使命"等在内的14个国家战略定位，"前海样本"的制度创新秧苗正破土而出，走向全球。

2023年4月，习近平总书记在广东视察时提出"一点两地"的战略要求，即粤港澳大湾区要建设成为新发展格局的战略支点、高质量发展的示范地和中国式现代化的引领地，是关于深圳走向高质量发展的战略方位的最新、最重要判断。

（二）历史坐标：贯通"两个三十年"的历史逻辑

从19世纪到21世纪，关于发展中国家如何走上现代化道路、完成工业化和城市化的转型，分别有以下三类论争，即19世纪工业化国家的"李斯特式发展"与"斯密式发展"道路之争、20世纪中叶波兰尼和哈耶克对于"市场神话"分别进行的揭示与鼓吹,以及在"后冷战"时代即20世纪末围绕着"华盛顿共识"而展开的制度与道路竞争。中国式现代化道路,正是在与前述诸种理论及道路的交锋中逐渐得以锚定自己的历史坐标的。

改革意味着对原有的国家治理体制的局部性乃至整体性的突破,根据学界已有研究,早在20世纪80年代,中国乡村工业化或曰"原始工业化"成功的重要原因之一是基层四种重要因素的非预期性耦合的产物:一是习惯于为社区服务的优秀社队干部群体;二是资源所有权和管理合于一体的集体经济制度;三是中央的放权激发了两者结合之下的灵活性和积极性;四是农业劳动力资源过剩和启动了"原始工业化",导致了以集体和官-企/商结合为主体的制度转向,即在民间所谓"市场主义"的思想观念的影响下,追求单个市场经济活动主体的利益不再被认为是资产阶级价值观而得以正当化,这一解放思想的变革为新时代推动经济发展、提高市场机制配置效率、发动"人力资本"提供了基础。很明显,承载着"延安精神"的中国乡村工业化进程,从一开始就有极其突出的"非正规经济"的蕴意。

深圳经济特区40多年的改革开放从某种意义上说是中国改革开放事业的缩影,根据学者的研究,中国的现代化进程其实融合了四个传统:一是中国的国家治理传统;二是革命时代共产党的军事斗争、群众路线和组织动员传统;三是计划经济时期"自上而下"的目标管理的组织和技术支持、全覆盖的社会渗透力和政策执行传统;四是西方国家的市场化和全球化的影响[1]。四种不同传统的融合,造就了在深圳这片改革热土上的伟大实践,探索出中国式现代化道路和人类文明的新形态。

关于改革开放后出现的"非正规经济"形态和经济社会发展的非正规性,最容易引起误解的其实就是地方政府为了招商引资而在涉及土地、税收、环保和劳资关系等方面作出的一系列妥协和让步。有学者提出,总体而言此类地方政府行为的目的应该被理解为"未来动态优势的李斯特贸易优势的打造",即地方政府官员作为熊彼特意义上的"企业家"以出口绩效和产业升级作为政绩合法性的一部分,勇于参与国家(地区)间的政治竞争[2]。这里以制造业相关产业链的招商引资政策做一解释:鉴于制造业的产业和技术溢出效应远比农业、服务业强,对一国产业结构和技术水平持续升级的

---

[1] 约翰·肯尼斯·加尔布雷斯:《新工业国》,上海人民出版社2012年版,第521页。
[2] 文一:《伟大的中国工业革命:发展政治经济学批判原理纲要》,清华大学出版社2016年版,第157页。

带动效应也更为强大①，工业国以制造业为主的出口导向战略一方面可以发挥专业化分工和比较优势，另一方面也可以为政治家和出口企业提供重要的信息反馈如调整产业政策、提供信贷支持和出口补贴等。总之，中国经济增长的故事就是以制造业为中心、出口导向战略、强大的国家能力、合适的政治激励与市场化、国际化战略的密切结合。

回顾以深圳为代表的改革开放历程，正是在党的强有力集中统一领导下，通过天然"小而强"的地方政府及其权力网络实施一场"可控的市场发酵"（engineered market-fermentation），跨越了社会主义国家发展商品经济的"卡夫丁峡谷"，实现了40年经济总量增长1万倍的跨越式发展，完成了迈向中国特色社会主义市场经济的"惊险一跃"，并开始积极探索执政党驾驭资本力量的新机制。

依据现代技术治理理论，尤其是体现在引领未来产业和新一轮工业革命方面，"集中力量办大事"的党政领导及政治动员体制对于发展投资成本大、获取收益周期长的高新技术产业所需要的计划体系（Planning System）而言，在制度安排上的优势已经体现得淋漓尽致。这一实践，使得波兰尼意义上的所谓"自生自发秩序"的市场乌托邦神话，在第四次工业革命山雨欲来的新时代遭遇重大挑战，需要国内学界在新时代立足习近平经济思想做更多的探索性研究，提炼中国特色社会主义市场经济建设发展的实践经验。

（三）实践基础：经济特区的改革探索拷问西方式现代化道路经验

在20世纪70年代末，战后西方国家福特主义积累体制发生重大转变：一方面国际垄断资本有实现"全球劳动套利"的迫切需求，另一方面改革开放之初的中国内地也的确存在对资本这种稀缺生产要素的渴求。在这个时代背景下，深圳作为经济特区加入全球生产贸易体系，就是从从事附加值低的具有"依附"性质的产业开始的。与很多经济转型后就主动放弃工业制造业的城市不同，深圳一直致力于努力通过"独立自主、自力更生"来实现制造业的产业升级，逐步实现了从个人到团队再到平台以至于产业生态的迭代升级和"逆袭"，这座城市的经济形态也从自然经济直接迈向市场经济。目前来看，发展的方向将是自由经济即马克思所预言的"全球自由联合经济"。

如果要系统把握深圳改革开放产业"逆袭"的成功经验，可以以华为技术有限公司的经验作为样本。根据初步了解，其创业创新的初心乃是建立资本与劳动价值的分享机制。在华为的全球20多万名员工中，有近10万人分享企业98.6%的股权，并且一直坚持与国内外资本市场保持距离以规避投资风险。而在国际垄断资本看来，这种做

---

① 周黎安：《如何认识中国？——对话黄宗智先生》，载黄宗智编著：《实践社会科学研究指南》，广西师范大学出版社2020年版，第515—517页。

法显然是不遵守国际资本游戏规则的,在他们眼里这是深圳民营科技企业的"原罪"。

具体而言,这里包括两个问题:一是社会主义市场经济条件下企业做大做强的动力问题,二是中国国有企业混改方向的问题,即全民所有制性质的企业,其股权到底在多大程度上可以向中国国内的民间资本开放?很明显,以华为为代表的深圳民营企业,几十年来正在努力地做这个方面的探索与试错。通过社会主义市场经济改革,要探索、弄清两组关系,即社会主义市场经济条件下资本与劳动的关系,以及政府与市场的关系。对于后者,目前是"四个全面"战略布局中全面深化改革即推进国家治理体系和治理能力现代化的主题。而对于前者,则蕴藏着现代全球化经济体系最深层次的奥秘。

根据马克思主义政治经济学的相关原理,一个国家的工业体系的有机演化有其内在逻辑。改革开放以来,我国的改革步伐以加入全球分工"雁阵模式"为基点,在不断追求产业技术升级的同时,基本已经完成了制造业的"劳动密集—资本密集—知识密集"的迭代升级,用几十年的时间走完了西方工业化两百年的道路。但是,同时需要清醒认识的是,我国工业体系、科技体系还存在大而不强的问题。40多年社会主义市场经济改革的摸爬滚打,使得中国的科研企事业单位和各类市场行为主体在所谓"非经典创新"[1]领域的实力大大增强。这一类的创新活动主要表现为对已有产品的更新、升级和换代,通常由一些已经建立起一定市场地位的成熟企业在竞争的压力下创造和完成。但是所谓"经典创新",则意味着全新的创造事件,即采用以前从未被使用过的方法来创造全新的产品,其商业化和市场化的过程不仅非常缓慢,而且面临极大的风险,如果国家这个规模量级的行为主体在为经典创新的信用背书中缺位,风险投资是绝对不会冒险参与这类事业的。[2] 刘鹤指出,基础研究能力是国家创新活力的源泉,突破一个关键技术领域,往往能够创造一个细分行业,进而盘活整个产业,最终对整个经济高质量发展形成积极带动。需要强调的是,科技事业的专利发明突破要转化为科技产业的先进制造优势,需要充分发挥优秀科技企业及其创始人作为要素整合者、市场开拓者、创新推动者的重要作用。

到目前为止,深圳高科技与金融产业互联互通、共生共长的区域经济及产业生态演化规律已经为世界所知,并吸引着来自全球四面八方的创业者。不过,深圳高科技产业生态的形成不是一蹴而就的,而是深圳广大创业者通过不断奋斗、试验而探索出的中国特色社会主义道路的体现。在短短40年的时间里,深圳在全球价值链中从跟跑

---

[1] 龚刚:《高级宏观经济学:中国视角》,北京大学出版社2020年版,第285页。
[2] 顾海良:《新发展阶段中国特色社会主义政治经济学的理论升华》,《经济日报》2020年9月16日。

到并跑再到领跑,在坚持城市生态底线和工业发展底线的两个标准方面都给全国作出了典型示范。本文强调深圳推动高质量发展的先行示范,就是从这个意义上来定义的。

三、实现高质量发展要深化有关两种资源配置手段的研究与思考

党的十九届六中全会以来,习近平新时代中国特色社会主义经济思想作为马克思主义政治经济学同中国经济发展的具体实际相结合的理论结晶,突破了西方经济学的传统藩篱,以中国特色社会主义政治经济学创新性成果的面貌问世,并成为习近平新时代中国特色社会主义思想的重要组成部分。经过进一步的提炼,实现了理论升华,目前被统一集中表述为"习近平经济思想"。习近平经济思想的形成有着深厚的实践基础,来自实践并因回答新时代实践课题而产生,饱含着实践智慧并不断在实践中发展,规划了中国建设现代化经济体系和实现"两个一百年"奋斗目标的实践路径,是党领导经济工作的根本遵循,也是做好中国经济工作的行动指南。立足新发展格局,尤其需要根据习近平经济思想调校对于"非正规经济"现象的批判性考察,认识到既往的经济增长模式所隐含的治理风险。

2019年9月,一部由美国前总统奥巴马监制的纪录片《美国工厂》(American Factory)面世,在中美贸易战阴云密布的背景下引起很多关于中美经济发展模式乃至政治法律制度的对比与思考。对于美国的地方政府和失业工人来说,尽管福耀玻璃在代顿市建设的工厂只能给当地普通工人提供12美元时薪的工作,但为了解决当地严重的失业问题,他们也只能接受这个工资水平。对于美国工人来说,在同样的厂房工作,2008年的通用汽车可以为他们提供29美元的时薪,而如今中国的工厂只能提供打了五折的薪水。从某种意义上说,这是全球化逐底竞争(race-to-bottom)的后果。作为对美国式劳资协调体制的抵抗,福耀玻璃在美国设厂时明确表示,绝对不允许工厂成立、加入美国本土的工会,理由是那样"工人就不好管理了"。表面上看,这个表态可谓涉及美国企业管理制度的正当性乃至"国本",即对于个体政治权利和契约自由的保护。经过多回合交锋,2018年美方表示让步,并在做了大量的思想工作的前提下,由福耀玻璃全体工人以民主投票表决的形式,决定在本厂不成立、不加入美国的工会。略感讽刺的是,到2018年底,福耀玻璃实现了扭亏为盈。

不过,根据《美国工厂》的主旨来判断,中国企业的管理模式也远不是完美的。首先,整个企业其实更像一座军营,更多地是用类似于军事化的管理模式来控制、动员、激励和考核员工,强调服从和纪律至上,这在西方人看来是不可想象的。其次,

这类企业的管理和运营模式对传统文化土壤中成长起来的人更加有效,但对于异文化背景下的员工,则会出现无法适应企业文化的现象。再次,美国工人普遍表现得比中国工人更加懂得在生产线上进行自我保护,更懂得安全生产的重要性,也更有权利意识,更加具备谈判和斗争意识。

其实对于中国国内的企业自身而言,由于员工的代际更替,这种现象也已经出现,即出生于20世纪90年代后的新一代员工的心智和行为模式都表现得迥异于上一代人,这很可能意味着福耀玻璃那种企业管理模式和文化将难以为继。对此硅谷创业教父、天使投资人史蒂夫·霍夫曼在2019年的一次访谈中就提出,随着中国从制造业和劳动力经济向知识经济的转型,创新和创造力对于经济的增长更加重要,以往的管理模式和文化必须改变。刘鹤于2021年11月24日在《人民日报》刊发《必须实现高质量发展》一文指出,现阶段我国生产函数正在发生变化,经济发展的要素条件、组合方式、配置效率发生改变,高质量发展和科技创新成为多重约束下求最优解的过程。而人是经济体系的基本组成部分,既是消费主体,又是生产和创新的主体,是最具活力的生产要素。因此,我国经济的新增长点、新动力蕴含在人力资本质量提高的过程中,实现最大多数人的社会效用最大化,也意味着全面提升全社会人力资本质量和专业技能。

客观而言,20世纪90年代我国更多地是以一种类似于"发展主义"的意识形态来应对西方意识形态咄咄逼人的挑战的,往往以"不争论"的实用主义来应对"姓资姓社"之争。从某种意义上说,在20世纪90年代末国企改革的浪潮中,社会主义公有制不经意地被贴上了"低效"的标签。改革开放之初,"姓资姓社"的问题被规避,社会主义国家也可以使用市场这种高效的资源配置方式,并让其起到基础性甚至决定性作用。但是,"市场万能论"也在以"华盛顿共识"为代表的西方新自由主义意识形态浪潮的间接影响下一度影响了宏观经济政策的取向,产生了有关两种资源配置机制认识上的误区。

上述观点以20世纪70年代美国发展经济学家肯尼思·加尔布雷思教授在《新工业国》一书中提出的理论为佐证。根据现代技术治理理论,美国的经济体系其实应该分为两个部分,包括1000家左右巨型跨国公司和数以百万计的中小企业。对于这两类企业而言,前者的治理机制是"计划体系",运作模式类似于社会主义国家的行政指令型计划经济;后者的治理机制是"市场体系",运作模式类似于依靠"无形之手"对资源进行配置的市场经济。对于国家的经济命脉和战略而言,前者显然是"基本盘"——以通用电气、洛克希德·马丁、雷神、波音等工业巨头为代表的"计划体系"对先进制造业和现代服务业进行全面掌控,精心构造出自由市场经济创业创新的繁荣表象并吸引全世界的人为之向往。不难发现，这种经济形态及其所塑造的政治制度，早已与美国学界津津乐道的自由竞争的市场经济和配套的宪政民主制度有千差万别了。因此，基于对习近平经济思想的学习把握，可以发现深圳乃至珠三角地区大大小小的企业所主导的40多年来中国制造业的升级换代，绝不仅仅是依靠"无形之手"自动自发地实现的。对于党的领导这一根本制度在深圳40年跨越式发展历程中所起的决定性作用，从制度运行方面还需要更加深入的研究。

目前，大湾区方兴未艾的科技、工业乃至先进制造业的革命势必会深刻重塑未来的人类社会，新的信息与通信（ICT）技术也正在不知不觉改变启蒙时代以来所形成的对于个人权利和政治契约的认识，在激发新的有关人类政治生活与制度安排的想象力，近代西方启蒙政治思想传统和关于国家—人民、政府—公民、权力—权利关系的想象遭遇了中国经验的巨大挑战。

四、余论及研究展望

根据前述内容，本文研究主旨主要在于尝试探索、回答两个问题：一是中国现代化经济增长有无"非正规性"？二是这种经济活动的"非正规性"或曰"非正规经济"还应不应该继续存在下去？对于第一个问题，答案是肯定的。同时需要指出的是，判断所谓"非正规性"的坐标其实是西方资本主义现代化的经验——但如果换用中国式现代化的坐标来判断，就不一定要被表述为"非正规性"了，而毋宁是"中国特色"的题中应有之义。对于第二个问题，同样在坚持中国式现代化认识范式的基础上，认为包括城市化、工业化、农业现代化，以及信息化在内的所谓现代化模式及经验不一定意味着以"正规"的现代经济部门来取代、消灭"非正规"的传统经济部门，而是可以更加均衡地实现两大部类产品交换的更加积极健康的城乡关系。根据党的二十大报告，通过对新质生产力以及全面推进乡村振兴战略等新概念新提法的把握，可以感知到习近平经济思想的创新方向。

概言之，本文以作为超大城市的深圳经济特区为典型范例，指出其作为中国改革开放事业的缩影之一，40多年来其工业化、城市化的成就有目共睹：即在40年时间之内走完了现代化"先发国家"两个世纪的道路。如果仅从市场经济社会演化的角度去看，这个压缩历程的另一种表述则是：在一代人的时间内中国特色社会主义市场经济体系经历了类似于西方自由资本主义市场经济、垄断（组织化）资本主义市场经济、后组织化（或"后工业社会"）资本主义市场经济三个阶段的演化，从匮乏社会过渡到了"小康社会",并大步迈向"丰裕社会",经济发展的形态和要旨也表现为生产驱动转向消费驱动。

需要指出的是,深圳40多年的跨越发展并不是任何事前具体规划、计划的产物,而是在给定的政策环境和条件下,多方行为主体不断互动、演化的产物。要从这个过程中提炼具有规律性的发展经验,要求学者有足够的理论勇气去正视深圳当前的最大挑战即"非正规经济"以及经济社会发展的"非正规性"演化方向与趋势的问题。根据马克思主义基本原理,现代城市的一切问题归根结底都是城乡差别、对立的政治经济学问题。在深圳美轮美奂的城市建设背后,仍然有很多问题包括城市空间紧张、规划用地、教育医疗、民生就业、人文内涵提升等亟待解决。

当前,随着全面深化改革进入"深水区""无人区",任何常识意义上的政策的简单叠加都难以有效满足超大城市高质量发展"先行示范"的需要,而是需要遵循岭南地域务实的商业思维及其实践传统,以"第二个结合"带来的"又一次思想解放"为契机,重拾"杀出一条血路"的改革魄力,通过大刀阔斧的改革举措来继续为推进中国式现代化的划时代事业开辟前路。

政道理念、建构性市场与基层治理："生态银行"的政治经济学*

王东宾 李 波**

摘 要 "生态银行"并非真的银行,而是借鉴商业银行理念探索生态文明建设实践机制的一种方式,旨在解决社会主义市场经济条件下生态与发展协调并举的难题。基于"建构性市场"理论视角建构生态文明、"生态银行"与基层探索之间的理论关联,可融合贯通宏观、中观、微观之间的机制路径,进而建立解决"生态银行"模式的政治经济学解释框架,并更充分阐释其中的社会主义生态经济学内涵。该框架下,从生态文明价值目标建设到"生态银行"探索的落地实践过程,展现为"政道理念(价值目标)确立向关键性制度安排的具体化"和"关键性制度安排向基层治理延伸的具体化"两个转化过程。"生态银行"作为建构性市场这一关键性制度安排的重要平台构建,可以促进这两个转化过程有机衔接,促使生态文明价值目标(政道理念)能够更好地为基层实践者、资源使用者与运营者所把握与理解,并具体化到地方经济发展的实践中,促成生态与发展协同协调。"生态银行"作为生态文明建设实践的制度创新,是对社会主义市场经济具体实现形式的创新、丰富与完善,正在激发出更多具有社会主义初级阶段政治经济特征的制度创新,这对于其他领域国家重要发展战略的落地实践与基层探索同样具有重要借鉴意义。

关键词 "生态银行" 生态文明 政道 建构性市场 基层治理

一、研究问题与进路

近年来"生态银行"模式在国内逐渐兴起。2017年福建省南平市在全国率先开展"生态银行"试点。至今,全国多地已陆续因地制宜开展试点,如福建、浙江、山东、江西、四川、黑龙江等地区。就实践中使用的名称而言,"生态银行"有两大主要模

---

* 本文是复旦大学义乌研究院项目"政道与地方治理:中国民主理念与地方实践探索"(20-1-59)的成果。
** 王东宾,博士,复旦大学中国研究院副研究员;李波,博士,复旦大学中国研究院院长助理、研究员。笔者感谢匿名评审专家提出的意见,促进本文进一步完善。当然文责自负。

式：一是2017年福建南平开始的"生态银行"模式探索；另一个是2020年6月浙江省安吉县的"两山银行"模式。

"生态银行"与"两山银行"具有诸多相似与相通之处，机制设计均借鉴商业银行"分散化输入、集中式输出"的理念，然而也不尽相同。主要区别在于：福建"生态银行"强调自然资源资产化，化零为整，促进自然资源变资产、变资本，实现资源转化盘活利用；浙江"两山银行"则从生态产业化视角，强调域内生态资源的统一规划、收储、开发，更加注重规模经济，注重推动生态产品价值实现（石敏俊等，2022）。究其根本而言，两者都是基于"两山"理论进行"两山转化"的新型实践探索。

本文实践案例主要基于福建省南平市"生态银行"展开讨论，并兼顾"两山银行"不同之处。南平"生态银行"的经验总结，国内诸多学者已从不同角度展开论证。比如，南平如何从自然资源产权交易制度改革入手来开展生态文明改革试点（崔莉等，2019；孙万、阮陲灵，2020；孙雪琳，2022）。还有规模经济视角，由于南平76%以上的山林林权处于"碎片化"状态，需要解决五个方面问题：经营效率问题、交易成本问题、生态转型问题、流动性约束问题和产业跃迁问题（黄颖等，2020）。在解决"碎片化"问题的基础上，"生态银行"如何进一步探索生态产品价值实现具体路径与机制就成为研究者关注的重点（吴翔宇、李新，2023；陈菲，2022；郑卓昕，2022；邱少俊等，2021；李维明，2020）。国家首个生态产品价值实现机制的试点——浙江丽水市也备受关注，丽水基于"两山银行"构建"价值核算评估体系＋交易体系＋生态信用体系"三大体系（雷金松，2021），体系化地促进"两山"有效转化。此外，有的研究聚焦于生态资源到生态资本转化的演化动因与路径分析，提出产权形成、构建多元化市场等关键性制度设计（袁广达、王琪，2021；谢剑斌、何映红，2022；向建红，2021）。

综合来看，当前的"生态银行"研究对于生态资源与资本的市场化、产业化的技术层面关注较多，而对作为我国"生态银行"运营的关键性制度安排与生态产品市场特殊特征的关注显得不足，特别是缺少与宏观制度框架层面的理论关联和内涵诠释。① 换言之，"必须创建并践行一种社会主义生态文明政治经济学，从而提供整个社会向这些新经济样态或生产生活方式转型的现实可能性与进路"（郇庆治，2021），从而有机贯通生态文明的宏观、中观与微观层面的话语体系与制度建构以及实践探索，以充分

---

① 笔者看到有一个例外，孙巍女士在一篇尚未发表的题为"探究生态产品价值实现中政府与市场的张力——以县域国有生态资源运营管理平台为例"的论文中，强调了这种独特制度性安排，并指出了针对三种不同的生态产品资源属性，应该有不同的价值实现安排。

阐释其中的社会主义生态文明经济建设问题与内涵。解决这一问题，需要从"生态银行"的基础性制度背景入手。

我国"生态银行"的探索实践基于两个基础性制度机制：一是政策性生态补偿机制；二是生态产品价值市场化实现机制。这两个基础性机制具有密切关联性。生态补偿机制的政治性、政策性较强，从政治性定价到政策性资源供给，提供生态功能补偿与交易的基础配置，而生态产品价值实现机制，可视为补偿机制的进一步深化，试图将生态功能、生态资源进行标准化、产品化、要素化，使之具备市场化可交易性，进而构建新型市场、创新市场化工具与机制。尽管"生态银行"设计的基本逻辑类似银行的"分散化输入、集中式输出"模式，然而如何从本质上解决"碎片化生态资源如何变为资产、资产如何进一步标准化变为资本"的资源组织、要素整合与交易，以及市场建构问题，国际上也并无较为成功的先例。

因而，充分理解"生态银行"宏观背景、制度结构与微观基础，尤其是对其作为产权交易与资源整合平台的解读，需要基于中国式现代化道路背景和社会主义市场经济条件进一步超越简单的技术性制度分析。本文将"生态银行"的制度构建、机制设计与探索实践，视为一种具有"理性建构"性质的政府主导下多元主体行为与持续的建构性市场努力。[①]孟捷、张梓彬（2023）在基于高铁产业发展的研究中提出，建构性市场理论的特征与机制主要有两点：一、国家不仅是市场的建构者，而且作为特殊的当事人，在市场内部持续地发挥领航和协调分工的作用；二、国家将某种符合其发展战略——最终是符合社会主义生产目的——的使用价值目标引入市场，一方面与企业追求的价值目标相结合，另一方面使前者最终居于相对主导地位。"建构性市场"这一概念可以更好统摄"生态银行"的政策性生态补偿与市场化生态补偿（生产产品价值实现）两大关键制度基础，因而可作为建构"生态银行"政治经济学解释框架的关键概念与理论视角。

本文的核心观点是上述"建构性市场模型"的一个应用延展：在"生态银行"的探索实践中，地方政府作为国家治理体系的组成部分，基于国家生态文明建设提供的政道理念——使用价值目标、制度资源与工具概念体系，形构了一种特殊的建构性市场，该市场可有效解决碎片化生态资源的可组织化、标的化、交易规模化，以及定价难题。为了更加准确地分析与论证，需要把这种持续性的市场建构努力划分为有机衔接、次第展开的两个转化进程，本文主体论述亦将围绕这两个进程展开，其研究进路

---

① 关于建构性市场的研究与讨论，参见孟捷、张梓彬关于高铁自主创新的研究。孟捷、张梓彬：《建构性市场、政府内竞争与中国高铁的自主创新：基于社会主义政治经济学视角的阐释》，《经济学动态》2023年第4期。

与框架如图1所示。

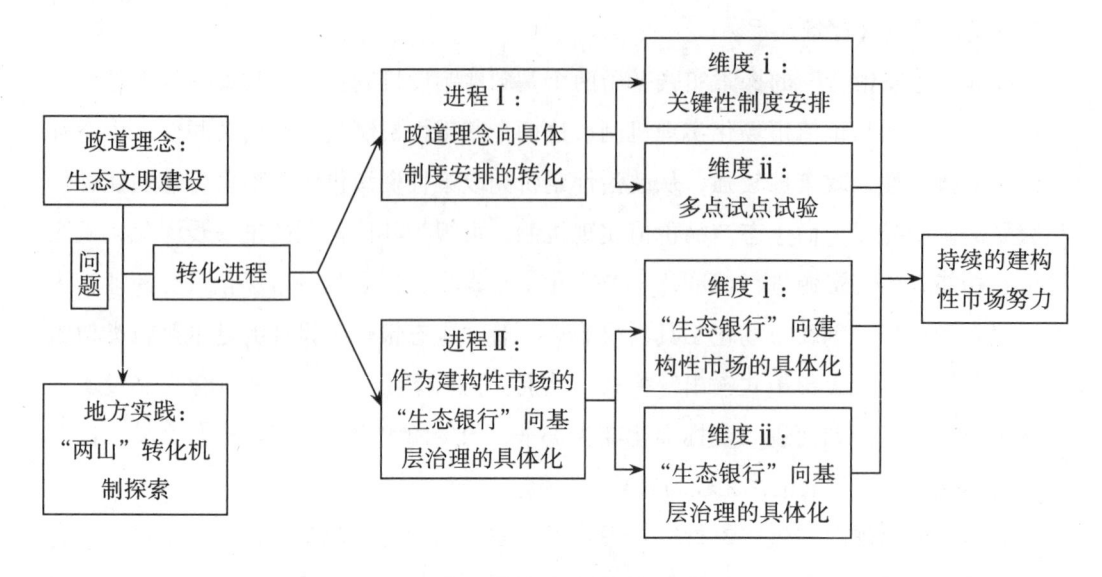

图1 研究进路与框架图

第一个转化进程是从宏观理念向关键性制度的具体化、可操作化展开，在本文的语境里是一个从"政道理念"（亦即使用价值目标）到制度性安排的具体化进程。从文明型国家理论来看，政道的核心要义是一种围绕治国理念和执政目标追求实质正义（不拘泥于形式的）实践哲学，但是围绕这个目标落地则要形成各种制度安排（张维为，2017）。以生态文明建设而言，围绕国家生态文明建设目标，出台了顶层设计层面，形成一系列"四梁八柱"的关键制度安排，并提供给基层探索与落地实施的系列相关配套。这一进程又可分解为两个维度："关键性制度安排"与"多点试点试验"。前一个维度主要是生态文明作为政道理念提出后，通过顶层设计进一步向关键性制度安排、政策框架与体系、可操作性政策工具与机制转化，后一个维度则主要是通过试验区和试点机制，对于具体制度安排和政策工具的落地探索进行进一步的具体化。其中，"生态银行"即为其中重要的抓手与部署之一。因此，第一个进程既是"生态银行"探索的制度背景与政策基础，也为地方政府开展建构性市场探索提供了相应的政策依据、资源与工具。关于转化进程 I 的讨论是本文第二部分的重点。

第二个进程是作为建构性市场的"生态银行"向微观治理的具体化展开，解决"生态银行"如何通过微观治理的提升而具备提供标准化资产交易标的的基础能力问题，亦即微观基础。这一进程亦可分解为"'生态银行'向建构性市场的具体化"与"向基层治理的具体化"两个维度。前一个维度指的是"生态银行"制度设计的创新与完善，包括制度、组织与规则等，向建构性市场的具体化这一转化导向，是"生态银行"持续性制度活力的源泉所在。地方政府通过建构性市场的持续努力，不断将市场机制与工具引入"生态银行"的制度设计与运行实际中，从而为多元主体的参与提供一种有序竞争和市场化平台，而逐步弱化行政化推动色彩。后一个维度谈论的是重要的微观基础，也是"生态银行"落地实践的"最后一公里"问题。有效解决向基层治理的具体化问题，一方面可以更有效率、更低成本地解决要素碎片化和规模经济的成本等"生态银行"核心制约因素，另一方面基层的参与度与融入度将大大提升，共同富裕、乡村振兴等战略目标得以与"生态银行"的价值目标有效匹配。本文第三部分重点讨论转化进程Ⅱ。

本文第四部分的小结，进一步讨论"生态银行"实践的社会主义生态文明建设特征及其政治经济学内涵，并对"生态银行"在向基层治理的具体化进程中如何嵌入乡村治理结构等问题做初步探索。

二、进程Ⅰ：政道理念向具体制度安排的转化

转化进程Ⅰ——政道理念向具体制度安排的转化包含两个维度：关键性制度安排（维度ⅰ）与多点试点试验（维度ⅱ）。

（一）维度ⅰ：关键性制度安排

2015年9月，中共中央、国务院印发《生态文明体制改革总体方案》，对生态文明理念的落地作出总体部署，形成有可操作性的一系列目标和总体性、体系性顶层设计安排，包括制度化框架、可操作的行动目标，形成了生态文明建设和"生态银行"探索可遵循的关键性制度体系。从中可归纳出四种"自上而下"的关键制度安排与推动机制。

1. 政策性生态补偿机制

自2010年起，国务院就将研究制定生态补偿条例列入立法计划，至2021年9月中央印发《关于深化生态保护补偿制度改革的意见》。生态补偿机制是确保生态功能区建设的需要，对生态功能进行补偿，解决限制开发、禁止开发区域的发展问题。生态补偿机制相当于一种国家的政治性市场定价行为，是向限制开发、禁止开发区域的公共生态产品价值作出的强制性支付购买安排。

2. 地方领导干部与地方政府的考核与激励机制

第一，通过相关制度安排，建立对领导干部实行自然资源资产离任审计与生态环

境损害责任终身追究制,从政绩与工作考核制度层面形成对自然资源资产保护与防止生态环境损害及污染的约束机制。并且在绩效考核工作中,实行环境保护工作"一票否决"制度。①

第二,通过环保督察、环保风暴尤其是污染防治攻坚战等运动式治理方式,不断促使地方干部与地方政府转变观念,在存量问题的解决过程中深化对新发展理念、生态保护目标的理解、认知与重视,倒逼探索生态环保与经济发展的协同路径,"生态银行""两山银行"的实践探索也由此应运而生。

3. 绿色GDP、GEP(生态系统生产总值)新核算体系

新核算体系提供政绩考核的新指引。而对于欠发达县区、纳入国家重点生态功能区的县区则取消GDP考核,相关测评办法增加对生态环境保护、现代高效农业推进、旅游产业发展的指标和权重。例如,福建取消对34个县(市、区)的GDP硬性考核,改为重点考核生态环境质量等。通过这样一系列的制度改革与构建,形成对地方政府与地方干部的绿色发展激励约束相容机制。

4. 生态产品价值实现机制

2010年《全国主体功能区规划》首次提出了"生态产品"概念。经过十余年探索与深化,尤其是地方对于"生态产品"这一新生政策工具概念的认知深化,改革事项的探索落地,使得"生态产品价值实现"的"建构性市场"特征不断由概念化向机制化、可操作化延伸。2021年4月中央印发的《关于建立健全生态产品价值实现机制的意见》中的两条核心原则就是"保护优先、合理开发"和"政府主导、市场运作",体现了社会主义国家在生态价值转化方式与路径上的政治性要求,也是建构性市场运作的基本制度要求。通过政府参与的价格形成过程与市场规制性过程以及治理结构等机制,提升生态资源优势转化为经济/产业优势的能力,发挥基于范围经济的定价与配置优势。

而且,以上四种制度化的、体系化的建构性安排设计,一方面使得地方的改革探索有法理上、制度上的依据,让地方探索落地有明确的愿景目标,另一方面更重要的影响在于生态文明建设涵盖水、土壤、空气等众多领域,每一领域都需要科学技术的支持与支撑,制度体系里面本身包含着大量的方法论、方法学指引,包括碳汇、用水权、用能权等新型产权标的的设立、确权、评估、交易等,使得地方探索能够更加精

---

① 见2015年8月中共中央办公厅、国务院办公厅印发的《党政领导干部生态环境损害责任追究办法(试行)》。

准、科学、合理、合规。[①]

在本文语境中，政道理念——使用价值目标转化为关键性制度体系进程与多地方的实践首先是遵循"自上而下"路径的，这一路径是通过党和国家的文件不断加以系统性、整体性、协同性的建构，以及通过政策和工具概念在试点实践中不断深化、不断再认知的过程来完成的，也使得"生态银行"创新有章可循、有法可依、有制可据。[②]

以上是关于第一个转化进程的"自上而下"维度的具体化描述。要产生实践动力，则需要发挥中央和地方两个积极性，还需要构建激活地方实践探索积极性的机制，即自下而上的一面。在中国的制度实践中，这方面是通过试点试验来完成的。

（二）维度 ii：多点试点试验

这一维度包含两个层面：生态文明建设层面与"生态银行"探索层面。

1. 生态文明建设试点试验

《生态文明体制改革总体方案》中关于试点试验分为两种类型：一种是对应特定领域与特殊问题而设置的试点试验，属于问题导向型的定向试点试验；一种是在特定区域内进行综合性试点试验，是区域性概念，即综合性统筹探索的试验区类型。

第一种类型，针对具体领域与特定问题的试点安排。《生态文明体制改革总体方案》中提出的十余种试点试验事项，涵盖水、湿地、环境保护、生态补偿等领域，也包括空间规划编制等技术性改革试点，还有排污权、碳排放交易权等新产权创设改革试点，以及自然资源资产负债表编制试点和领导干部自然资源资产离任审计等制度机制改革试点。

第二种类型为综合性的试验区，是一种区域性试点概念，用以综合统筹探索解决各类问题，是在一定行政区划内统筹整合与规范整理各类试点，试验探索制度体系的协调性与协同性。福建是首个国家生态文明试验区，于2016年获批。2017年江西、贵州，2019年海南又分别获批国家生态文明试验区。2020年，综合前期试验结果，形成国家生态文明试验区改革举措和经验做法推广清单，推广国家生态文明试验区改革举

[①] 相关部门往往派出工作组或指导组帮助地方共同探索相关方法，促进制度能力向行动能力、治理能力转化提升。例如，南平顺昌的"森林生态银行"，就开发出公益性质的"一元碳汇"，将森林碳汇与脱贫攻坚、乡村振兴工作相结合，又结合林业科学发展，开发出适应本地林业特征特性的森林碳汇方法学，将森林碳汇拿到欧盟市场出售，促进生态产品价值转化。而浙江安吉则与高校智库合作，经过长期的科学观测、跟踪研究，开发出国内第一套竹林碳汇标准。

[②] 中央为地方探索提供相应的制度空间设计，往往包含着强制性制度、选择性制度与引领性制度等类型，一方面形成激励相容机制，既调动地方干部与地方政府的积极性，又明确生态环保的底线原则。参见包雅钧等（2013，第84—92页）关于生态治理中的中央与地方关系的讨论。

措和经验做法共90项，涵盖14个方面。

在这样的上下结合、良性互动场景中，"生态银行"实践的创新探索得以展开，而生态产品的建构性市场基本制度特征亦逐步显现。

2. "生态银行"试点

国内肇始于福建南平的"生态银行"模式创新，自2017年至今，已有多个省份进行相关探索。从表1关于"生态银行"试点分布概况的整理分析而言，福建省作为创新源头地区和首个国家生态试验区，"生态银行"试点数量最多（集中于南平地区），其他主要在浙江、江西等生态资源富集地区。显而易见的是，大多"生态银行"试点集中在国家生态文明建设示范区或县中，一定程度上说明"生态银行"作为生态文明建设的制度创新成为一种通行模式选择。

表1 "生态银行"试点模式分布概括

省份	试点模式	市县称号	省级称号	数量
福建	南平市建阳区"建盏生态银行"		2016年国家生态文明试验区 2021年国家自然资源领域生产产品价值实现机制试点 2022年第六批生态文明建设示范区	8
	南平市延平区"古厝生态银行"			
	南平市光泽县"水生态银行"	2019年第三批国家生态文明建设示范市县		
	南平市顺昌县"森林生态银行"	2020年第四批国家生态文明建设示范市县		
	武夷山市"文化生态银行"	2018年第二批国家生态文明建设示范市县		
		2021年第五批"绿水青山就是金山银山"实践创新基地		
	南平市浦城县"森林生态银行"	2017年第一批国家生态文明建设示范市县		
	南平市松溪县"金土地生态银行"	2019年第三批国家生态文明建设示范市县		
	建瓯市"竹生态银行"			
浙江	台州市天台县"生态银行"	2019年第三批国家生态文明建设示范市县		

续表

省份	试点模式	市县称号	省级称号	数量
浙江	湖州市安吉县"两山银行"	2016年第一批"绿水青山就是金山银山"理论实践试点县	2018年生产产品市场化省级试点	5
		2018年第二批国家生态文明建设示范市县		
	杭州市淳安县"生态银行"	2020年第四批"绿水青山就是金山银山"实践创新基地		
		2018年第二批国家生态文明建设示范市县		
	丽水市云和县"两山银行"	2019年国家生态产品价值实现机制试点城市		
		2022年第六批生态文明建设示范区		
	衢州市常山县"两山银行"	2016年第一批"绿水青山就是金山银山"理论实践试点县		
		2022年第六批生态文明建设示范区		
江西	抚州市资溪县"两山银行"	2019年国家生态产品价值实现机制试点城市	2017年国家生态文明试验区 2018年国家生态产品市场化省级试点	4
	抚州市乐安县"生态银行"	2017年第一批国家生态文明建设示范市县		
	九江市武宁县"生态产品储蓄银行"	2022年第六批生态文明建设示范区		
	吉安市峡江县"生态银行"	2022年第六批生态文明建设示范区		
山东	临沂市"两山银行"	2020年第四批国家生态文明建设示范市县		2
		2018年第二批"绿水青山就是金山银山"实践创新基地		
	枣庄市山亭区"生态银行"			

续表

省份	试点模式	市县称号	省级称号	数量
四川	雅安市宝兴县"生态银行"	2019年第三批国家生态文明建设示范市县		1
黑龙江	伊春市"兴安岭生态银行"	2022年第六批生态文明建设示范区		1
内蒙古	阿尔山市"生态银行"	2018年第二批国家生态文明建设示范市县		1
		2019年第三批"绿水青山就是金山银山"实践创新基地		

注：根据试点地方政府公开信息、生态环境部四批次《国家级生态示范市县名单》和六批次《"绿水青山就是金山银山"实践创新基地名单》等整理得出。

资料来源：杜健勋、卿悦（2023），引用时有修正

"生态银行"模式的中国制度特性主要是：

第一，"生态补偿—生态产品价值实现—'生态银行'"的制度体系是"生态银行"模式的制度基础。我们前面批评过目前的研究对市场化、产业化的技术层面关注过多，而忽视了政策性、公益性作为"生态银行"的基石才能真正解决资源前端聚合的问题。例如南平的"森林生态银行"中，将重点生态区位内禁止采伐的商品林通过赎买、置换等方式调整为生态公益林，将重点生态区位外零星分散的生态公益林调整为商品林，这种区位调整与整合，没有政策性支持尤其是资金扶持以及政府推动引导，是不可能实现的。

政府引导主要是通过治理机制来实现的。国际上的"生态银行"案例中，政府引导大多是通过新的法律规制来实现。而国内"生态银行"着力于要解决资源的碎片化难题以及分散式输入问题，因而需要通过治理能力与治理体系提升来实现（具体讨论见本文第三部分）。

"生态银行"模式主要是地方基于生态文明制度体系与规则框架结合区域条件进行的自主性制度探索。模式主要是问题导向，需要地方政府因地制宜进行自主性探索。比如浙江省天台县"生态银行"是为了实现垃圾的收集与转化，云和县"两山银行"着重于以"两山贷"为对生态保护作出贡献的主体提供信贷服务，而衢州市试点则以生态价值占补平衡为主攻方向（杜健勋、卿悦，2023）。

"生态银行"模式体现了"有为政府、有效市场与有效治理"三者的有机结合。

"生态银行"模式一般在生态资源富集（或生态修复）区域，具有一定类型的资源比较优势，前端的资源整理形成可用于产业发展的资源禀赋比较优势，后端的产业化开发则进一步将其转化为区域产业优势，这是市场化机制导入"生态银行"的基础所在。而解决碎片化问题是基础前提。例如，南平76%以上山林林权处于"碎片化"状态，使得不少优质资源处于产权碎片导致的"锁定"状态，限制了资源有效利用和要素优化，因而也面临着发挥资源比较优势的诸多障碍，需要政府的大力介入和微观治理机制的配套。故而，"生态银行"模式的成功依赖社会主义制度优势的制度创新与机制设计。

"生态银行"的政策路径是逐级试点、次第推进。以南平市"生态银行"试点为例，经过几年的探索，已经由市级试点向县区推进落地，形成多元化、多层次的试点群（表2）。南平市"生态银行"提供基础架构与运营模式，由各县市区因地制宜予以落地实施，包括顺昌"森林生态银行"、武夷山五夫镇文旅"生态银行"、建阳"建盏生态银行"、延平巨口乡"古厝生态银行"等多种实践运营模式。从初步的实践效果来看：顺昌县绿昌公司收储林地6万多亩；延平区巨口乡村集体以闲置资产入股，掌股49%，盘活古厝100多座；武夷山市五夫镇流转古民居75栋、农田2100亩、林地3800亩；建阳区生态资源公司和光泽县国投公司通过公开拍卖的方式，分别取得2宗建盏矿土和2宗水资源（地表水、矿泉水等）探矿权；浦城县山桥村集中流转耕地资源2600亩。①

表2 福建省南平市"生态银行"试点模式概括

试点模式	主要收储对象	产权类型
建阳区"建盏生态银行"	矿产资源（建盏所需材料）	矿业权
延平区"古厝生态银行"	古村、古厝资源	宅基地使用权和经营权
光泽县"水生态银行"	水资源	矿业权、水库所有权、水岸经营权等水资源权益
顺昌县"森林生态银行"	林木资源	林权
武夷山市"文化生态银行"	文物古建资源（与文化相关的山、水、林、耕地、古建筑、古遗迹等资源）	生态资源及人类遗迹的使用权等用益物权

---

① 其中，顺昌县"森林生态银行"入选中共中央组织部编写的《贯彻落实习近平新时代中国特色社会主义思想 在改革发展稳定中攻坚克难案例》丛书、自然资源部推荐的11个生态产品价值实现案例（第一批）。光泽"水生态银行"入选自然资源部生态产品价值实现第二批典型案例。

续表

试点模式	主要收储对象	产权类型
浦城县"森林生态银行""耕地生态银行"	林木、耕地资源	林权、农村土地的使用权等用益物权
建瓯市"竹生态银行"	竹资源	竹资源所有权
松溪县"金土地生态银行"	农村土地资源	宅基地使用权

注：来自南平市政府网站
资料来源：杜健勋、卿悦（2023）

总体而言，从试验区到逐级试点试验，其要义在于顶层设计与基层探索形成良性互动机制。而从生态文明的发展理念到制度体系再到逐级试点，这个过程展现了政道理念如何（通过生态产品构建性市场的形成）逐级逐步落实到地方、次序次第贯彻到实践的机制过程。

三、进程Ⅱ：作为建构性市场的"生态银行"向基层治理的具体化

"生态银行"探索的主要目标在于将生态优势、资源优势转化为经济优势、产业优势，探索"两山"转化的制度与实践机制。核心难题在于：一是资源禀赋的重组与优化，以"分散化输入—集中化输出"能力解决"碎片化"问题；二是生产能力与交易能力提升的规模经济难题。而单纯的市场化交易机制，因环节多、效率低、成本高，难以形成有效定价和撮合交易，从而难以解决生态资源碎片化问题。只有依赖基础的政治性定价与有效的基层治理，才能有效解决资源碎片化问题，这对于地方政府治理能力提出了更高的要求。

因而，第二个转化过程的核心指征在于建构市场与微观治理能力相互依存。这一过程涉及两个维度：第一个维度，"生态银行"向建构性市场的具体化。"生态银行"作为建构性市场的具体抓手，既是地方政府发起的具有理性制度建构过程，也是地方政府相关部门参与、协同发力的建构性市场努力，满足生态产品与要素的市场需求。第二个维度，"生态银行"向基层治理的具体化。"生态银行"运营依赖基层治理的具体化，从源头上解决治理能力与治理体系问题。[①] 同时，借助建构性市场的形成与成

---

① 《关于建立健全生态产品价值实现机制的意见》也指出治理问题的重要性、基础性，是"从源头上推动生态环境领域国家治理体系和治理能力现代化的必然要求，对推动经济社会发展全面绿色转型具有重要意义"。

长，相关政府部门与社会力量得以嵌入乡村基层治理，从而解决效率与公平问题，也为村集体组织、合作社等基层经济组织提供参与市场活动的接口，促进乡村振兴与共同富裕。

（一）维度 i："生态银行"向建构性市场的具体化

维度 i 主要包含两个方面：机制设计与基础架构；组织管理体系。

1. 框架—机制设计与基础架构

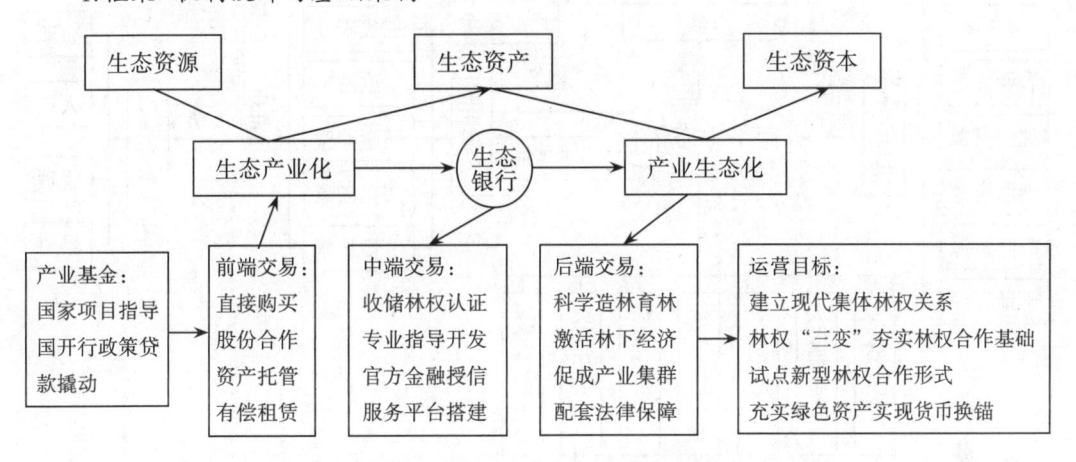

图 2 "生态银行"宏观设计流程一览图

资料来源：孙万、阮隆灵（2020）

"生态银行"的机制核心在于通过制度创新和机制设计促进生态资源向生态资产、生态资本的两级跃迁，使得生态资源要素化、产品化，推动要素优化和适度规模，以有效匹配产业发展和转型升级的客观要求，最终促进实现生态保护与产业发展协调协同。这个过程又可以分为彼此关联的两个部分：生态产业化与产业生态化。前者在于实现生态资源的汇聚，解决产权碎片化问题，并通过政策、技术、金融等资源对资源进行整合、转换、提升，因而政府作用至关重要；后者重点在于基于资产化的要素禀赋结构，对生态资产进行开发、运营等产业化方式，促进实现产业生态化转型升级，着重于市场化机制（如图 1 所示）。

"南平生态银行"是地方政府建设生态领域建构性市场的核心抓手、是结合实际进行的制度创新。建构市场的基础性机制包括自然资源资产产权制度改革、生态产品价值实现改革等，在确权、收储、评估、交易、开发等各环节、各链条建立相应的规章制度，形成具有可操作性的、符合市场化要求的规制体系。这套规制体系对应于市场化的要求而构建，由各相关政府部门参与并提供相应的资源支持，是由地方政府发起的建构性市场努力。同时，地方政府相关部门的参与，建立相应的组织体系，进一步

53

推动建构性市场向基层治理的嵌入与具体化。

2. 组织体系

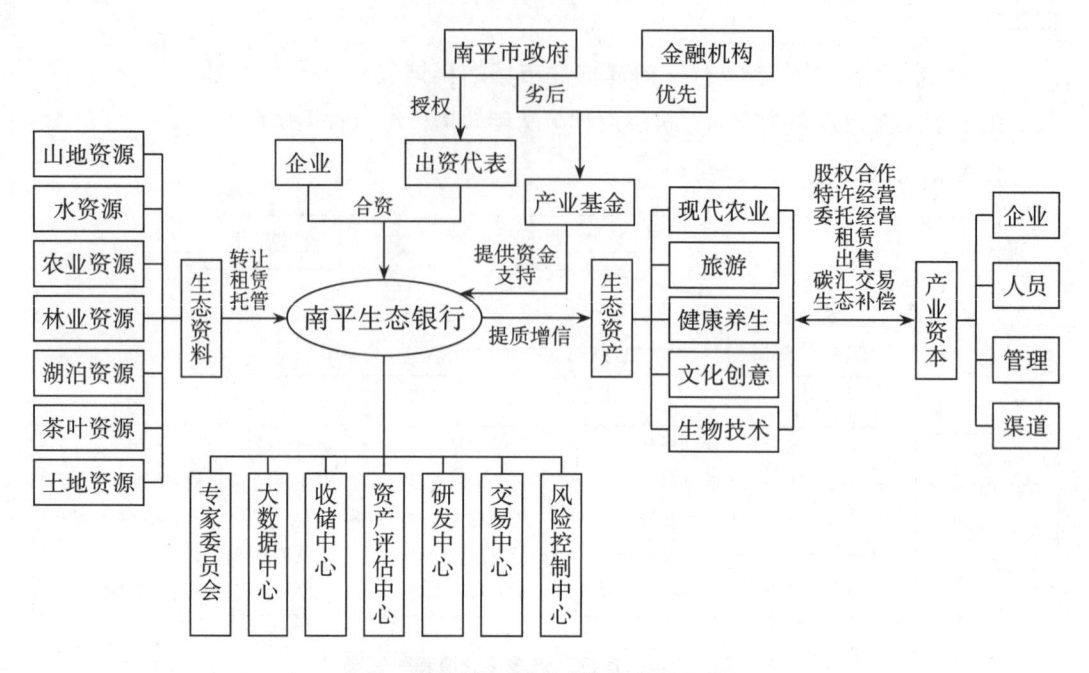

图3 南平市"生态银行"总体架构

资料来源：崔莉、厉新建、程哲（2019）

图3展示了南平市"生态银行"总体架构。市级层面的"生态银行"成立专家委员会、大数据中心、收储中心、资产评估中心、研发中心、交易中心、风险控制中心等基础核心单元，可以实现：第一，满足相应模块的规模经济需要，对县市区及以下的"生态银行"进行资金、技术、风控、评估、研发等方面的支持。第二，形成市县两级统筹、四级联动的合作网络和组织体系。南平市先后搭建平台公司18家，形成了市县乡村四级运作体系。以"森林生态银行"为例，南平市"森林生态银行"在市级层面成立"南平市生态资源保护开发有限公司"作为运营主体，由南平市金融控股有限公司、武夷山市城市建设投资有限公司、顺昌县国有林场分别持股80%、10%和10%。在县级层面成立"福建省绿昌林业资源运营有限公司"（国有公司）作为运营主体，由顺昌县国有林场控股（认缴出资额1560万元，持股比例52%），大历、九龙山、七台山、官墩、岚下、曲村、武坊、高阳8个基层国有林场参股（各认缴出资额180万元，持股比例6%）。第三，乡镇与村级更加注重治理与服务。重点发挥其在资源流转方面的比较优势，充分发挥村集体、合作社等村集体组织在资源流转与整合过程中的乡土

优势，在解决碎片化问题的同时，得以重构集体经济、合作经济的新形态、新机制。

（二）维度ⅱ："生态银行"向基层治理的具体化

"生态银行"向乡镇、村级的延伸是生态要素资源有效整合与输出的客观要求，并与农村集体产权制度改革、农村产权制度改革、林权改革等重要改革密切关联。本文以顺昌"森林生态银行"为案例，讨论"生态银行"向基层治理的具体化。

顺昌"森林生态银行"在村一级构建"一村一平台、一户一股权、一年一分红"的制度机制，并提供购买、股份合作、托管、租赁四种收储形式，以租赁和购买两种形式为主。"一村一平台"，即在"森林生态银行"与林农之间搭建一个平台——村级森林资源运行平台（村经济合作联社），将分散在单家独户的无林地（采伐迹地）、有林地"存入"运营平台，由平台整合打包集中连片的资源包，由平台与"森林生态银行"签订合作协议，后者进行规模化、专业化、科学化管理与运营。"一户一股权"，将林地股份合作经营的保底收益总额作为股权标准，发放股权证，通过"森林生态银行"运营，获得长期稳定的收益。

以笔者调研的元坑镇际下村为例，全村总面积8272.05亩，其中林地面积5646.45亩，耕地712.95亩，户籍人口131户431人，常住人口212人。际下村与"森林生态银行"建立了无林地股份合作、有林地股份合作、租赁经营三种合作形式，提高了村集体和村民收入。无林地的合作，此前一般以租赁形式，一次性收取30年租金（1200元/亩），与"生态银行"合作后，保底收益1800元/亩，提高50%，2636亩采伐迹地增收158.16万元。有林地的合作，除了保底收益外，村民可以获得主伐超额利润的八成作为分红，较之分散经营平均提高30%~50%。村集体收入的提高包括四个部分：第一，公益林租赁合作开发林下经济，每年稳定增收4.42万元（2212亩）；第二，无林地合作，保底收益增值部分，村集体收入稳定增收5.27万元；第三，主伐超额利润的分红；第三，碳汇收入，际下村碳汇林面积5600亩，30年活动期碳汇总量12.5万吨，初步预期总收益1250万元。[①]

顺昌经验表明，乡镇与村级两级是解决碎片化问题、处理"生态银行""分散化输入与集中化输出"这一基本矛盾的基础力量，也是"生态银行"模式能否成功有效的关键条件和源头环节。通过向基层治理的具体化，建构性市场的主体力量得以嵌入乡村治理，是第二个转化成功的关键，原因在于：

自然资源与生态资源分散分布于乡村，产权也处于高度分散的状态。资源产权整

---

① 本部分数据来源于顺昌县元坑镇际下村实地调研。

理如果单纯依赖资本与市场，往往导致资源浪费乃至破坏的不好效果，且容易引发与村民的矛盾纠纷。在资源整理过程中，势必要依托于党领导下的村集体组织，既降低组织成本与协调成本，也可以实现公平、公正、共享生态收益。

建构性市场机制鼓励村集体作为主体性的参与力量，为党支部领办型合作社等新组织形式提供了抓手和空间。无论是生态产业化还是产业生态化，适度规模仍然是重要的基本原则，而村集体参与"生态银行"机制，借助合作社等经济制度形式，可以为"小而美"的范围经济提供更多发展空间。

只有有机嵌入乡村社会，"生态银行"才能完成"最后一公里"的衔接。建构性市场机制可以有效形成嵌入多元主体乡村治理的接口和路径，形成基层治理、生态保护与经济发展之间的正反馈机制，与乡村治理"一核引领，多元共治"的基本结构形成适配，为基层治理加强党的领导提供多元化外部协同力量。

正如建构性市场模型强调的那样，政府（党组织）既是市场的建构者，也作为特殊的当事人，持续地发挥领航和协调分工的作用（孟捷、张梓彬，2023）。"生态银行"交易的基本逻辑是"分散化输入，集中化输出"，需要解决的核心难题是生态资源碎片化问题。纯粹的市场化交易因环节多、效率低、成本高，难以形成有效定价，碎片化问题难以解决。只有依赖有效的基层治理与一定的政治性定价，才能有效解决资源碎片化问题。"生态银行"的建构性市场努力必然形成向农村微观治理领域延伸的推动力，原因在于只有扎实的微观治理基础，才能源源不断地为"生态银行"提供可供交易的标的物。而基层微观治理与党的基层建设、集体经济组织、合作组织等过程密不可分。这种基层治理、"生态银行"与生态产业经济之间的正反馈机制，是微观领域的制度变迁过程。[①]

四、小结："生态银行"的社会主义政治经济学

本文基于"生态银行"创新依托的生态文明政治理念、生态资源政策背景，以及一般性制度分析，引入"建构性市场"理论视角，力图建立一种解释"生态银行"模式与机制的政治经济学框架。基于建构性市场理论，本文将"生态银行"由政道理念向具体实践探索的落地解构为两个有机衔接、次序落地的转化过程。

[①] 孟捷（2022）研究了党支部领办合作社的制度变迁过程与意义，并认为这一制度变迁道路，是实现乡村振兴和农村共同富裕的重要路径。受其研究进路启发，本文在研究"生态银行"的基层治理与微观基础中，同样发现这是"生态银行"制度活力的源泉，同时乡村振兴战略与共同富裕目标得以寓于其中。

经由这两个转化过程，生态文明作为政道理念，一步步落地于地方经济发展实践中。在落地探索的过程中，地方政府一方面汲取、消化政道层面的理念与思想资源，另一方面从制度安排与政策部署中发掘相应的制度支持与体制机制资源，进而开展地方自主探索实践。"生态银行"并非真的银行，而是借鉴商业银行"分散式输入，集中式输出"的模式，搭建生态产品与生态资源要素的交易平台，因而究其本质两个转化过程都在展现地方政府展开建构性市场的努力。

持续性进行建构性市场的努力，正是"生态银行"的政治经济学精髓所在。通过建构性市场，促使两个转化过程有机衔接，可以避免运动式治理一阵风的弊端，取得长效机制。并且，能够避免单纯政治号召与行政推动容易导致的形式主义等诸多问题，逐步引入培育市场机制与市场工具，激发生态领域多元主体力量，形成内生动力，真正贯通生态治理与高质量发展，促进高质量"两山转化"。

通过成功地搭建建构性市场，一方面地方将更有效率地规划与引领生态资源向资产、资本的转化，将生态优势转化为经济发展优势，另一方面地方将通过有效的建构性市场与外部的碳汇交易市场、要素交易市场，以及其他产权交易市场相关联，促进生态资本发达地区更好地融入国内大市场，发现更公平合理的生态产品价格，从而获致内涵更丰富的比较优势与范围优势。

"生态银行"实践表明，向基层治理能力建设延展的具体化尤为重要。参与"生态银行"的地方政府部门、相关机构以及交易关联的各主体，通过"生态银行"的建构性市场机制，形成嵌入乡村治理的接口和路径，形成基层治理、生态保护与经济发展之间的正反馈机制，这恰恰是我国开展"生态银行"创新的社会主义制度优势所在。多元主体的嵌入，应与乡村治理"一核引领，多元共治"的基本结构形成适配，形成在基层治理加强党的领导的外部协同力量。由于"生态银行"发展还较为初步，向基层治理的具体化这一转化进程与机制还有待在实践中进一步观察研究。

值得指出的是，"生态银行"的实践展示了政道理念与地方治理的有机转化过程。通过搭建"生态银行"这一建构性市场平台，生态文明的政治理念能够更好地为地方所把握和理解，并具体化到地方经济发展的实践中。"生态银行"这样的实践探索，是对社会主义市场经济具体实现形式的丰富与完善，激发出更多具有社会主义初级阶段政治经济特征的制度创新，对于其他方面的国家重要发展战略的落地同样具有借鉴意义。

当然，这些"制度潜能"要转化成为"治理绩效"，并不是朝夕之间的事情。笔者认为，重要的是对这些制度潜能及其转化为治理绩效的渠道机制进行系统性理论阐发或彰显，从而唤醒从社会精英到普通民众对于社会主义生态文明的"制度信任（自信）"。

参考文献

[1] 包雅钧：《地方治理指南——怎样建设一个好政府》，法律出版社2013年版。

[2] 陈菲：《共同富裕视阈下生态产品价值实现路径探索——以南平"生态银行"为例》，《台湾农业探索》2022年第1期。

[3] 崔莉、厉新建、程哲：《自然资源资本化实现机制研究——以南平市"生态银行"为例》，《管理世界》2019年第9期。

[4] 杜健勋、卿悦：《"生态银行"制度的形成、定位与展开》，《中国人口·资源与环境》2023年第2期。

[5] 郇庆治：《论社会主义生态文明经济》，《北京大学学报》（哲学社会科学版）2021年。

[6] 黄颖、温铁军、范水生、罗加铃：《规模经济、多重激励与生态产品价值实现——福建省南平市"森林生态银行"经验总结》，《林业经济问题》2020年第5期。

[7] 雷金松：《生态产品价值实现的丽水创新，生态示范创建与"两山"实践创新》，《中国生态文明》2021年第1期。

[8] 李维明、杨艳、谷树忠、高世楫、王海芹：《关于加快我国生态产品价值实现的建议》，《发展研究》2020年第3期。

[9] 孟捷：《"党支部领办合作社"与社会主义初级阶段的政治-经济制度——以"烟台经验"为参照》，《政治经济学研究》2022年第2期。

[10] 孟捷、张梓彬：《建构性市场、政府内竞争与中国高铁的自主创新：基于社会主义政治经济学视角的阐释》，《经济学动态》2023年第4期。

[11] 石敏俊、陈岭楠、林思佳：《"两山银行"与生态产业化》，《环境经济研究》2022年第1期。

[12] 邱少俊、徐淑升、王浩聪：《"生态银行"实践对生态产品价值实现的启示——以福建南平的试点探索为例》，《中国土地》2021年第6期。

[13] 孙万、阮隆灵：《论福建南平"生态银行"式的集体林权改革》，《中国林副特产》2020年第6期。

[14] 孙雪琳：《农村自然资源资产管理的困境与机制创新——以武夷山市"五夫文化生态银行"为例》，《武夷学院学报》2022年第11期。

[15] 孙巍：《探究生态产品价值实现中政府与市场的张力——以县域国有生态资源运营管理平台为例》，工作论文（未发表）。

[16] 吴翔宇、李新：《"生态银行"赋能生态产品价值实现的创新机制》，《世界林业研究》2023年

第3期。
[17] 向建红：《福建省生态资源资本化实践模式、路径及机制构建》，《海峡科技与产业》2021年第6期。
[18] 谢剑斌、何映红：《基于"资源—资产—资本"转换视角的南平"生态银行"模式与机制研究》，《亚热带资源与环境学报》2022年第2期。
[19] 袁广达、王琪：《"生态资源—生态资产—生态资本"的演化动因与路径》，《财会月刊》2021年第17期。
[20] 赵晓宇、李超：《"生态银行"的国际经验与启示》，《国土资源情报》2020年第4期。
[21] 赵远跃、杨宏山：《模糊政策的试验评估模式——以国家生态文明试验区建设为例》，《上海行政学院学报》2023第2期。
[22] 张维为：《文明型国家》，上海人民出版社2017年版。

技术进步、劳动控制与劳动生产率
——基于鲍尔斯劳动榨取模型的修正与拓展*

卢 江 郭子昂**

摘 要 资本主义制度下的技术进步具有二重性,一方面技术进步会带来劳动生产率的提高,增进人类福祉;但另一方面技术被资本所掌握又可能沦为控制劳动的手段。鲍尔斯考虑工资激励和劳动控制构建了劳动榨取经典模型,模型通过分析工资率、劳动生产率研究利润最大化和工资最小化的均衡,在一定程度上揭示了资本价值增殖的内在机理,然而对劳动价值论的避讳减弱了劳动榨取经典模型关于资本剥削劳动的解释力。按照马克思主义政治经济学的基本理论修正拓展劳动榨取模型,将单位产出工资线替换为劳动产出曲线,增加劳动力再生产曲线,进一步地结合劳动榨取曲线,拓展分析了技术进步、劳动控制对劳动生产率的影响。

关键词 劳动榨取 劳动控制 技术进步 劳动生产率

一、引言

劳动过程是经济学研究的核心议题。马克思在《资本论》中强调,"作为劳动过程和价值形成过程的统一,生产过程是商品生产过程;作为劳动过程和价值增殖过程的统一,生产过程是资本主义生产过程,是商品生产的资本主义形式"[①]。在资本主义制度下,劳动过程具有特殊性——为了最大程度地获得剩余价值,资本会想方设法地剥削劳动,劳动对资本的形式从属逐渐转变为实际从属。当资本主义进入垄断阶段,垄断资本与劳动呈现出更加紧张的对立关系,劳动过程再次引发社会各界的聚焦,与之相关的学术研究日渐兴盛。巴兰和斯威齐合著的《垄断资本》着重分析了垄断资本条件下经济剩余的产生和吸收途径,这对认识资本主义劳动生产方式具有重要的学理价

---

* 本文系国家社科基金青年项目"《资本论》视阈下当代资本主义系统性危机研究(18CKS002)"的阶段性成果。
** 卢江,浙江大学马克思主义学院教授,博士生导师,浙江大学中国特色社会主义研究中心研究员;郭子昂,浙江大学马克思主义学院硕士研究生。
① 《马克思恩格斯文集》第5卷,人民出版社2009年版,第230页。

值。然而对劳动过程性质分析的忽视是垄断资本理论的重大缺陷，不少学者尝试进行补充完善。布雷弗曼在《劳动与垄断资本》中指出，资本家通过自动化、机械化和科学管理等技术手段实现了对工人劳动控制权利的剥夺和占有（Braverman，1974）；弗里德曼在《工业与劳动》中强调了垄断资本监督、训诫甚至威胁劳动的直接控制策略和提升劳动者地位以换取劳动者忠诚的工人自治策略（Friedman，1977）；布若威在《制造同意：垄断劳动过程的历史变迁》中探讨了激励自发认同现象，也就是资本通过一定的工作设置，使劳动者获得来自目标、绩效和团队的满足、认同及荣誉感，从而实现对劳动的控制约束（Burawoy，1979）；爱德华兹在《20世纪工作场所的变革》中阐明了劳动过程中的控制如何由简单控制即直接控制，转化为结构控制即技术控制和阶层控制（Edwards，1980）。1985年，美国经济学家鲍尔斯综合已有重要文献的相关论述，以阶级冲突概念为起点，揭示了资本家如何运用工资激励和劳动控制（即"胡萝卜加大棒"政策）诱使劳动者付出更多劳动从而实现价值增殖，刻画了企业利润最大化和单位产出工资最小化之间的动态均衡，这一工作被学术界广泛认为是资本榨取劳动的经典模型。

鲍尔斯劳动榨取经典模型得到了后续诸多研究的关注和借鉴。这一模型的主要特色就是致力于强调劳动过程中的控制约束因素，Gordon（1990）深入分析了资本主义的"劳动控制"测度，他提出用雇员中非生产雇员的比重和管理人员、监督人员，以及工头占雇员的比重来衡量劳动过程中的控制强度。而另一方面，Rebitzer（1993）强调了"技术进步"在劳动榨取模型中的重要意义，也就是资本家通过去技能化，使得劳动技术含量下降，工会议价能力下降，同时通过技术精准控制工人的劳动强度，从而实现对劳动的进一步榨取。Silveira 和 Lima（2017）强调了"工资激励"对劳动榨取的重要作用，发现高工资激励的公司的劳动榨取要高于低工资激励公司；然而，Hey等（2020）却得到了相反的结果，他们的分析表明试图通过给工人更高的工资报酬来从劳动能力中榨取更多劳动力的企业往往并不成功。还有诸多学者利用该模型分析现实经济的相关问题，或是从资本积累、阶级冲突、内生技术变革等视角重新解读马克思失业理论（黎贵才等，2010；黎贵才，2014）；或是探讨工人力量与劳动生产率的反比例关系，为论证劳资力量变化对利润率和生产率的影响提供理论基础（李怡乐，2016）；或是研究最低工资制度是否对底层劳动者收入有提升作用（谢富胜等，2017）。也有学者对鲍尔斯劳动榨取模型提出了批评，或是认为该模型在内容上没有把握劳动价值论的核心精髓，因此对劳动过程的本质理解不足（张衔、庄志晖，2010），或是认为该模型采用了传统的西方经济学分析思路和框架，既不能深刻解释资本主义经济的内在矛盾，也无法对我国社会主义经济建设提供指导（余斌，2011）。

本文基于马克思主义政治经济学理论拓展鲍尔斯的劳动榨取经典模型，构建新的劳动榨取模型，试图从马克思主义经济学的角度剖析劳动过程中的技术进步与劳动控制。

二、鲍尔斯劳动榨取模型的构建与缺陷

（一）鲍尔斯劳动榨取模型的思想来源

在标准的新古典经济分析框架中，成本函数与生产函数决定了企业利润的均衡边界，但如何确保资本与劳动之间达成的契约能够补偿工资成本并最大程度带来更多劳动成为新的难题。虽然契约关系规定了在劳动时间内劳动受资本支配，但劳动者的劳动潜力与实际付出的劳动质量往往并不一致，因此，对逐利的资本而言，劳动成本与劳动产出之间存在较大调整空间，需要引入新的函数来刻画在既定的劳动成本下的实际劳动付出，进而解释经济最优产出的调整变化。鲍尔斯构建的劳动榨取模型做的就是这个工作。

鲍尔斯本人作为美国激进政治经济学派的代表人物，他完全赞同马克思关于"劳动力是一种特殊商品"的判断，并强调在资本主义生产过程中，资本和劳动的权力是不一致的，不是劳动控制资本，相反是资本控制劳动，这致使资本与劳动在经济剩余的分配比例结构上是有显著不合理的，但在后续分析中我们将会看到他的这一思想并未在他的劳动榨取模型中得到贯彻，其理论出现了自我矛盾。

（二）鲍尔斯劳动榨取模型的框架构建

鲍尔斯劳动榨取模型有两条关键的曲线：单位产出工资线和劳动榨取线，两条线的交互关系解释了资本对劳动的控制的可能区间和利润最大化目标的最优决策。

关于单位产出工资的分析。在劳动过程中，资本家支付给劳动者一定的工资，表现为单位小时工资 w；雇员通过劳动生产商品，表现为单位小时产出 z，即劳动生产率。其中，单位小时产出 z 取决于两个因素，一个是单位劳动付出 e，用来衡量每小时投入的抽象劳动量，另一个是劳动效率 f，用于衡量单位劳动量与产出的比，因此有：

$$z = ef$$

需要注意的是，鲍尔斯认为，劳动付出 e 由工资或者预期失业成本决定。预期失业成本即雇员当前的工资与失业后各种可能收入的期望的差值，如果工资越高或预期失业成本越高，那么雇员越有工作的积极性，因此劳动付出 e 越大；但高工资或者高预期

失业成本造成的劳动付出的增加效果是递减的，人体工程学已经证明劳动付出的增长不可能无限度（Bink，1964），于是有：

$$e = e(w_c), \ e' > 0, \ e'' < 0$$

$$w_c = w - (hw_a + (1-h)w_u)$$

$$e(0) = \underline{e}, \ 此时 w = \underline{w} = (hw_a + (1-h)w_u)$$

其中 w_c 代表工资激励，w 代表雇员当前的工资，h 代表雇员再就业的可能性，w_a 表示雇员再就业后的平均工资，w_u 表示雇员失业后的失业保险收入，$\underline{w}$ 表示保底工资，低于这个工资劳动者将不会愿意付出劳动，$\underline{e}$ 表示保底工资下的劳动付出。

关于企业利润最大化目标。企业的最终目的是实现利润最大化，利润可以表示为产出效益与投入成本的差额，即

$$zH - wH = (1 - w/z)Q$$

其中 H 表示总劳动时间，Q 表示预期产量，为了实现利润最大化的目标，企业必须最小化单位产出工资即最小化 w/ef，也就是使得单位产出工资对工资求导其结果为0：

$$\frac{d(w/z)}{dw} = \frac{(z - wz_w)}{z^2} = 0$$

其中，z_w 是 z 对 w 的导数，从而我们就可以得到实现企业成本最小化的最终决策：

$$z - wz_w = 0 \xrightarrow{w \neq 0} z_w = \frac{z^*}{w^*} = \frac{e^*f}{w^*}$$

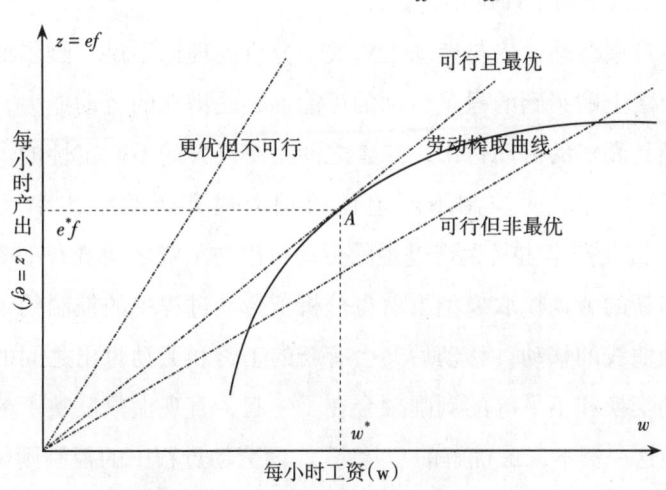

图1 鲍尔斯劳动榨取模型

图1直观地表达了鲍尔斯劳动榨取经典模型的基本观点，曲线代表劳动榨取曲线，反映了单位小时产出 z 与单位小时工资 w 的关系，虚线的斜率代表单位产出工资，在可

行且最优的情况下，A点即企业最优决策点，也就是劳动榨取曲线与虚线相切的点，在这一决策下有最优工资率w^*和对应的劳动付出e^*。

以上是劳动榨取模型的核心内容，鲍尔斯在此基础上做了进一步的分析，他指出劳动过程中劳资双方的所得取决于劳资权力的对比，这一过程也不简单的是资本家谋求"最优化"的过程，更多的是在实现更好地控制劳动和获得最优产出之间的平衡。例如：如果政府对劳动者提供更高水平的失业补助，则会降低劳动者的失业成本，从而使得相同的劳动投入需要资本家支付更高水平的工资，即劳动榨取曲线右移。也就是说，劳动榨取模型下的均衡解往往是会考虑到资本对劳动的控制效果的，在这些因素的影响下，资本家对劳动的剥削实现了一种在控制劳动的基础上的相对"最优化"。

（三）鲍尔斯劳动榨取模型的两个理论不足

根据前述内容，劳动榨取模型并没有深刻地揭示资本主义生产关系的剥削本质。实际上，"劳动榨取模型"本身的翻译并不准确，其英文原文表述为"Labor Extraction Mode"，翻译成"劳动提取模型"更为符合英文单词"Extraction"的常见含义。模型本身只是阐述了这样一个客观事实：资本家为了实现利润最大化，选择付给劳动者一个工资率w^*，在这个工资率下劳动者付出了e^*f的单位劳动，是平等的市场交换，并不存在剥削。这样鲍尔斯的理论矛盾就产生了，一方面他认可资本与劳动的不平等关系和剥削，另一方面劳动榨取模型却并未能直接体现这一事实。由此本文认为，鲍尔斯劳动榨取模型存在着以下两个理论不足。

第一，对生产中劳动付出与劳动工资关系分析的理论不足。鲍尔斯本人承认，资本家在劳动力市场上购买到的只是劳动的可能性，是潜在的劳动能力，而劳动过程最终生产出的商品是真实的劳动付出，二者之间是有巨大的不确定性的。在资本主义生产过程中，资本对劳动的控制不断迫使劳动力提升劳动生产率（Bowles，1975；Bowles，1988），因此资本主义生产过程的劳动付出与工资之间既有平等交换也有不平等的剥削。鲍尔斯的劳动榨取模型虽然也分析了劳动过程中的控制约束，但是控制约束只不过表现为曲线的移动，移动后又会有新的工资和劳动付出之间的均衡，所以模型本身把平等的交换和不平等的剥削融合在了一起，直观上只反映了劳动付出与工资之间的平等交换这一资本家最优解的"常态"，而劳动过程中的控制则体现为曲线的移动这一"非常态"。

第二，对剩余价值概念与利润概念关系分析的理论不足。首先，该模型对劳动概念的分析是偏离马克思主义的。为了分析资本主义的劳动过程，马克思区分了劳动过程特殊与劳动过程一般，揭示了资本主义劳动实际是作为资本的物化劳动对活劳动的统治，在这里他重点论述了包含在劳动力中的过去的劳动和劳动力所能提供的活劳动是两个完全不同的量，劳动力中包含的过去的劳动是实现劳动力的再生产所必需的商品的价值，而劳动力所能提供的活劳动是价值的源泉，在消费过程中能够创造价值和剩余价值。区分劳动力的价值和劳动创造的价值是马克思劳动价值理论的基础，也是进一步分析价值增殖的关键。遗憾的是，在劳动榨取模型中，劳动榨取曲线所对应的产出是劳动创造的价值，鲍尔斯没有点明这一事实，也没有提及劳动力价值的问题。实际上，鲍尔斯用利润分析法研究所谓劳动榨取问题，其对劳动力价值和剩余价值的回避使其无法揭开劳动过程中的价值增殖秘密。因此一定程度上讲，该模型不是马克思主义经济学的模型，而是立足于西方经济学对资本主义生产过程表象的分析，这样的分析是无法触及资本主义最根本的矛盾的。其次，该模型对剩余价值的分析是隐晦的。模型既然对劳动力的价值和劳动创造的价值做了模糊化处理，自然也就无法发现劳动过程中的价值增殖——剩余价值，这就导致贯穿模型始终的仍然是西方经济学的利润分析方法，但实际上利润只是剩余价值的转化形式，基于利润角度的分析是难以揭露劳动过程中的榨取和剥削的。最后，劳动榨取模型并未吸纳马克思对资本本质的分析。马克思在《资本论》第一卷第四章中指出，资本是能够带来剩余价值的价值，这是马克思主义视角下资本的第一重含义，模型对剩余价值的分析的隐晦必然导致对资本这一重含义的忽视，上文已经论述。但同时，马克思在《资本论》第一卷第九章又指出，资本发展成一种强制关系，迫使工人阶级超出自身生活的狭隘范围而从事更多的劳动，因此马克思对资本的解读并不仅仅在于其能够带来剩余价值，还包括了资本之所以能够带来剩余价值，是在于资本的独占权使得资本家拥有对工人劳动的强制指挥权，继而强调了劳动过程中的控制约束因素。事实上，资本的二重含义是统一的，孙世强和大西广（2015）指出，资本的第一层含义是"结果"，而第二层含义是"过程"，正是在资本主义的剥削过程中才有了剩余价值的结果，资本增殖过程和资本增殖结果的统一才是完整的资本内涵。因此按照马克思的观点，不应该将劳动过程与价值增值过程区别对待。

三、鲍尔斯劳动榨取模型的修正拓展

在马克思看来，利润只是剩余价值分配给职能资本的表现形式，以利润来解析资本主义生产过程并不能全部且清晰地揭开劳动过程的面纱。因此，我们基于对劳动价值论和剩余价值论的理解，尝试对鲍尔斯劳动榨取模型进行修正拓展，并根据新模型

来论证"劳动实际隶属于资本"在资本主义生产过程中的表现。

(一)劳动榨取模型的修正拓展

本文对鲍尔斯劳动榨取模型的修正拓展工作在图形上主要表现为三点,即增加劳动产出曲线、修正劳动榨取曲线、增加劳动力再生产曲线,另外我们将单位小时工资线替换为劳动成本曲线,讨论影响四条曲线移动变化的内在原因,并分析四条曲线之间的关系以阐明资本对劳动的剥削机理。

增加劳动产出曲线。鲍尔斯劳动榨取曲线强调资本家给劳动者支付工资w^*,劳动者对应的劳动付出为e^*,曲线本身不仅无法充分体现对劳动的榨取和剥削,反而容易被理解为是工资与劳动的平等交换,在新模型中我们将其称为劳动产出曲线,该曲线对应的产出是不存在劳动过程中的控制的自然产出,其形式与内容同我们上文介绍的传统劳动榨取曲线相符:

$$z = ef$$
$$e = e(w_c), \ e_{w_c} > 0, \ e_{w_c w_c} < 0$$
$$w_c = w - (hw_a + (1-h)w_u)$$
$$e(0) = \underline{e}, 此时w = \underline{w} = (hw_a + (1-h)w_u)$$

劳动产出曲线的产出可以对应于一些非雇佣或个体劳动者的产出,例如当小农认为自己接下来再一个小时的劳动带来的产出不值得因此而带来的腰酸背痛时,他就会停止劳动。

修正劳动榨取曲线。鲍尔斯劳动榨取模型把劳动过程中的控制约束界定为他的"劳动榨取曲线"(也就是劳动产出曲线)的移动,这样实际上将自然的劳动产出与资本主义制度下控制约束带来的劳动产出混同了。为了更好地分析这一问题,我们修正了鲍尔斯劳动榨取曲线,新的劳动榨取曲线既包含工资与劳动力的交换,也包含劳动过程中的统制和剥削。与传统劳动榨取模型类似,该曲线同样是反映了单位产出与工资率之间的关系:

$$z' = e'f$$

其不同之处在于这里的劳动付出e'是考虑了劳动过程中的控制约束因素的劳动付出,劳动付出不仅取决于工资激励,还取决于控制约束,即有:

$$e' = e(w_c, \ c), \ e_{w_c} > 0, \ e_{w_c w_c} < 0, \ e_c > 0, \ e_{cc} < 0$$
$$w_c = w - (hw_a + (1-h)w_u)$$
$$c = c(s, \ t, \ m, \ i)$$

其中，c代表控制约束，用来体现劳动过程中资本对劳动的控制约束因素。综合布雷弗曼等学者的研究，我们将影响劳动过程中资本对劳动的控制约束的因素总结为直接控制（s）、阶层控制（m）、技术控制（t）和自我认同（i）。此外，我们认为，技术控制不仅是劳动组织形式的外在表现，同时会对劳动效率产生影响，因此有

$$f = f(t)$$

增加劳动力再生产曲线。修正的劳动榨取模型涉及的第三条曲线是劳动力再生产曲线，这条曲线体现了实现不同工资水平对应的劳动榨取曲线上的单位劳动付出下的劳动力再生产所需要的单位劳动产出，也可以理解为对应单位劳动付出下最低的实际工资，这一工资由单位劳动产出的生活资料价值决定。劳动力再生产曲线依赖于劳动榨取曲线，即受劳动付出 e' 的影响。因此，该曲线具有如下性质：

$$z' = e'r(t) + l(t) + g(t, w), \quad r < f$$

其中 r 是劳动力恢复系数，其小于 f 意味着劳动带来的产出足以满足其恢复的条件，l 表示劳动者即使不劳动也需要的维持生存的最低单位产出。g 表示劳动力再生产，即工人养育教育下一代的支出，r、l、g 均受历史道德因素的影响，另外 g 还受到工资水平的影响，从理论上讲只有当工资提高到一定程度时，劳动者才有供养下一代的经济基础和主观欲望，因此图像呈现出弯折的形状。

（二）劳动榨取的最高上限和最低下限

现在根据修正拓展的劳动榨取模型，我们可以清晰看到劳动榨取可行域的上限是新劳动榨取曲线，劳动榨取可行域的下限为劳动力再生产曲线——该曲线以下的点的产出从社会整体的角度来看是无法满足当前规模的劳动力再生产的，从而会导致社会劳动的枯竭。继续沿用鲍尔斯劳动榨取模型的分析思路，资本家的最优决策均衡点是劳动成本曲线与新劳动榨取曲线的相切点，满足 $z_w' = \dfrac{z'^*}{w^*} = \dfrac{e^{*}f}{w^*}$，与鲍尔斯劳动榨取模型的不同之处在于新模型的均衡是考虑了劳动过程中资本对劳动的控制约束后的均衡。如图2所示，在均衡点生产的单位产出是劳动力与工资的"平等"交换和劳动过程中的统制剥削的产出的和，即图中所表示的"工资激励"与"控制约束"部分；另一方面该模型也体现了马克思主义的基本观点，在均衡点的产出同时也是"劳动力价值"和"新创造价值"的和。

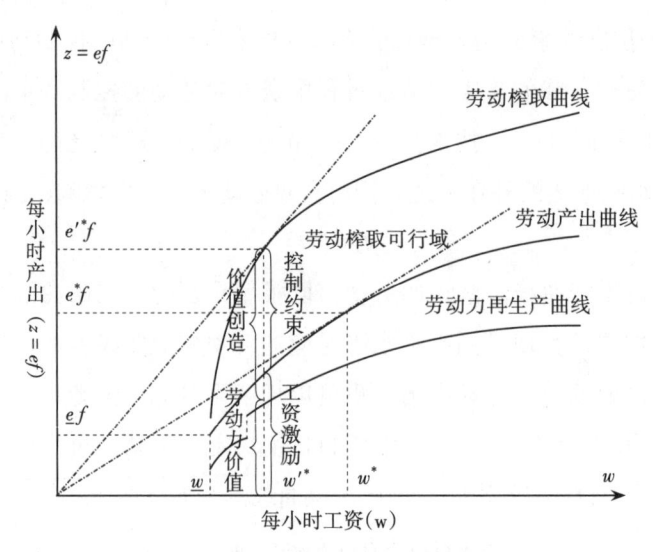

图2 修正拓展的劳动榨取模型

通过这一模型可以更好地分析劳动生产率,以及技术进步、劳动控制等对这一问题的影响。我们明确了劳动过程中等级制的劳动组织形式是普遍的、内生的,其与劳动力与工资的"平等"交换是不可分割的,直观地阐述了剥削存在的原因和必然性。在资本主义生产过程中,不存在完全的劳动力与工资的"平等"交换,只要资本主义生产方式中这种资本对劳动的垂直统制关系仍然存在,就势必带来不平等和剥削,因为不同于不变资本的固定的价值转移,劳动创造的价值会受到劳动控制的决定,这普遍地体现为资本家对劳动者劳动的使用权,而非简单地、个别地体现为劳动过程中的监督或者其他若干个别方面。同时,该模型也是基于马克思主义的分析,劳动过程的单位产出的价值构成是劳动力价值与新价值创造之和,正如马克思所述,资本主义生产过程是创造使用价值的劳动过程,也是价值形成和价值增殖过程。劳动首先要在必要劳动时间当中实现自身恢复所需的生产资料的价值的再生产,而后还要在剩余劳动时间中实现价值的创造和为资本家生产剩余价值,这部分价值创造在劳动过程中被资本家无偿占有了。

四、技术进步、劳动控制与劳动生产率的理论剖析

(一)技术进步的二重效应

上文通过拓展和修正的劳动榨取模型分析了技术因素对劳动生产率的影响,这一影响主要体现在两个方面:其一是在物质形式层面的劳动效率,有 $f = f(t)$,且 $f_t(t) >$

0，科学技术能够显著地提高劳动效率，它不仅提高了劳动者的劳动技能，还使得人们能够创造新的工艺方法和劳动资料，从而推动生产力的发展，例如改进生产工具、改善基础设施、创新劳动产品等；其二是在社会形式层面的控制约束，有 $c = c(s, t, m, i)$，且 $c_t(s, t, m, i) > 0$，一些新技术也会通过影响劳动过程实现单位产出的增加，例如在资本主义制度下资本家会通过流水线强制提高工人的劳动付出、发明更先进的劳动绩效监督考核制度和设备等。因此技术是社会生产的关键因素，它一方面反映的是生产力水平提高的中性范畴，但另一方面其一经应用到资本主义生产过程，就被打上了资本主义生产关系的烙印，资本通过技术支配了劳动，使得其逐利比以往更加赤裸（卢江，2020）。需要指出的是，现实经济中的技术进步往往都是兼具物质形式层面劳动效率效应与社会形式层面控制约束效应的，我们只是为了更加清晰地分析而将两种效应剥离开来。我们接下来考虑在拓展和修正的劳动榨取模型中技术进步产生的影响，首先对于劳动榨取曲线与劳动产出曲线而言，$z^{(\cdot)} = e^{(\cdot)} f$，因此这两条曲线会在原有基础上以 f 增长的倍数向上方拓展；另一方面对劳动榨取曲线和劳动力再生产曲线而言，$e' = e(w_c, c)$，技术进步带来了新的技术约束，从而使得 c 变化继而影响了 e'。

1. 技术进步的劳动效率效应

我们首先考虑技术进步的物质层面影响——提升劳动的效率，由于 $f_t(t) > 0$，因此当技术进步发生时有 $f' > f$。对于均衡产出和工资，我们知道在企业对利润最大化目标的追逐下，假设 $w^* = w''^*$，则技术进步前后有：

$$\begin{cases} z_w' = \dfrac{e'^* f}{w^*} \\ z' = \dfrac{e'^* f}{w^*} w^* \end{cases} \quad \begin{cases} \dfrac{e'^* f}{w^*} = z_w'' = az_w' \\ \dfrac{e'^* f}{w^*} w^* = z'' = az' \end{cases}$$

其中 $f' = af$，上述两式不存在矛盾，皆成立，且此时有 $z''^* > z'^*$，但若假设 $w^* < w''^*$，则有：

$$\begin{cases} z_w' = \dfrac{e'^* f}{w^*} \\ z' = \dfrac{e'^* f}{w^*} w^* \end{cases} \quad \begin{cases} \dfrac{e''^* f}{w''^*} = z_w'' < az_w' \\ \dfrac{e''^* f}{w''^*} w''^* = z'' > az' \end{cases}$$

此时有 $az_w' w''^* > z_w'' w''^* = z'' > az'$，即 $z_w' w''^* > z'$，但已知 $z' = z_w' w^*$，所以等式并不成立。$w^* > w''^*$ 时亦可推导出矛盾。因此我们可以得出结论：技术进步的物质层面影响也就是提升劳动的效率，对劳动者名义收入的影响是中性的，既不会降低劳动者的工资也不会提高工资,如下图所示。

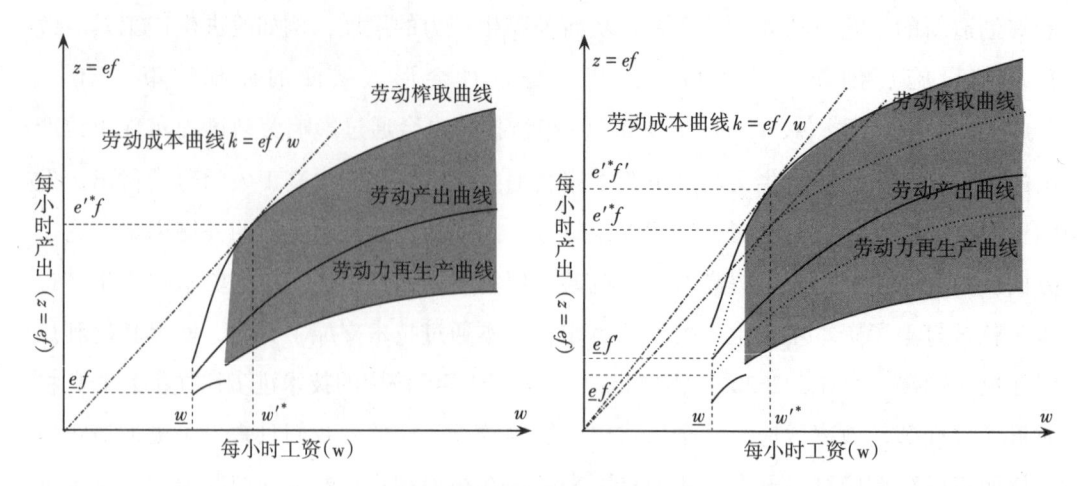

图3 技术进步的劳动效率效应

虽然技术进步不会带来名义工资的提高,这与马克思的分析相符,普遍的技术进步则会普遍提高单位产出(z),提高全社会的劳动生产率,降低社会必要劳动时间,如此一来虽然劳动者的名义工资没有提高,但是工资所能购买的产品是得到增加的,社会生产力是得到发展的。

技术进步的这一特征贯穿了整个资本主义发展历程,对此《共产党宣言》给予了高度评价:"资产阶级在它的不到一百年的阶级统治中所创造的生产力,比过去一切世代创造的全部生产力还要多,还要大。自然力的征服,机器的采用,化学在工业和农业中的应用,轮船的行驶,铁路的通行,电报的使用……过去哪一个世纪料想到在社会劳动里蕴藏有这样的生产力呢?"马克思在《资本论》中亦指出,相对剩余价值率的提升可以和实际工资的增长携手并进,条件是后者的增长不能超过劳动生产率的增长。但是我们也会认识到,即使是物质层面的劳动效率效应,在资本主义条件下也会被打上资本主义的烙印:按照马克思的说法,个别的而非普遍的技术进步是给资本家带来了超额利润,而不会给劳动者带来新的收入,在当代资本主义企业中更是如此,西方马克思主义经济学家曼德尔指出:"对技术创新的持续的、制度性的渴求和相应的超额利润成为当代资本主义企业,特别是当代资本主义大公司的主要特征,对技术创新和相应的超额利润的持续的、制度性的渴求,成了晚近资本主义企业,特别是晚近资本主义大公司的典型特征。"(Mandel,1999)

2. 技术进步的控制约束效应

接下来我们尝试分析技术进步的社会层面影响——其导致的控制约束变化对均衡

产出与工资的影响。由于 $e' = e(w_c, c)$，$c = c(s, t, m, i)$，可以理解为控制约束的变化其实就是对劳动付出的影响，使得劳动者在相同工资水平下能够带来更高的劳动产出。因此与对劳动效率带来劳动产出成倍数扩展的影响不同，控制约束的变化是强化了劳动付出，由于技术控制上无论是自动化机械化的生产还是新型监督考核设备都不能突破劳动者的劳动付出上限，因此造成的影响表现为劳动榨取曲线和劳动力再生产曲线向左拓展而非向上拓展。

通过技术控制改进，通过新的流水线或劳动监督技术，资本家实现了支付给劳动者每单位的产出更低的工资，即生产成本的节约。如下图所示：

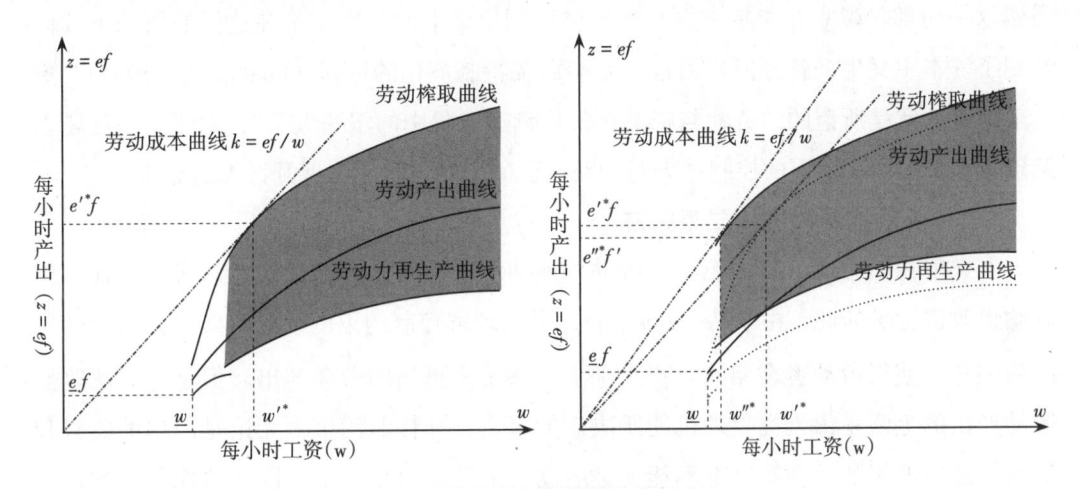

图4 技术进步的控制约束效应

可以看到来自技术进步的控制约束改进在一定程度上降低了劳动者的均衡收入，来自直接控制（s）的改进也是如此，关于控制约束变化对资本主义劳动过程的具体影响及数理分析我们将在下一部分做具体论述，该部分我们只讨论技术控制的影响。

技术控制导致的控制约束改进主要存在于资本主义发展的早期，工业革命非但没有给劳动者带来更好的生活水平，反而使得他们的收入水平和生活环境相对或绝对恶化，资本家并不关心单位产出，他们并不追求精益生产，在相当大规模的产业后备军的支持下，非效率技术进步也得到了资本家的青睐。诚如恩格斯所言："工厂制度、机器技术进步等带来的后果，在大陆上和在英国是完全一样的：对大多数人来说是压迫和劳累，对极少数人是财富和享乐。"另外我们还可以看到控制约束改进后新的均衡产出还可能会下降，即 $z''^* < z'^*$，此即所谓的非效率技术进步，因为资本家的关注点并不在单位产量本身，而在于利润的最大化。此时技术进步并未给劳动者带来更高的收入水平和单位产出，只是给资本家加强对劳动者的剥削提供了工具，同时也促进了劳动

者的去技能化,更先进的技术取代了对熟练工人的刚性需求,使得劳动者不得不接受更低水平的工资。

而随着资本主义生产方式的发展,我们也看到了一些变化,随着大规模工业生产在资本主义国家的普及,福特制的出现使得技术控制达到了顶峰,但是与此同时劳动者的收入水平和生活环境却出现了一些相对的改善,这一方面是技术进步和生产力发展的原因,另一方面则是后续不断的劳动控制改变导致的。资本家会尽一切努力实现利润最大化的目标,他们不仅会采用新的技术也会调整新的劳动控制方式,虽然其目的是实现利润的最大化,但是在这个过程中也或多或少地改善了劳动者的收入水平,当然这一切都是建立在能带来更高水平的利润层面上的,也正是在这样的情况下我们看到了资本主义生产管理模式由福特制向后福特制演化的过程(Pual et al., 1991)。更一般地讲这就是所谓的"劳动与资本在价值创造过程中的正和关系",对于这一问题以及资本主义生产关系下的控制约束对劳动过程的影响,我们将展开详细的分析。

(二)劳动控制改进的二重效应

上文中我们论述了技术控制对劳动榨取曲线的影响是向左拓展,其实对于任何控制约束改进皆是如此,由于 $e' = e(w_c, c)$,可以理解控制约束的变化其实就是对劳动付出的强化,使得劳动者在相同工资水平下能够带来更高的劳动产出。但是这无法改变劳动产出的上限是由人类生理机能所决定的事实,在控制约束上无论是简单的监督和流水线还是高级的新福特制都不能突破劳动者的劳动付出上限,因此造成的影响可以表现为劳动榨取曲线和劳动力再生产曲线向左移动而非向上拓展。

因此对于均衡产出和工资,我们假设 $w'^* \leq w''^*$,则因为曲线向左移动,必有 $z''^* > z'^*$,那么根据切点的斜率相等且相交的定理,控制约束改进前后就必然有:

$$\begin{cases} z_w' = \dfrac{e'^* f}{w'^*} \\ z' = \dfrac{e'^* f}{w'^*} w'^* \end{cases} \quad \begin{cases} \dfrac{e''^* f}{w'^*} = z_w'' > z_w' \\ \dfrac{e''^* f}{w'^*} w'^* = z'' > z' \end{cases}$$

此时有 $z_w' w'^* < z_w'' w'^* = z'' < z'$,不存在矛盾皆成立。若假设 $w'^* > w''^*$,则又有两种情况:

$$\begin{cases} z_w' = \dfrac{e'^* f}{w'^*} \\ z' = \dfrac{e'^* f}{w'^*} w'^* \end{cases} \quad \begin{cases} \dfrac{e''^* f}{w''^*} = z_w'' < z_w' \\ \dfrac{e''^* f}{w''^*} w'^* = z'' < z_w'' \end{cases} \text{或} \begin{cases} \dfrac{e''^* f}{w''^*} = z_w'' > z_w' \\ \dfrac{e''^* f}{w''^*} w'^* = z'' > z_w' \end{cases}$$

综上所述,控制约束变化对均衡产出与工资的影响有三种情况:(1)单位均衡产出与单位均衡工资皆增加；（2）单位均衡产出增加，单位均衡工资减少；（3）单位均衡产出与单位均衡工资皆减少。这三种情况对应了不同形式的控制约束改进。

后两种情况的劳动控制变化普遍存在于资本主义发展的早期，往往是来自直接控制（s）和技术控制（t）的控制约束改进，这也就是我们在上一部分所分析的内容。而第一种情况普遍存在于当代资本主义的生产过程中，也就是来自阶层控制（m）和自我认同（i）的控制约束改进。诸多学者的研究表明，在经济生产中存在着生产力—生产方式—生产关系的原理，生产力决定生产方式，生产方式决定生产关系（吴易风，1997）。在既定的生产力水平之上，生产者和生产资料的结合方式仍有着一定的可选择的空间，一种生产方式必然"适合"于既定的生产力（孟捷等，2003），生产力的进步必然伴随着生产组织形式的改变，正如手工工具和分工协作、大型机械和流水线作业、信息化自动化和精益生产弹性专业化的演进过程，生产过程的发展不会是单一的生产力层面的技术进步，为了实现生产关系与生产力的契合，资本也会为适应新的生产技术而采取新的控制约束形式。

深入分析当代资本主义生产过程我们就会发现，当代资本主义生产过程的当下趋势就是从流水线作业的福特主义逐渐向弹性专业化和精益生产的后福特主义转化，其主要特征包括：减少与控制约束相关的间接劳动形式如直接控制、技术控制等；通过多种工作轮训将劳动者培养成多技能的能自我管理的工人；强调自我实现的作用，采用终身雇佣制度，营造劳动者的归属感等。后福特主义不仅大大提高了劳动生产率，而且使劳资双方以及消费者和生产者之间的关系从原来福特主义下对抗性的竞争关系变成某种程度上的相互合作与信任关系（谢富胜，2007）。因此资本家通过动员发挥劳动者的积极性和主观能动性来提高单位劳动产出，同时给予劳动者更高水平的工资激励，这样当代经济生产方式就在实现利润最大化的同时也施舍给予了劳动者较高的收入，实现了阶级矛盾的缓和，创造了未来榨取更多剩余价值的可能性。体现在劳动榨取曲线上就表现为在高工资下产出更高的扩展，也就是控制约束变化的第一种情况，如下图所示：

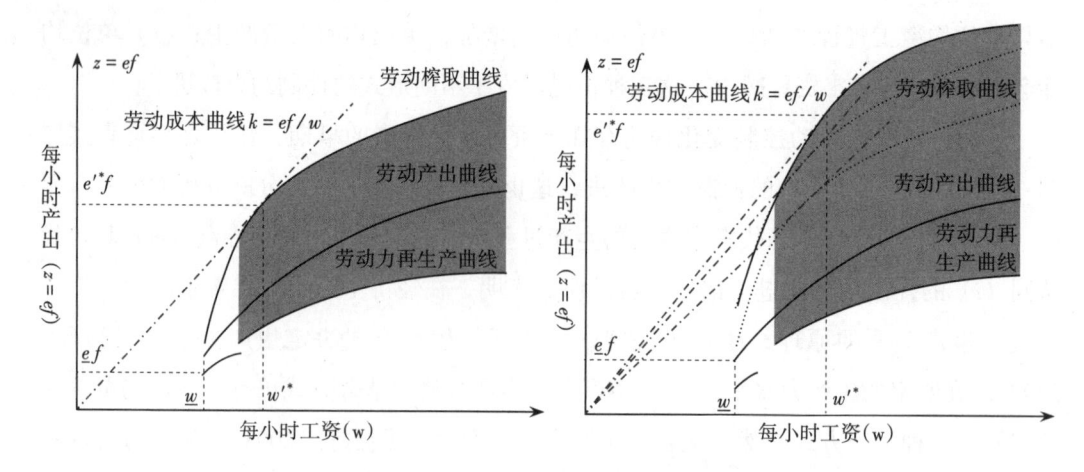

图5　当代资本主义劳动控制改进的效应

事实上不仅仅是当代资本主义后福特主义的兴起使得劳动与资本在价值创造中的正和关系成为可能，恩格斯晚年就曾指出英国的资本家和工人在剩余价值的分配上存在着妥协关系："在19世纪末，工人十分安然地同资本家共享英国殖民地垄断和英国在世界市场上的垄断权。"二战后由社会民主主义政治运动推动的工会谈判与福利国家，使得劳动者在生产率进步的前提下分享企业剩余价值在发达资本主义国家中并不少见，Burawoy等西方马克思主义者亦认为在工人和资本家之间可能存在着分配上的正和关系。孟捷（2011）基于暗默知识与"成正比"理论，在劳动价值论前提下已经论证了一定条件下资本与劳动在价值创造中存在正和关系的可能性，指出在暗默知识的面前资本家不得不寻求与工人达成一致并合作，调动工人的暗默知识以提高劳动生产率。

五、结论与展望

本文通过对鲍尔斯的经典劳动榨取模型进行修正和拓展，建立了新的劳动榨取模型，立足于马克思主义政治经济学的观点分析了资本对劳动的剥削与榨取，进一步拓展分析了技术进步、劳动控制对劳动生产率的影响。

鲍尔斯的模型是以劳动过程中的资本与劳动为分析的出发点的，提出了劳动过程中的"控制约束"——表现为资本对劳动者劳动权利的使用权的概念，从而进一步分析了资本家对劳动者的支配权的实行，论述了资本家如何运用工资激励和劳动控制的所谓"胡萝卜加大棒"来诱使劳动者付出更多的劳动从而实现价值增殖。而本文进一步指出随着技术进步和劳动控制的改进，当代资本主义生产方式在一定程度上缓解了劳资矛盾，提高了劳动者的物质生活水平并创造了大量的社会财富，劳动者的情况相比马克思的时代有了绝对改善。但纵观当今世界，许多发达资本主义国家仍然面临着贫富差距扩大和社会阶层进一步固化带来的尖锐社会矛盾（皮凯蒂，2014），社会内部严重分化和分裂，甚至走向对立和动荡，民粹主义和民族主义抬头。即使是在北欧的福利国家，也出现了经济活力不足的问题，资本外流与跨国公司对经济领域的生产能力产生了不利影响，其他福利国家则面临一系列诸如财政危机等更严峻的挑战。

同时修正和扩展的劳动榨取模型的理论结论也对我国当前经济发展面临的问题提供了一些思考，具有重要的现实意义。具体而言，随着中国特色社会主义进入新时代，我国社会的主要矛盾已经转化为人民日益增长的美好生活需要和不平衡不充分的发展之间的矛盾，新的矛盾要求党和政府的工作重点由在落后背景下提倡先富，转变为在不平衡不充分发展的背景下强调共富（刘长明等，2020）。

基于本文的理论结论，我们认为在当前经济发展的过程中必须把握两个关键点：首先必须坚持创新驱动发展战略，技术进步是最直接的提升劳动效率、增加经济产出的方式。未来几十年，由于我国劳动力总量将处于相对稳定甚至略有下降的情况，依靠廉价劳动力和劳动密集型产业促进经济增长的策略难以为继，提高经济发展水平和居民富裕程度必须通过不断提高劳动生产率，不断进行技术创新来实现。同时，依靠技术进步实现的劳动效率增加与利润最大化不是建立在劳动者生活水平下降的基础上的，技术进步的劳动效率效应会带来单位产出的增加，当这一技术得到普及时会大大降低社会必要劳动时间，提高劳动者的生活水平，因此创新驱动发展是符合社会主义基本经济规律的。所以，应当通过科技创新治理，在一系列制度安排和体制机制设计的基础上，系统地调整科技创新的战略导向以及科技创新的过程和价值分配，更好地保证创新驱动发展战略与共享理念相一致。一方面，针对技术导致的劳资收入差距扩大问题，应该积极持续推动新技术新科技的普及应用，打破技术垄断与创新壁垒，加快形成现代化经济体系，努力提高社会生产力，从而消弭技术进步的不普及带来的超额利润与收入差距，与此同时也能激励企业继续创新追逐新的超额利润。另一方面，针对技术进步导致的不同区域、不同产业的收入差距扩大问题，在区域方面，应当更好地发挥资源有效配置、技术等创新要素合理流动对区域协调发展的引领作用，加快全国统一大市场建设，通过技术进步加快城市群发展和城市圈建设，以区域间成果转化和雁行模式合作为抓手，继续深化发达地区与欠发达地区的科技对口支援和科技合作与交流（李春成，2021）。在产业方面应当引导技术进步发挥引领作用，为构建现代产业体系提供支撑。依靠科技创新系统推动产业体系现代化，包括产业集群化、产业基础高级化、产业链现代化、区域产业一体化发展，从而消弭不同产业间技术水平不均衡导致的收入差距，帮助落后产业提高技术水平实现产业现代化，融入经济发展体系。

其次降低收入分配差距，实现共同富裕，需要多方面的战略安排和政策引领，必须坚持党的领导和中国特色社会主义道路。一方面，必须坚持完善按劳分配为主体、多种分配方式并存的基本分配制度。按照本文的分析，暗默知识与后福特制使得劳动者也能够分享企业剩余价值，但是这一分享是建立在剩余价值更大速率的增长前提下的，也就是说它们仍然无法避免相对贫困和收入差距的扩大的问题。坚持按劳分配为主体、多种分配方式并存的基本经济制度则是解决这一问题的根本办法，必须努力完善各种生产要素报酬的市场确定机制，完善工资决定和增长机制，完善工资指导线制度、企业工资调查信息发布制度和事业单位工资制度，及时调整最低工资标准，积极稳妥地开展工资集体协商，努力保护劳动收入，提高职工特别是一线职工的劳动报酬，提高劳动报酬的初始分配比例。另一方面，坚持基本经济制度，坚持以公有制为主体多种所有制共同发展，基本经济制度是共同富裕最根本的制度保障。根据本文的分析结论，必须坚持公有制为主体是因为：一方面，在公有制企业当中，生产资料不是资本家剥削劳动者的手段，劳动者的收入水平较私营企业高，企业职工的收入差距较私营企业小，劳动者按照劳动贡献的大小参与分配。在私营企业中，工资有被压低的趋势，只要其高于劳动力再生产曲线都是可行的，即使是在暗默知识与后福特主义盛行的当下，剩余价值的增量也是大于工资收入的。另一方面，公有制企业当中，利润不是被资本家个人所占有的，也不会被用于资本家个人的奢侈消费，而是归国家所有，利润被用于扩大再生产、公共制度和基础设施建设。按照劳动榨取模型的思路，虽然技术进步和控制约束等因素的改变会导致剩余价值相对工资的增加，但这些剩余取之于民用之于民，对于推动实现全体人民的共同富裕和广大人民共享发展成果大有裨益。

参考文献

[1] Harry Bravenman. *Labor and Monopoly Capital: The Degradation of Work in the Twentieth Century*. New York: Monthly Review Press, 1974.

[2] Friedman, A. L. *Industry and Labour*. London: The Macmillan Press Ltd, 1977.

[3] Burawoy, M. *Manufacturing Consent: Changes in the Labor Process Under Monopoly Capitalism*. Chicago: The University of Chicago Press, 1979.

[4] Edwards, R. *Contested Terrain: The Transformation of the Workplace in the Twentieth Century*. New York: Basic Books, 1979.

[5] Bowles, S. The Production Process in a Competitive Economy: Walrasian, Neo-Hobbesian, and Marxian Models. *The American Economic Review*, 1985, 75(1): 16-36.

[6] Gordon, David M. Who Bosses Whom?: The Intensity of Supervision and the Dscipline of Labor. *The American Economic Review*, 1990, 80(2): 28-32.

[7] Rebitzer, J. B. Radical Political Economy and the Economics of Labor Market. *Journal of Economic Literature*, 1993, 33:1394-1434.

[8] Silveira J J D, Lima G T. Employee Profit-sharing and Labor Extraction in a Classical Model of Distribution and Growth. *Review of Political Economy*, 2017, 29.

[9] Martins Eduardo Monte Jorge Hey and Silveira Jaylson Jair and Lima Gilberto Tadeu. Heterogeneity in the extraction of labor from labor power and persistence of wage inequality. *Metroeconomica*, 2020, 72(2): 260-285.

[10] 黎贵才、卢荻：《技术变革、劳动压榨与失业——马克思主义经济学失业理论的模型建构与阐释》，《海派经济学》2010年第3期。

[11] 黎贵才、卢荻、陶纪坤：《资本主义积累、阶级冲突与劳动市场失衡——西方马克思主义失业理论的模型建构及现实含义》，《马克思主义研究》2014年第7期。

[12] 李怡乐：《工人力量的变化与中国经济增长——基于规模以上工业企业数据的分析》，《政治经济学评论》2016年第2期。

[13] 谢富胜、陈瑞琳：《最低工资制度能提高底层劳动者的收入吗？——基于2003—2012年中国综合社会调查数据的经验研究》，《中国人民大学学报》2017年第3期。

[14] 张衔、庄志晖：《另一种经济学：理解资本主义的现代视角——评〈理解资本主义：竞争、统制与变革〉》，《教学与研究》2010年第9期。

[15] 余斌：《拿什么理解资本主义——评〈理解资本主义：竞争、统制与变革〉》，《当代经济研究》2011年第4期。

[16] Bink B. The Physical Working Capacity in Relation to Working Time and Age. *Ergonomics*, 1962, 5(1): 25-28.

[17] Bowles, S. Gintis, H. The Problem with Human Capital Theory: A Marxian Critique. *The American Economics Review*, 1975, 65(2): 74-82.

[18] Bowles, S. and Boyer, R. Labor Discipline and Aggregate Demand: A Macroeconomic Model. *The American Economic Review*, 1988, 78(2): 395-400.

[19] 孙世强、大西广：《资本的另一层含义与榨取理论的拓展》，《当代经济研究》2015年第5期。

[20] 卢江：《马克思技术二重性批判理论研究——基于〈资本论〉及相关手稿的文本考证》，《马克思

主义研究》2020年第3期。
［21］Mandel, E. *Late Capitalism*. London: Verso, 1999.
［22］Hirst Paul and Zeitlin Jonathan. Flexible specialization versus post-Fordism: theory, evidence and policy implications. *Economy and Society*, 1991, 20(1): 5-9.
［23］吴易风：《马克思的生产力-生产方式-生产关系原理》，《马克思主义研究》1997年第2期。
［24］孟捷、杨志：《技术创新与政治经济学研究对象的拓展》，《当代经济研究》2003年第12期。
［25］谢富胜：《资本主义的劳动过程：从福特主义向后福特主义转变》，《中国人民大学学报》2007年第2期。
［26］孟捷：《劳动与资本在价值创造中的正和关系研究》，《经济研究》2011年第4期。
［27］Piketty, T. *21st Century Capital*. CITIC Publishing House, 2014.
［28］刘长明、周明珠：《共同富裕思想探源》，《当代经济研究》2020年第5期。
［29］李春成：《科技创新助力共同富裕的路径》，《中国科技论坛》2021年第10期。

作为经济学概念的集体[*]

许建明[**]

摘　要　"集体"在社会主义政治经济学中具有重要地位，但尚未有一个合适的关于集体的概念框架。本文从个体的选择出发，给"集体"一个初步的概念框架。一个可欲的集体，必以集体福利函数存在为前提。所以，一个可欲的集体是成员保留自由进出权的。同时，一个可欲的集体，不仅在伦理上是合理的，也需要在经济上是有效率的、可行的。个体需要各式各样的公共品，相应的就要加入各式各样的集体。所以，个体不可能仅附属于某个集体，集体是为个体服务的。个体加入集体是为了满足公共品需求。均衡状态时，个体分摊公共品成本的比例是公共品对个体收入增益的贡献权重。

关键词　集体　公共品　分摊成本

一、问题的提出

"集体"及其政治层面的衍生概念"集体主义"和经济层面的衍生概念"集体所有制"，在马克思主义理论体系和社会主义政治经济学体系中占有重要的位置。在社会主义国家体制里，每个人必须归属于某一个集体。在中国城市里，这种集体通常称为"单位"。在农村，集体则是个体户籍所在地的生产队或者村委会。"集体"作为社会主义国家的一个基本政治术语，遍布于社会主义政治经济学教科书、各级党政政策文件、官方宣传报道，以及体现在每个人的日常生活"衣食住行"每一个细节和个体的"生老病死"、入学、结婚的每一个阶段里。在社会主义体制里，"集体"是无处不在、无时不在，而且控制着一个人生活的方方面面。社会主义市场经济体制建立之前，在城市里，"不仅工资收入来自单位，而且诸如住房、副食补贴、退休金等社会福利也来自单位；单位中的就业者不会失业，但也不能随意流动，他们的生老病死都仰赖单位的

---

[*] 本文的研究得到了国家社会科学基金一般项目"政府支持农民合作社发展的效能边界与支持方式优化研究"（16BJL050）和浙江农林大学科研发展基金项目"作为自由人联合体的合作社：政府支持合作社的效能边界与优化研究"（2017FR033）的资助，在此表示衷心感谢！

[**] 许建明，浙江农林大学经济管理学院教授。

照料；人们的社会活动也离不开单位，登记结婚、住宿旅店或购买飞机票都要出示单位工作证或介绍信"（路风，1989）。城市居民就业的国有企业不仅是生产机构，而且是兼有社会保障、社会福利和社会管理多种职能的"社区单位"（刘世锦，1995）。国家在城市里制造出了国有企业集体（刘世锦，1995），在农村，国家制造了人民公社集体（周其仁，1995）。个人附属于集体，国家通过集体对个人进行控制。这样的结果是"个人首创精神、社会组织自治权和市场机制销声匿迹"（路风，1989）。

然而，令人惊讶的是，《政治经济学辞典》（许涤新主编，1980）、《现代经济辞典》（刘树成主编，2005），世界上经济学届里权威的《新帕尔格雷夫经济学大辞典》（杜尔劳夫等主编，2016），以及法语学术世界的《经济学词典》（热叙阿等主编，2012）都没有"集体"这个词条。另外，"帮助大众读者了解那些原本只在专业学术领域才能接触到的经济主题"的大型百科全书《经济学百科全书》（马吉尔主编，2009）和《政治经济学百科全书》（奥哈拉主编，2009）也都没有"集体"词条。社会主义体制在20世纪里曾覆盖了世界人口总数的三分之一，而且"集体"也是社会主义体制里的最重要的制度和政治经济现象，却在作为体现学术界最大共识，也是承载着经济学体系中最稳定的知识点的经济学词典里面失踪了，隐匿了，找不到了。这是难以想象的，也是不应该的。

也有社会学家借鉴马克思的公社思想，将"集体"界定为："基于生产资料的集体所有制，以个体与集体的有机联结与共同发展为价值基础开展生产与再生产活动的实践共同体。"（潘璐，2023）但这是一个无效的学术定义。因为这个"集体"的定义，好比如此定义"牛"——牛是由牛头、牛腿、牛身组成的。那么，什么是牛头？就是牛的头。什么是牛腿？就是牛的腿。这是典型的循环定义。

值得检讨的是，生活在社会主义国家里的我们天天都在谈"集体"，都在跟"集体"打交道，可"集体"是什么？如何定义"集体"？以及，什么样的"集体"才是可欲的？对于这些问题，我们似乎并不清晰，似乎也没有为"集体"这个概念进入经济学辞典做好准备。

区别于家庭这类人类文明进化的自然产物，集体是由现代文明社会生发的、马克思主义科学理论指导的、吸收并超越于资本主义文明的、作用于实践的建构产物，因此，"集体"是一个好东西而非坏东西（goods not bads）。也就是，"集体"这个概念交集着人类社会共同接受认同的良善价值。这些良善价值既包括社会主义核心价值观，也涵盖资本主义文明价值。本文的工作是给集体一个初步的概念框架，这个"集体"概念要凝聚大家的最大共识。马克思关于未来社会设想里的"集体"，区别于亚当·斯密古典政治经济学的个人主义"自然秩序",即企业与市场,所以,"集体"本身从出生开始就携带有伦理基因。

马克思主义政治经济学具有自觉的实践品格,不仅要解释世界,探讨经济制度的现实运行,而且,要通过厘清特定经济制度在人类历史长河中的位置及其发展的方向,进而改善世界(孟捷,2016)。"集体"正是马克思主义政治经济学关于未来社会的最重要制度设计之一,而且,马克思所设想的未来社会即社会主义社会比资本主义社会生产力更高并且更公平、更人性。集体作为建构未来社会的一个重要媒介,自然是需要承担效率与公平的功能。而且,社会主义体制的建设本身是有意识的社会改造工程,是在科学认识和预见的基础上,也就是根据已经发现、验证与能够应用的系统性社会科学规律来塑造与改善社会发展。所以,一个关于集体的科学概念框架,不仅具有理论意义,也具有实践意义。

本文余下的结构安排如下:第二节是展示马克思和恩格斯关于"真正的集体(共同体)"与"虚假的集体"的区分,但马克思主义继承人和政策实践者,在将"集体"付诸实践的过程中,却与集体理念发生了较大的偏差。本文认为,其中一个重要原因是,学术界关于"真正的集体(共同体)"的理论认识不足,以至于在"集体"政策实践时出现了较大偏差。所以,我们需要引入新的思路来分析、理解、发展经典作家的"真正的集体(共同体)"概念。因此,在第三节中,本文引入阿罗的社会选择范式来研究经典作家的"真正的集体(共同体)"概念。于是得到一个结论,"真正的集体(共同体)"具有协同效应与帕累托改进的分配效果。因为集体的运营总会遇到"搭便车"的经典问题,所以,第四节研究作为提供公共品的重要主体的集体如何最优地分摊成本?最后一部分是本文的结论与进一步讨论,将本文的研究思路与其他相近经济理论进行对话。

二、"真正的集体(共同体)"与"虚构的集体(共同体)"

马克思和恩格斯在《德意志意识形态》[①]中区分了两种集体(共同体)——"真正

---

① 《马克思恩格斯选集》第1卷,人民出版社2012年版,第141—215页。

的集体（共同体）""虚构的集体（共同体）"①，这两个部分之间相互独立，即不重叠，而且，这两个部分将社会组织的所有部分完全穷尽，即不遗漏。这也意味着，现实中存在的集体（共同体），未必就是马克思和恩格斯所设想的未来社会里的"真正的集体（共同体）"。

马克思和恩格斯认为，"真正的集体（共同体）"是指这样的状态——"只有在共同体中，个人才能获得全面发展其才能的手段，也就是说，只有在共同体中才可能有个人自由"②。而且，"人的本质是人的真正的共同体"，未来的"共同体"形式必然是"生活本身，是物质生活和精神生活、人的道德、人的活动、人的享受、人的本质"③。也就是说，个体加入集体是得到增益的，所以，个体在没有外在限制因素下会选择加入集体。这种集体也是马克思与恩格斯在《共产党宣言》里提倡的"每个人的自由发展是一切人的自由发展的条件"④的"自由人联合体"。"在真实的共同体的条件下，各个人在自己的联合中并通过这种联合获得自由。"⑤"在这个共同体中各个人都是作为个人参加的。它是各个人的这样一种联合（自然是以当时发达的生产力为前提的），这种联合把个人的自由发展和运动的条件置于他们的控制之下。"⑥在《共产党宣言》中，马克思和恩格斯宣告："代替那存在着阶级和阶级对立的资产阶级旧社会的，将是这样一个联合体，在那里，每个人的自由发展是一切人的自由发展的条件。"⑦也就是，只有加入集体后的个体仍然保持着自由的状态，这种集体才是可欲的集体。而且，马克思认为，在未来社会里，"首先应当重新避免把'社会'当作抽象的东西同个体对立起来。个体是社会存在物。因此，他的生命表现，即使不采取共同的、同他人一起完成

---

① 《马克思恩格斯全集》第3卷（1960年版）中的《德意志意识形态》是从俄文翻译过来的，《马克思恩格斯文集》第1卷（2009年版）与《马克思恩格斯选集》第1卷（2012年版）中的《德意志意识形态（节选本）》以及纪念马克思诞辰200周年发行的《德意志意识形态（节选本）》（2018年）单行本，是从德文翻译过来的。1960年翻译版本的内容与21世纪翻译版本的内容有所差异。比如，1960年翻译版本中的"集体"，在21世纪翻译版本中是"共同体"，"集体"是学术界耳熟能详的概念，也是日常用语与常用的政策术语，"共同体"更能体现马克思、恩格斯在德语语境中的意义，所以，本文经常将二者放在一起使用。

此外，《马克思恩格斯全集》第3卷（1960年版）中的《德意志意识形态》是全本，《马克思恩格斯文集》第1卷（2009年版）与《马克思恩格斯选集》第1卷（2012年版）中的《德意志意识形态（节选本）》以及纪念马克思诞辰200周年发行的《德意志意识形态（节选本）》（2018年）单行本是节选本，所以，根据学术界惯例，本文优先引用《德意志意识形态》的新翻译版本。节选本中没有的内容，本文则引用《德意志意识形态》（1960年版）全本中的内容。

② 《马克思恩格斯选集》第1卷，人民出版社2012年版，第199页。
③ 《马克思恩格斯文集》第2卷，人民出版社2009年版，第46页。
④ 《马克思恩格斯选集》第1卷，人民出版社2012年版，第422页。
⑤ 《马克思恩格斯选集》第1卷，人民出版社2012年版，第199页。
⑥ 《马克思恩格斯选集》第1卷，人民出版社2012年版，第202页。
⑦ 《马克思恩格斯选集》第1卷，人民出版社2012年版，第422页。

的生命表现这种直接形式,也是社会生活的表现和确证"[1]。

而"虚构的集体(共同体)""总是相对于各个人而独立的;由于这种共同体是一个阶级反对另一个阶级的联合,因此对于被统治的阶级来说,它不仅是完全虚幻的共同体,而且是新的桎梏","个人自由只是对那些在统治阶级范围内发展的个人来说是存在的,他们之所以有个人自由,只是因为他们是这一阶级的个人"[2]。马克思和恩格斯也将"虚构的共同体"称之为"冒充的共同体"或"完全虚幻的共同体"[3],它们是人的自由全面发展的"新的桎梏"。也就是说,当一个个体加入某个集体后,其自由、权益被损害、被剥夺,那它就是一个"冒充的集体"。

这种"虚构的集体(共同体)"或"冒充的集体",在历史上并不少见。在中世纪西欧的农奴制下,"劳动者与生产条件不分离,劳动者表现为土地财产本身的要素,完全和役畜一样是土地的附属品";"社会的一部分被社会的另一部分简单地当作自身再生产的无机自然条件来对待";"把劳动者束缚于土地和土地的主人而实际又以劳动者对生活资料的所有为前提"[4]。个体依附于生产条件如土地之上而被剥夺了自由,这种集体就是"冒充的集体",就是不可欲的集体。

20世纪的计划经济体制中的集体所有制也是类似的"虚构的集体(共同体)"。苏联的集体农庄制度"变成了完全凌驾于农民家庭之上的一个官僚组织"(科尔奈,2007:77),个体完全被剥夺自由。"斯大林爱好历史,熟知农奴制的一套规章制度,他原封不动地通过强硬手段把它们运用于我国农村。""20世纪中叶,俄罗斯的农村成了国家农奴制农村,而且国家从农民那里夺去除空气以外的所有东西。"(雅科夫列夫,1999:15)

"虚构的集体(共同体)"思维主导下的政策实践,不仅存在于苏联,也存在于"苏联以外的(社会主义)国家"(科尔奈,2007:354)。这种政策实践也发生在中国改革开放前的计划经济体制中。在集体与国家的关系层面,人民公社的"集体公有制既不是一种共有的、合作的私人产权,也不是一种纯粹的国家所有权,它是由国家控制但由集体来承受其控制结果的一种中国农村特有的制度安排"。这种集体制度是"国家制造的所有权","同时损失了监管者和劳动者两个方面的积极性,其要害是国家行为造成的严重产权残缺"(周其仁,1995)。这种集体没有独立性,只是沦为国家附属

---

[1] 《马克思恩格斯文集》第1卷,人民出版社2009年版,第188页。
[2] 《马克思恩格斯选集》第1卷,人民出版社2012年版,第199页。
[3] 《马克思恩格斯选集》第1卷,人民出版社2012年版,第199页。
[4] 《马克思恩格斯全集》第46卷上册,人民出版社1979年版,第488、463、504页。

物，国家事实上是集体所有制的"经济要素的第一位决策者、支配者和受益者"（周其仁，1995）。这样的集体及其配套的制度——如"统购统销，严禁长途贩运和限制自由商业贸易（哪怕是集体从事的商业），关闭农村要素市场，以及隔绝城乡人口流动"——这些制度都是"与各个个体对立起来"的，这样的制度制造的"集体"即是马克思和恩格斯所批评的"冒充的集体"。这种"冒充的集体"是与以控制人身自由为主要特征的户籍制度相配套的，物体形式的集体财产与法定的产权主体捆绑在一起。

但是，这种"与各个个体对立起来"的"冒充的集体"的异化状态，并未随着计划经济体制的瓦解而消失，而是继续存在于市场经济体制中。这种政策思维以作为物的集体财产的不可分割性来理解集体，"集体成员随时加入或退出共有组织都会引起共有财产的分割，因而集体所有难以稳定，而且可能解体"（王利明，1998：519）。由于对物体形式的集体共有财产的分割，进而引起对集体解体的担心，为了维护物体形式的集体财产的统一、扩大和增值，而将集体成员约束在物体形式的集体财产上。

这种"冒充的集体"导致集体资产的法定所有者因为物的不可分割性，面临两种选择：要么是被集体财产（特别是不动产）捆绑在地，要么是自我逐离所在地，自己放弃对集体资产的权利。

前一种情况，集体成员被集体财产捆绑在地，这不是马克思所设想的未来社会的"自由人联合体"，恰恰是马克思所严厉批评的黑暗、野蛮、落后的中世纪"劳动者与生产条件不分离"的"农奴制"。这是因为在农奴制下，"劳动者与生产条件不分离，劳动者表现为土地财产本身的要素，完全和役畜一样是土地的附属品；是社会的一部分被社会的另一部分简单地当作自身再生产的无机自然条件来对待；把劳动者束缚于土地和土地的主人而实际又以劳动者对生活资料的所有为前提"[①]。

后一种情况，迫使集体成员要获得人身和就业自由，就需要自我放弃集体财产，则是一种事实上的对集体成员的财产剥夺。这种"冒充的集体"状态，在如今的农村土地上表现得比较典型。国务院发展研究中心与世界银行组织的"中国综合土地政策改革"课题组的《中国农村土地问题调查》指出："法律上集体财产控制权的模糊不清，容易导致村干部滥用这种不明确的权利，并使自己成为集体财产的实际所有人。"（韩俊主编，2009：49）

"冒充的集体"以物为中心来看待集体。一方面，集体财产对于集体成员而言，首先是义务与责任，妨碍经济主体优化资源配置；另一方面，"政企不分""政社不分"

[①] 《马克思恩格斯全集》第46卷上册，人民出版社1979年版，第488、463、504页。

"政资不分"现象自改革开放以来一直存在（董辅礽，1979，1985；简新华和余江，2016），因为只有"政企不分""政资不分"，才能杜绝共有财产的分割和保证以物为中心的集体的完整性。

这些"虚构的集体（共同体）"政策思维在历史上和现实中产生的经验事实，形成本文构建"集体"概念的反思基础。

三、集体概念的阿罗式思路

本文从个体选择来定义"集体"。这是微观经济理论的思维（马斯-克莱尔等，2014），也符合马克思主义政治经济学的理论观念。马克思和恩格斯在《德意志意识形态》里指出："在任何情况下，个人总是'从自己出发的'，但由于从他们彼此不需要发生任何联系这个意义上来说他们不是唯一的，由于他们的需要即他们的本性，以及他们求得满足的方式，把他们联系起来（两性关系、交换、分工），所以他们必然要发生相互关系。"[①]

亚里士多德在《政治学》中给人一个经典定义，即"人天生是一种政治动物"（亚里士多德，2020：4），人需要参与（城邦）集体的公共生活。亚里士多德的经典定义，成为探讨个体社会交往行为的出发点。这一思想也得到了马克思的继承和发展。"人是最名副其实的政治动物，不仅是一种合群的动物，而且是只有在社会中才能独立的动物。"[②]阿罗在《社会选择与个人价值》中提出了基于现代文明价值的集体选择的标准范式，一个可欲的集体，必然以一个存在的集体福利函数为前提。如果集体福利函数不存在，那就无法进行理性的集体决策。

阿罗（2020）基于个体价值的范式的集体选择，包括四个条件，具体如下：

条件 U（非限定的定义域）：$f(R_1,R_2,\cdots,R_n)$的定义域必须包含个体偏好的任何可能组合。

条件 P（弱 Pareto 原则）：在$f(R_1,R_2,\cdots,R_n)$的定义域内，对于社会状态x和y，如果每个个体i有xP_iy，那么社会偏好排序为xPy。

条件 I（不相关选择的独立性）：在$f(R_1,R_2,\cdots,R_n)$的定义域内，偏好序的任何两个组合$(R_1,R_2,\cdots,R_n)$和$(R'_1,R'_2,\cdots,R'_n)$，如果对于所有个体i，xR_iy当且仅当xR'_iy，那么，社

[①] 《马克思恩格斯全集》第3卷，人民出版社1960年版，第514页。
[②] 《马克思恩格斯文集》第8卷，人民出版社2009年版，第6页。

会偏好序 R 和 R' 分别对应组合 $(R_1, R_2, \cdots, R_n)$ 和 $(R_1', R_2', \cdots, R_n')$。即只要每个体对 x 和 y 的偏好序不变，那么，不管 x 和 z 的偏好序如何变化，社会对 x 和 y 的偏好序也不变。

条件 D（非独裁性）：每个人都具有同等的伦理价值。不存在这样的个体 j，其在 $f(R_1, R_2, \cdots, R_n)$ 的定义域内，不管 j 之外的所有个体偏好序如何，只要 xP_jy，那么社会偏好排序为 xPy。即社会偏好序不以一人的偏好来决定。

所以，一个可欲的集体应该是阿罗式基于个体价值的社会选择范式的集体（阿罗，2020）。我们引入阿罗式思路是基于这样的考虑：第一，正如前文所论述的，阿罗式社会选择范式是基于现代文明价值之上的，所以，阿罗式集体是马克思意义上的"真正的集体（共同体）"。第二，因为大家形成一个集体，目的在于集体提供公共品，这必须存在一个集体的社会福利函数，才能由这个函数得到公共品的最优数量。而根据阿罗不可能性定理，在一般条件下，集体不存在一个社会福利函数或无法形成一个合理的集体偏好（阿罗，2020；奥斯丁-史密斯和班克斯，2011）。所以，我们需要在阿罗式基于个体价值的社会选择范式的集体中形成集体偏好的条件，以及该条件的经济学意义。

阿罗不可能性定理（阿罗，2020）指出，对于有限数量的个体，并且至少存在三个不同的社会可选择项，如果我们用 $f(R_1, R_2, \cdots, R_n)$ 来表示满足如下四个"令人满意"（阿罗，2020）并符合现代文明价值的条件的映射，那么，将个体的偏好传递到社会总体层面的福利函数的程序是不存在的。

命题： $f(R_1, R_2, \cdots, R_n)$ 是一个定义在某个性质定义域或者空集上的社会福利函数。假如 f 满足帕累托准则、无关方案独立性条件和非独裁性条件，那么，f 不满足非限定定义域条件。

假设 f 是一个定义在非限定定义域上的社会福利函数，阿罗证明，不存在一个社会福利函数 f 能够同时满足条件 U、条件 P、条件 I 和条件 D（Arrow，1951）。也就是，条件 U、条件 P、条件 I 和条件 D 的同时满足是社会福利函数 f 不存在的充分必要条件。其逻辑形式为 $(U + P + I + D) \Rightarrow \bar{f}$。$\bar{\bar{f}} \Rightarrow \overline{D}$ 或 $\bar{\bar{f}} \Rightarrow \overline{U}$，同时，$\bar{\bar{f}} \equiv f$，也就是：当条件 P、条件 I 和条件 D 不变时，那么，$f \Rightarrow \overline{U}$。

条件 P（弱 Pareto 原则）与条件 I（不相关选择的独立性）是基于个体独立自主的集体选择的自然性前提条件。条件 D（非独裁性）是社会主义的本质特征。替代资本主义后的社会主义制度"将是这样一个联合体，在那里，每个人的自由发展是一切人的自由发展的条件"①，马克思说："'民主的'这个词在德语里意思是'人民当权的'"②。也就是，条件D（非独裁性）是定义马克思"真正的集体（共同体）"的伦理性前提条件。自然性前提条件和伦理性前提条件是定义一个可欲的集体的必要条件。这三个前提条件是不可改变的。所以，要定义一个可欲的集体就必须改变条件U（非限定的定义域）。也就是，只要其中一个前提条件不成立，那么原先的不可能定理就转变为可能定理。

这意味着必然存在一个社会福利函数f能够满足条件$\overline{U}$、条件P、条件I和条件D。条件U是非限定的定义域，那么条件$\overline{U}$意味着两种情况：有限定的定义域或者空集ϕ。以下进一步分析这两种情况：

第一，"无限定的定义域"意味着"承认社会上该种偏好的任意形式"（罗默，2007），也就是说，其成员是没有退出权的；当该社会福利函数f的定义域是有限定的时，则意味着要形成一个社会福利函数，就必须对加入该集体的成员要求某种性质的资格认证。

这个逻辑结果就是，一个良好的集体是这样的：其成员具有自由的进入权与退出权。成员不是属于某个集体，成员加入各式各样的集体，因为他需要这些集体为他提供各式各样的公共品与公共服务。集体是"自由人联合体"，"以各个人自由发展为一切人自由发展的条件的联合体"。集体是为个人服务的。个人加入集体是为了获得公共品和公共服务。这样，"只有在共同体中，个人才能获得全面发展其才能的手段，也就是说，只有在共同体中才可能有个人自由"③。

对于马克思意义上的"真正的集体（共同体）"与"虚构的集体（共同体）"，理性的个体是第一感知者，会通过进入与退出的"用脚投票"来区分哪一个集体是"真正的集体（共同体）"，而哪一个集体是"虚构的集体（共同体）"。这种"用脚投票"也反映在文学作品中。英国作家丹尼尔·笛福创作的《鲁滨逊漂流记》描述了，当社会是自由的时，个人在集体和社会中才能享受更多、更丰富的公共品和公共服务，这样社会背景下的个人即被困孤岛的鲁滨逊就会奔向社会、奔向集体、奔向自由。而西晋陶渊明的《桃花源记》所描述的情景——"先世避秦时乱，率妻子邑人来此绝境，不复出焉，遂与外人间隔"——则显示着，当世界是暴政主宰时，个体则会"率妻子邑人"退出大集体，因为这时加入集体得不偿失。

---

① 《马克思恩格斯选集》第1卷，人民出版社2012年版，第422页。
② 《马克思恩格斯选集》第3卷，人民出版社2012年版，第371页。
③ 《马克思恩格斯选集》第1卷，人民出版社2012年版，第199页。

第二，当定义域是空集φ时，这意味着该集体无法在某项公共品上达成民主协议，即无法结成某种形式的集体时，消费者要获得该产品只能回到私人品市场供给的形式。例如，科斯（Coase，1974）关于灯塔的经典研究揭示，具有典型公共品特征的灯塔的服务可以由私人市场机制提供。18、19世纪的英国由私人提供的灯塔服务，即对应的是定义域为空集时的阿罗社会福利函数的情景。

我们可以用合作博弈来刻画马克思和恩格斯的"真正的集体（共同体）"——"只有在共同体中，个人才能获得全面发展其才能的手段，也就是说，只有在共同体中才可能有个人自由"[①]。那么，我们用博弈论的语言定义"真正的集体（共同体）"——

"真正的集体（共同体）"是具有这样性质的联盟：（1）对集体来说，整体收益大于其每个成员单独经营收益之和；（2）对集体内部而言，存在具有帕累托改进性质的分配规则，即每个成员都能获得不少于不加入集体时所获的收益。条件（1）是该联盟存在的前提条件，条件（2）是该联盟存在的伦理意义。

也就是，当一个联盟满足以上两个条件时，个体拥有加入该集体的权利，这样的联盟是"真正的集体（共同体）"。当一个联盟不满足以上任何一个条件时，个体拥有退出该集体的权利。如果一个集体剥夺个体成员的退出权，那就是马克思和恩格斯所批评的"虚构的集体（共同体）"——"总是相对于各个人而独立的"，"对于被统治的阶级来说，它不仅是完全虚幻的共同体，而且是新的桎梏"[②]。

在真正的集体（共同体）中，"承认个人的独立，每个人就像是在社会里一样，同时期朝着一个目标前进，但并非都要循着同一条路走不可。没有人放弃意志和理性，但要用自己的意志和理性去成就共同的事业"（托克维尔，1989，上册：220—221）。

以上关于集体的概念分析，包含有西方现代文明的因素，也有中国传统文化与近代转型的精髓，最重要的是有马克思主义的灵魂。而且，这个定义可以比较好的对应经验事实。

四、集体公共品成本的分摊原则

马克思指出"个体是社会存在物"[③]，"是有意识的类存在物"，"有意识的生命活

[①] 《马克思恩格斯选集》第1卷，人民出版社2012年版，第199页。
[②] 《马克思恩格斯选集》第1卷，人民出版社2012年版，第199页。
[③] 《马克思恩格斯文集》第1卷，人民出版社2009年版，第188页。

动把人同动物的生命活动直接区别开来"①。"人的本质不是单个人所固有的抽象物，在其现实性上，它是一切社会关系的总和。"②"人是最名副其实的政治动物，不仅是一种合群的动物，而且是只有在社会中才能独立的动物。"③也就是说，人在本质上是社会性的存在。"人的自由而全面发展"，需要个体参与各式各样的社会交往活动。所以，在社会经济生活中，个体不仅需要各种各样的私人品，也需要各种各样的公共品。微观经济学证明，市场机制在提供私人品上具有优势（马斯-克莱尔、温斯顿、格林，2014）。那么，从社会福利最大化出发，集体应该提供的是公共品。这并不意味着，公共品只能由集体垄断性供给，公共品也可以由私人市场机制提供。科斯（Coase，1974）关于灯塔的经典研究揭示，18、19世纪的英国存在由私人经营者提供灯塔服务的现象。

一个可欲的集体，不仅在伦理上是合理的，也需要在经济上有效率的、可行的。各种各样的公共品由各种各样的集体提供。基于自愿加入的集体，必须为其成员提供公共产品。如果不能为成员提供公共品，那么，这样的集体就没有必要存在。每一个集体独立于其他集体，如果不独立，那么该集体也没有存在的合理性。因此，这要求每一个集体在财政收支上是平衡的，不能依赖其他集体提供财政资源。个体加入或者退出各类集体是自由的，各类集体提供各式各样的、各个层级范围的公共品。提供这些公共品需要成本，成本必然由成员承担。所以，问题的关键是：个体如何合理分摊公共品成本？

本节以带有公共品的 Ramsay 增长模型（Barro，1990），在动态一般均衡的框架里，讨论成员分摊集体公共品成本的理性基础问题，即成员个体选择私人品与公共品的菜单、品类与数量，以实现自身动态效用的最大化。

（一）一种公共品情形

假设有 n 个个体，独立经营，参加某集体以共享公共品，该集体提供萨缪尔森意义的非排他性与非竞争性的公共品（Samuelson，1954）。集体提供这些公共品的成本，由各个成员共同承担。集体通过满足成员的公共品需要，而对成员收取类似于税收的公共品成本。

记 c 为 t 时刻代表性个体的消费。每一个个体在市场上处于竞争性地位，他们是市场价格的接受者，面对给定的利率 r 和给定的单位劳动工资率 w。假定每一个个体在每

---

① 《马克思恩格斯选集》第1卷，人民出版社2012年版，第56—57页。
② 《马克思恩格斯文集》第1卷，人民出版社2009年版，第501页。
③ 《马克思恩格斯文集》第8卷，人民出版社2009年版，第6页。

个单位时间里固定在劳动市场上供给1单位的劳动。

那么，我们可以得到一个代表性个体的预算约束：

$$\dot{k} = w + r \cdot k - c \tag{4.1}$$

其中，k为t时刻代表性个体拥有的资产，可为正，也可为负。

$u(c)$是关于c的凹函数，即严格单调递增的、边际效用递减的连续可微函数。同时，假定$u(c)$满足稻田条件。

个体在既定的预算约束条件下，选择消费路径与资产积累路径，最大化以下给出的效用贴现值总和：

$$\max \int_0^\infty \frac{c^{(1-\theta)}}{(1-\theta)} e^{-\beta t} dt \tag{4.2}$$

其中，$\beta > 0$表示代表性个体的时间偏好率。

各个时点上的消费选择为：

$$\gamma \equiv \dot{c}/c = (1/\theta) \cdot (r - \beta) \tag{4.3}$$

这是代表性个体在均衡路径上的效用水平增长率。

横截性条件为：

$$\lim_{t \to \infty} \left\{ a(t) \cdot exp\left[-\int_0^t r(\lambda) d\lambda \right] \right\} \geq 0$$

该条件保证了代表性个体的资产总量为负的时候也是有限的，不可能是无穷的。也就是，个体在现行利率$r(t)$下不能进行无限制借贷，无法进行庞氏骗局式的融资。

个体所需要的公共品通过集体来实现。公共品的资本量的大小会影响个体的生产行为。

为了简化分析，假定代表性个体的生产函数是柯布-道格拉斯型，可写成：

$$y = f(k, K) = k^\alpha K^{1-\alpha} \tag{4.4}$$

参数$\alpha \in (0,1)$，k是代表性个体自身的资本存量，K是集体所提供的公共品的资本存量。那么，个体会将其私人资本品数量与公共资本品数量之间的比例关系调整到最优状态，使得其平均成本最小化，这满足规模报酬不变的假设条件。这是（4.4）式中柯布-道格拉斯型生产函数的假设依据。

个体的经营利润为：

$$\pi = (1 - \tau)y - w - r \cdot k \tag{4.5}$$

其中，τ是成员收入给集体的比例，无资本折旧，$\tau \in (0, 1)$。

最大化代表性个体的经营利润,得到一阶条件:

$$r = (1-\tau)\alpha k^{-(1-\alpha)} K_c^{(1-\alpha)} \tag{4.6}$$

那么,个体的生产函数(4.4)式加总可得:

$$Y = n \cdot k^\alpha K^{1-\alpha} \tag{4.7}$$

Y是集体所有成员的总产出。

与私人企业追求利润最大化不同的是,集体提供公共品遵循的是收支平衡原则,所获得的收入等于成本。因此,我们可以将集体的预算看作是平衡的。假设集体通过对成员的收入按比例收取服务费用来作为提供公共品的成本。

预算平衡式为:

$$K = Y \cdot \tau \tag{4.8}$$

结合(4.6)式,可以得到:$K = (n \cdot \tau)^{1/\alpha} k$

(4.6)式可写为:

$$r = \alpha \cdot (1-\tau) \cdot (n \cdot \tau)^{(1-\alpha)/\alpha} \tag{4.9}$$

个体的效用水平增长率进一步表达为:

$$\gamma = (1/\theta) \cdot [\alpha \cdot (1-\tau) \cdot (n \cdot \tau)^{(1-\alpha)/\alpha} - \beta] \tag{4.10}$$

最优化个体福利水平增长率,均衡条件为:

$$\tau^* = 1 - \alpha \tag{4.11}$$

集体的意义在于它提供公共品来动态优化其成员的福利水平。集体对成员收费的最优标准τ^*是集体的公共品对成员收入提供的边际贡献$1-\alpha$。集体对成员的收益征收τ比重的"税收",其余的$(1-\tau)$部分归个体自身支配。由最优化代表性个体的长期效用水平增长率,得到的最优"税率"是$\tau^* = 1-\alpha$。其经济含义是,代表性个体承担的最优"税率"与集体公共品对他的收入增加的贡献比重是一致的。这是为了在稳态路径上实现集体的总体福利最大化,即为集体总体福利的最优增长路径,这时处于帕累托最优状态。因为公共品具有不可分的重要特性,这一特性使得所有使用者得到的数量都是一样的。各个使用者按照其从集体公共品获得的边际贡献来分担公共品的供给成本。$\tau \cdot y_j$是个体j为其所使用的集体公共品而支付的价格,这个"比例税"是"个性化定价",对于所有个体,比例是一样的,但个体为承担公共品成本而支付的"税收"因为个体收入的不同而不同。

(二)多种公共品情形

我们对模型做一个拓展。个体开展经济活动,需要各式各样的私人资本品,也需要各式各样的公共品，而这些多样化的公共品无法由一个单一的集体全部提供。所以，为了满足个体在不同层面上的公共品需求，还需要其他的集体。各式各样的集体在各个层面、地域上，提供各式各样的、各个层级范围的、差异化的公共品以满足个体的多种多样偏好。[①]同样，各个集体的独立意味着各自的财政收支必是平衡的。

与前文一样，代表性个体的生产函数也是柯布-道格拉斯型：

$$y = f(k, K_1, \cdots, K_n) = k^\alpha \prod_1^n K_i^{\alpha_i}$$

其中，K_i 是集体 i（$i = 1,\cdots,n$）提供的各式各样的、具有萨缪尔森意义公共品的资本品存量。参数 $\alpha + \sum_1^n \alpha_i = 1$，$0 < \alpha, \alpha_i < 1$。

均衡条件为：

$$\tau_i^* = \alpha_i \tag{4.12}$$

其经济含义是，个体对于集体 i 缴纳的最优"税率"是与该集体所提供的公共品对个体的收入增加的贡献比重是一致的，这是公共品的林达尔均衡，即在稳态状态时，实现集体 i 的总体福利最大化。个体在其预算约束集内追求其效用水平最大化，这保证了个体的消费束，都满足各自的预算约束，在其预算集里不存在个体更偏好的其他消费束。

成员的自由进入和退出原则，也使得各个集体为了存续和扩大，必须能够满足现有成员的需求，甚或能吸引潜在成员。如果一个集体不能提供公共品，它就名存实亡。如果一个集体不能提供足以让成员满意的公共品，原来的部分成员就会"用脚投票"（Tiebout, 1956）加入其他集体。各种各样的集体在公共品的供给市场上进行充分竞争，从而形成竞争性的公共品市场。竞争性的公共品市场存在，使得公共品的供给实现林达尔均衡，避免了公共品最优供给中因为萨缪尔森条件（Samuelson, 1954）所引申出的政府干预政策含义[②]，其公共品菜单供各个个体按其偏好进行选择消费。这样，整个社会实现资源配置的帕累托最优。

[①] 在提供公共品上，不同的集体之间不是绝对服从的上下级关系（即使它们之间的服务地域范围有隶属关系），而是分工、职责不同的相互协调的公共服务者。由不同的集体提供不同的公共品，都是为了满足每一个个体在公共品层面上多样性、异质性的偏好。

[②] 公共品提供的萨缪尔森条件，是指每个体对公共品和私人品的边际替代率之和等于生产的边际转换率，萨缪尔森由此认为，竞争性市场是不可能实现最优配置的（Samuelson, 1954）。

五、结论与进一步讨论

本文的主要目的是要论证马克思主义政治经济学中的"集体"概念（在实践上，对应的是社会主义国家里的"集体"）不仅具有效率特征，而且具有伦理特征。"集体"是马克思主义政治经济学关于未来社会的最重要制度设计之一，马克思所设想的未来社会即社会主义社会比资本主义社会生产力更高并且更公平、更人性。集体作为建构未来社会的一个重要媒介，自然需要承担效率与公平的功能。

与"集体"概念比较接近的是，新制度经济学的契约理论关于个体、企业等经济组织的分析。契约理论是基于效率的范式。比如，Alchian 和 Demsetz（1972）认为，企业作为"团队生产"，其产出是若干个团队成员共同努力的结果，这就导致了如何厘清各个投入要素的努力与贡献的计量问题。为了企业价值最大化，就需要让部分成员专门从事监督其他成员的工作，而要克服监督者本身的偷懒动机，就必须赋予监督者剩余索取权。格罗斯曼-哈特-摩尔（Grossman-Hart-Moore）的作为所有权的剩余控制权理论认为，因为人们的有限理性、信息的不完全性及交易事项的不确定性，不完全契约是必然和常态的。在契约中，关键的是那些契约中未能写明的资产配置的控制权力，即剩余控制权。当契约不完全时，经济组织有效率的做法是将剩余控制权配置给投资决策相对重要的一方（Grossman et al.，1986；Hart et al.，1990）。也就是说，契约理论缺乏关于"集体"的伦理特征的理论认识。

"马克思主义是人的解放学"[①]，马克思和恩格斯的"真正的集体（共同体）"理念应该对促进人的自由全面发展有贡献。本文关于"真正的集体（共同体）"、"虚构的集体（共同体）"、个体的分析，得到一个重要的结论：对于个体的福利或者经济效率而言，"虚构的集体（共同体）"不如孤立的个体，而孤立的个体不如"真正的集体（共同体）"。而"真正的集体（共同体）"是具有这样性质的自由人联合体：第一，对集体来说，整体收益大于其每个成员单独收益之和，也就是说，"真正的集体（共同体）"具有协同效应；第二，对集体内部而言，存在具有帕累托改进性质的分配规则，即每个成员都能获得不少于其处于孤立状态时所获的收益。也就是说，当一个联盟满足以上的两个条件时，个体拥有加入该集体的权利；当一个博弈不满足以上的任何一个条件时，个体拥有退出该集体的权利。对于个体的福利改善而言，马克思和恩格斯

---

① 《马克思恩格斯文集》第1卷，人民出版社2009年版，第501页。

理想中的"真正的集体（共同体）"优于孤立的个体[①]，而孤立的个体优于现实中的"虚构的集体（共同体）"。

而且，在法律的理念层面，集体成员作为自然人的价值具有终极性，集体资产只是自然人的工具；自然人在自然法上是先于集体财产存在的，是作为集体财产的目的而存在的。自然人创设集体及其集体财产，旨在用其所长，为自己谋取利益和福利（张俊浩主编，1997：162）。

科斯（Coase，1974）关于18、19世纪的英国由私人提供灯塔服务的研究揭示，公共品也可以由私人市场机制提供。这意味着，公共品市场的竞争，不仅在各个不同的集体之间进行，也可以在集体与企业之间进行。同时，成员自由进出集体，使得各个集体为了吸引成员而在公共品市场上进行竞争。所以，集体与私人企业的竞争行为，形成竞争性的公共品市场。所有的集体或私人企业公平竞争，所有制性质不能在事实上或法律上赋予任何实际或潜在市场参与者不当的竞争优势，此即竞争中性原则。完善的社会主义市场经济体制，不仅有充分竞争的私人品市场，也有充分竞争的公共品市场。只有真正的集体（共同体）才能形成竞争性的公共品市场，而这是竞争中性的市场经济体系不可分割的组成部分。

本文关于"集体"的概念框架，可以对现实中的集体所有制具有新的政策含义。生产条件作为工具，是为个人服务的，生产条件具有工具性的价值。生产条件以权利形态为劳动者所有，在现代法治社会里，则体现为劳动者是作为生产条件的法律意义上的所有者，是通过对生产条件的收益权与控制权来体现的。这时，作为工具的生产条件，在物的形态上，可以脱离劳动者。只有这样的"集体"，才是马克思和恩格斯设想的未来社会里的"真正的集体（共同体）"。只有这样的"集体"，才能形成竞争性的公共品市场以优化资源配置，才能完善社会主义市场经济体制。

参考文献

[1] Alchian, Armen A. and Demsetz, Harold, 1972, "Production, Information Costs, and Economic Organization", *American Economic Review*, 62(5): 777–795.

[2] Barro, Robert J., 1990, "Government Spending in a Simple Model of Endogenous Growth", *Journal of Politi-*

---

① 这种孤立的个体，就是洛克式自然状态——"人类最初是处于一种纯粹的自然状态。自然状态是一种完全的自由、平等的状态。自然法在自然状态中起支配作用。理性，也就是自然法，教导着有意遵从理性的全人类：人们既然都是平等和独立的，任何人就不得侵害他人的生命、健康、自由和财产。"（洛克，1996：6）

[3] Coase, Ronald H., 1974, "The Lighthouse in Econmics", *Journal of Law and Economics*, 17(2): 357–376.

[4] Grossman, Stanford, and Hart, Oliver, 1986, "The Costs and Benefits of Ownership: A Theory of Vertical and Lateral Integration", *Journal of Political Economy*, 94(4): 691–719.

[5] Hart, Oliver, and John Moore, 1990, "Property Rights and the Nature of the Firm", *Journal of Political Economy*, 98(6): 1119–1158.

[6] Lin, Justin Yifu, 1990, "Collectivization and China's Agricultural Crisis in 1959–1961", *Journal of Political Economy*, 98(6): 1228–1252.

[7] Roemer, John E., 2021, "What Is Socialism Today? Conceptions of a Cooperative Economy", *International Economic Review*, 62(2): 571–598.

[8] Roemer, John E., 2015, "Kantian Optimization: An Microfoundation for Cooperative Behavior", *Journal of Public Economics*, 127: 45–57.

[9] Samuelson, Paul A., 1954, "The Pure Theory of Public Expenditure", *Review of Economics and Statistics*, 36(4): 387–389.

[10] Tiebout, Charles, 1956, "A Pure Theory of Local Expenditures", *Journal of Political Economy*, 64(5): 416–424.

[11] Xu, Jianming, 2021, "In the Name of Collective Ownership: Xiaogang Village as a Case of the Abnormal Grass-Roots Units in the Socialist Hierarchical Structure", *Modern China Studies*, 28(1): 23–50.

[12] 阿罗：《社会选择与个体价值》（第三版），丁建峰译，格致出版社2020年版。

[13] 奥哈拉主编：《政治经济学百科全书（上下卷）》，郭庆旺、刘晓路、彭月兰、张德勇等译，中国人民大学出版社2009年版。

[14] 奥斯丁-史密斯、班克斯：《实证政治理论（第一卷）：集体偏好》，山石、孙经纬译，上海财经大学出版社2011年版。

[15] 陈锡文：《当前农业农村的若干重要问题》，《中国农村经济》2023年第8期。

[16] 董辅礽：《关于我国社会主义所有制形式问题》，《经济研究》1979年第1期。

[17] 董辅礽：《再论我国社会主义所有制形式问题》，《经济研究》1985年第4期。

[18] 杜尔劳夫、布卢姆主编：《新帕尔格雷夫经济学大辞典（第二版）》，经济科学出版社2016年版。

[19] 樊纲：《"苏联范式"批判》，《经济研究》1995年第10期。

[20] 韩俊主编：《中国农村土地问题调查》，上海远东出版社2009年版。

[21] 简新华、余江：《市场经济只能建立在私有制基础上吗？——兼评公有制与市场经济不相容论》，《经济研究》2016年第12期。

[22] 科尔奈：《社会主义体制：共产主义政治经济学》，张安译，中央编译出版社2007年版。

[23] 刘军宁：《论经济制度在宪法中的地位》，《战略与管理》2003年第5期。

[24] 刘世锦：《中国国有企业的性质与改革逻辑》，《经济研究》1995年第4期。

[25] 刘树成主编：《现代经济辞典》，凤凰出版社、江苏人民出版社2005年版。

[26] 路风：《单位：一种特殊的组织形式》，《中国社会科学》1989年第1期。

[27] 洛克：《政府论下篇》，叶启芳、瞿菊农译，商务印书馆1996年版。

[28] 马斯-克莱尔、温斯顿、格林：《微观经济理论》，曹乾译，中国人民大学出版社2014年版。

[29] 马吉尔主编：《经济学百科全书（上下卷）》，吴易风主译，中国人民大学出版社2009年版。

[30] 《马克思恩格斯全集》第46卷上册，人民出版社1979年版。

[31] 《马克思恩格斯全集》第3卷，人民出版社1960年版。

[32] 孟捷：《历史唯物论与马克思主义经济学》，社会科学文献出版社2016年版。

[33] 潘璐：《"集体"新议——马克思公社思想的启示》，《社会学研究》2023年第5期。

[34] 热叙阿、拉布鲁斯、维特里、戈蒙主编：《经济学词典（修订版）》，李玉平、郭庆岚等译，史忠义、任君治等审校，社会科学文献出版社2012年版。

[35] 托克维尔：《论美国的民主》，董果良译，商务印书馆1989年版。

[36] 王利明：《物权法论》，中国政法大学出版社1998年版。

[37] 许涤新主编：《政治经济学辞典》，人民出版社1980年版。

[38] 许建明：《经济分析的另一个原点：宪制或是秦制——〈国富论〉与〈商君书〉的比较研究》，《新政治经济学评论》2016年第31辑。

[39] 许建明：《作为全部社会关系的所有制问题——马克思主义视野里的供销合作社集体资产产权性质问题研究》，《中国农村经济》2017年第6期。

[40] 许建明：《合作社、康德式社会契约与何瓦斯剩余分配制》，《经济社会体制比较》2022年第3期。

[41] 亚里士多德：《政治学》，颜一、秦典华译，中国人民大学出版社2020年版。

[42] 雅科夫列夫：《一杯苦酒——俄罗斯的布尔什维主义和改革运动》，徐葵、张达楠、王器、徐志文译，新华出版社1999年版。

[43] 张俊浩主编：《民法学原理》，中国政法大学出版社1997年版。

[44] 周其仁：《中国农村改革：国家与土地所有权关系的变化——一个经济制度变迁史的回顾》，《管理世界》1995年第3期。

共同富裕的内涵：
对相关共识与争议的政治经济学考察

谢 超[*]

摘 要 进入新发展阶段后，中央将促进全体人民共同富裕放在了更重要的战略位置上。本文在政治经济学的视角下，深入考察了理论界围绕共同富裕内涵问题所形成的共识和争议。首先，全面总结了理论界关于共同富裕内涵所形成的共识。接着，从非公有制经济、三次分配和三次分配的原则三个方面，详细梳理并评论了关于共同富裕内涵的主要理论争议。文章认为，在社会主义市场经济中，一方面，非公有制经济促进共同富裕的作用的正当性、按劳分配原则在非公有制经济中的适用性，以及"分配正义"实现的可能性，很大程度上依赖于剩余价值的使用方式，即在多大程度上用于生产性投资与创新。为此，要"规范和引导资本健康发展"。另一方面，三次分配及其相对应的原则与作为主导机制的市场、政府和社会之间是交错对应的关系。尤其要在初次分配过程中兼顾效率与公平，更好地发挥政府在初次分配过程中的调节作用。最后，通过揭示关于共同富裕内涵的理论争议背后的不同理论范式，探索了达成更高层次共识的可能性。

关键词 共同富裕 内涵 共识 争议 评论

随着中国特色社会主义进入新时代，共同富裕日渐成为中央高度重视的重大理论与实践问题。2015年10月，习近平总书记在党的十八届五中全会上正式提出了"新发展理念"。同年11月，《中共中央国务院关于打赢脱贫攻坚战的决定》颁布，标志着"脱贫攻坚"任务的正式提出和开展。党的十九大之后，为克服"人民日益增长的美好生活需要和不平衡不充分的发展之间的矛盾"，中央进一步提出了作为现阶段我国经济社会发展之鲜明主题的"高质量发展"。其实，从共同富裕的视角来看，无论是"新发展理念"和"高质量发展"的提出，还是"脱贫攻坚"任务的提出与开展，都可以看

---

[*] 谢超，上海社会科学院经济研究所助理研究员，研究方向为马克思主义政治经济学、中国特色社会主义政治经济学。

作是党中央扎实推动共同富裕的初步战略部署。2020年底,脱贫攻坚战的最终胜利标志着我国进入了全面建设社会主义现代化国家、向第二个百年奋斗目标进军的"新发展阶段"。所以,当下的共同富裕是作为脱贫攻坚的巩固与延续的共同富裕,是站在新发展阶段这一新的历史起点上的共同富裕。在新发展阶段,作为关乎党的执政基础的重大问题,共同富裕不再是一个相对抽象、笼统的价值追求,而是实实在在、具体明确的战略目标与工作任务。必须把促进全体人民共同富裕摆在更加重要的位置,脚踏实地、久久为功,向着这个目标更加积极有为地努力,以推动"全体人民共同富裕取得更为明显的实质性进展"[1]。党的二十大报告进一步提出,"中国式现代化是全体人民共同富裕的现代化"[2]。

在这样的政策背景下,"共同富裕"一跃成为理论界近年来的一项焦点论题。通过"中国知网(CNKI)数据库"的检索,2020年1月1日至2024年1月1日,以"共同富裕"为主题的C刊期刊论文共计4807篇。同期,也涌现出了一批以"共同富裕"为主题的论著,其中不乏一些知名学者的权威论著,如厉以宁等著的《共同富裕:科学内涵与实现路径》(中信出版集团2021年版)、刘元春等著的《读懂共同富裕》(中信出版集团2022年版)、郑永年著的《共同富裕的中国方案》(浙江人民出版社2022年版)、高培勇等著的《共同富裕论纲》(广东人民出版社2022年版)等。上述研究全面涵盖了共同富裕的历史源流、理论内涵、主要任务、重点难点、实现路径等各个方面,具有重要的理论与实践价值。其中,围绕着共同富裕理论内涵问题的相关文献是本文试图评述的对象。其实,只有先梳理、评述理论界关于共同富裕内涵的纷繁复杂的观点,把握共同富裕的丰富内涵,才能为在实践中扎实推动共同富裕提供更坚实的理论基础。更重要的是,共同富裕的内涵并非一成不变,而是随着社会主义市场经济实践的变化而变化。所以,在政治经济学理论层面,共同富裕的内涵问题也应持续受到关注,从而为在实践中持续推动共同富裕提供理论指导。本文首先全面总结了理论界近年来围绕共同富裕内涵所形成的共识,接着,重点梳理并评论了关于共同富裕内涵的主要理论争议。最后,探索了理论争议背后的"范式之争",以及达成更高层次共识的可能性。

---

[1] 《中共中央关于制定国民经济和社会发展第十四个五年规划和二〇三五年远景目标的建议》,《人民日报》2020年11月4日。

[2] 习近平:《高举中国特色社会主义伟大旗帜 为全面建设社会主义现代化国家而团结奋斗》,《人民日报》2022年10月26日。

一、关于共同富裕内涵的共识的总结

通过全面梳理相关文献发现，理论界就共同富裕的内涵达成了以下基本共识。这些共识观点基本上都来自中央关于共同富裕内涵的规定，以及围绕这些规定的进一步理论阐述。

第一，共同富裕的基本内涵。

共同富裕是中国式现代化的重要特征。共同富裕的实现，必须坚持党的领导，坚持以人民为中心，并以坚实的物质基础为根本前提。所以，推动共同富裕要把高质量发展与充分就业放在首位，不断"做大蛋糕"。而且，由于人民的美好生活需要具有广泛性与多样性，共同富裕是物质富裕与精神富裕相统一的"全面富裕"，是每个人的全面发展，是经济、政治、文化、社会与生态文明建设的全面推进。从物质层面看，共同富裕的衡量标准主要包括收入、财富和公共服务。

共同富裕不是少数人和少数地区的富裕，而是全体人民的共同富裕。共同富裕不是平均主义，也不意味着剥夺合法私有财产的"劫富济贫"。从"共同"的角度看，推动共同富裕主要包括以下方面：（1）缩小居民收入与财富差距；（2）缩小城乡、区域、行业间收入差距；（3）扩大中等收入群体比重，形成"中间大、两头小"的橄榄型收入分配结构；（4）提高低收入群体收入；（5）多渠道增加居民财产性收入；（6）保护合法收入，调节过高收入，取缔非法收入；（7）规范收入分配秩序，规范财富积累机制；（8）提高基本公共服务均等化与可及性程度；（9）治理相对贫困；（10）推进充分就业。

"富裕"与"共同"，即"发展"与"共享"，或"做大蛋糕"与"分好蛋糕"，是有机统一、相互促进的关系。从马克思主义经济学的视角来看，二者的关系本质上是生产力与生产关系之间辩证统一的关系。要兼顾"富裕"与"共同"，必须以"共建共享"为基础。"共建共享"即充分发挥全体人民的主动性、积极性和创造性，鼓励全体人民的共同参与和奋斗（尤其是通过辛勤劳动和创新创业致富），并将由此创造出的发展成果更多、更公平地惠及全体人民。所以，与西方福利国家模式不同，中国特色的共同富裕道路并非政府包揽下的"过度福利"。

共同富裕不是各地区、各群体间同步或同等富裕的过程，而只能是一个伴随着地区、群体间差异的过程，即承认合理差距的"差别富裕"。而且，共同富裕是阶段性目标与长远目标的统一。推动共同富裕，要在系统性思维和方法的指导下，建立阶段性的行动目标，循序渐进、量力而行，既不能急于求成，也不能无所作为。

在此基础上，还可以进一步将基本经济制度、效率与公平的关系，以及"第三次分配"纳入共同富裕的内涵中。

第二，共同富裕与基本经济制度。

在所有制问题上，公有制为共同富裕的实现提供了根本性的保障。因此，必须坚持公有制的主体地位。在分配方式问题上，要坚持"按劳分配为主体，多种分配方式并存"。一方面，占主体地位的按劳分配能有效抑制过大的收入差距。为此，要保护劳动所得，提高劳动报酬在初次分配中的比重，增加初次分配中居民收入相对于政府收入与企业利润的份额。另一方面，按要素分配能有效调动各类市场主体的积极性。为此，要健全各类要素由市场评价贡献、按贡献决定报酬的机制，以激发市场活力。在坚持与完善社会主义市场经济体制问题上，关键是要处理好政府与市场的关系。共同富裕的推动有赖于"有效市场"和"有为政府"的有机结合。"有效市场"的核心在于"发挥市场在资源配置中的决定性作用"。为此，要构建全国统一大市场，深化要素市场化改革，建设高标准市场体系。就"有为政府"而言，政府至少要在再分配环节中发挥重要作用——政府要通过财税、社会保障、转移支付等制度，充分发挥调节收入分配的重要作用，以弥补初次分配中所形成的收入差距。而且，还要通过不断完善这些制度，提高政府调节作用的力度与精准性。

第三，共同富裕与效率和公平的关系。

推动共同富裕需要处理好效率与公平的关系。从"效率"的视角看，只有不断提高经济效率，才能持续地"做大蛋糕"。为此，必须以市场在资源配置中的决定性作用为前提，推动高质量发展，以克服不平衡不充分发展的问题，满足人民日益增长的美好生活需要。从"公平"的视角看，只有贯彻收入分配中的各类公平原则，才能"分好蛋糕"，并扎实推动共同富裕。一方面，"结果公平"旨在"使改革发展成果更公平地惠及全体人民"，即通过以再分配为主的各类手段，实现收入与财富分配结果的公平、基本公共服务均等化等目标；另一方面，"机会公平"和"权利公平"则要求人人应享有平等参与市场竞争、平等发展（致富），并平等获得基本公共服务的权利与机会。二者的实现有赖于增加教育与人力资本投资，打破阶层固化、促进阶层垂直流动等措施。总体上看，处理好效率与公平的关系的一个重要方面，就是构建初次分配、再分配、第三次分配协调配套的制度体系。

第四，"第三次分配"及其内涵。

自党的十九届四中全会正式提出"第三次分配"之后，理论界对其内涵达成了基本共识："第三次分配"是企业、社会组织或个人以利他道德动机或社会责任动机为驱动，在非强制的自愿原则的基础上，通过慈善、募集、捐赠、资助、帮扶等形式进行的分配方式。

二、关于共同富裕内涵的主要理论争议：基于非公有制经济、三次分配和三次分配的原则的视角

关于共同富裕的内涵，理论界在一些问题上也存在着争议。文章从非公有制经济、三次分配，以及三次分配的原则这三类视角出发，系统梳理这些争议观点。

（一）非公有制经济视角下共同富裕内涵的争议

在非公有制经济的视角下，理论界的争议主要集中于非公有制经济在促进共同富裕中的作用，以及按劳分配是否适用于非公有制经济这两个问题。

第一，尽管不同学者在原则上均认同坚持"两个毫不动摇"对于推动共同富裕的重要意义，但仍存在着两派对立观点。一种观点强调，共同富裕的实现必须建立在公有制与按劳分配为主体的基础上，非公有制经济的发展往往会不可避免地带来贫富分化（李军林等，2021；吴文新等，2021）。刘国光（2011）与程恩富、张建刚（2013）进一步提出，我国居民收入份额长期偏低的主要原因在于过高的资本收入（非公有制企业的利润）的挤占。所以，对于共同富裕的实现，非公有制经济一定程度上只能起辅助性的作用。另一种观点则认为，在社会主义市场经济条件下，可以充分发挥非公有制经济发展生产力、创造社会财富的巨大作用（张菀洺等，2021；马艳等，2022；董志勇等，2022）。问题的关键在于，在考虑非公有制经济正负面影响的基础上，探索非公有制经济发展与共同富裕实现的协同路径（杨小勇等，2022；周文等，2022）。

第二，与上述争议直接相关的另一个争议是，按劳分配是否适用于非公有制经济。一些学者沿袭传统观点，认为按劳分配是公有制经济的分配原则，不适用于非公有制经济（周文等，2021；葛扬，2022；荣兆梓等，2024）。据此，有学者进一步提出，公有制经济占比的下降和非公有制经济占比的提升会冲击按劳分配的主体地位（刘佑铭，2017）。但也有不少学者认为，按劳分配完全可以适用于非公有制经济。周绍朋认为，按劳分配与所有制形式没有必然联系，所有制的区别体现为"剩余产品"的最终占有关系的差异——公有制与非公有制经济部门的"剩余产品"分别归国家（或社会）与资本所有者支配。在非公有制经济部门，有必要让劳动者参与一部分企业利润的分红，以体现按劳分配原则（周绍朋，2022）。王艺明（2019）与杜志章（2022）结合某企业的例子，进一步说明了这一点。阎天（2022）进一步从法学的角度，通过梳理、解析

相关的法律法规，论证了按劳分配在非公有制经济中的适用性。

此外，部分学者还借鉴马克思的"普照之光"理论（居于社会主导地位的所有制关系构成影响其他所有制关系的"制度环境"），将社会主义市场经济中的公有制经济（主要是国有经济）视为"普照之光"。受此影响，很多非公有制企业积极调整劳动者报酬，向劳动者进行各类形式的分红。这样，非公有制经济中的资本与劳动关系的对抗性减弱，劳动者的报酬也体现出了一定的按劳分配的性质（周绍东等，2021；王生升，2021；洪银兴，2022）。

（二）三次分配视角下共同富裕内涵的争议

在三次分配的视角下，理论界的争议主要集中于初次分配与再分配的地位、第三次分配的地位、政府在初次分配中的作用，以及三次分配与三者的主导机制的对应关系这四个问题。

第一，一些学者对于共同富裕推进过程中初次分配与再分配的地位问题存在分歧。有学者指出，在发达国家，再分配对于缩小初次分配阶段所形成的较大收入差距普遍起到了显著的作用。据此，要将收入分配结构调整至合理水平，根本上有赖于再分配的作用（蔡昉，2021）。但更多学者认为，再分配尽管有助于缩小收入不平等程度，但无法从根本上遏制收入差距扩大的趋势。所以，初次分配才是决定共同富裕能否实现的关键（侯为民，2021；郑永年，2022：98）。

第二，尽管理论界已就第三次分配的内涵基本达成了共识，但对于第三次分配在推动共同富裕中的地位问题，则存在明显分歧。一种观点认为"第三次分配"具有有效补充前两次分配的不足、促进精神层面的共同富裕，以及激发社会的活力与创新能力，激发共同富裕的内生动力等重要意义（李贤等，2021；邓国胜，2021；江亚洲等，2021）。但更多的学者认为，至少就现阶段而言，"第三次分配"对于收入分配状况的改善作用有限，仅仅是前两次分配的补充与辅助，不应夸大其促进共同富裕的作用（王绍光，2022；任剑涛，2022）。

第三，前文已经指出，在推动共同富裕的过程中，理论界普遍承认政府在再分配过程中的重要作用。然而，一个具有很大争议的问题是，除了再分配领域，政府是否还应在初次分配中发挥重要作用？一种观点强调，初次分配应以市场机制为主导。政府的作用主要体现于保护私人产权、维护规则与机会公平等保障初次分配顺利进行的基础性条件的构建方面（田国强，2021；唐任伍等，2022）。另一种观点则强调，初次分配不能完全由市场决定，政府的作用也不能局限于上述基础性条件的建构方面，还应涉及对于初次分配过程的能动调节。例如，市场机制的自发作用往往不可避免地带来资本相对于劳动的强势地位，从而导致劳动报酬在初次分配中的比重偏低。对此，政府要自觉地发挥调节作用，提高初次分配中的劳动报酬占比，构建和谐的劳动关系（侯为民，2020；王绍光，2021；逢锦聚，2022）。再例如，在初次分配中，政府还有必要规范巨额资本要素收入，并打击各类非法收入，以维护正常的市场经济秩序（陈宗胜，2021）。

第四，关于三次分配与三者主导机制的对应关系的争议是上一个争议点的延伸。一些学者提出，可以将作为"第三次分配"主导机制的社会纳入政府与市场的关系中。在此基础上，作为主导机制的三者可以同三次分配一一对应起来，即"初次分配靠市场，再分配靠政府，第三次分配靠社会"（唐任伍等，2022；余森杰等，2022；席恒等，2022；马文武等，2023）。但也有不少学者从不同角度批评了这一观点。首先，初次分配虽然会受到市场调节的影响，但本质上决定于特定的生产关系，尤其是生产资料所有制（刘灿，2022）。其次，再分配与第三次分配都离不开市场机制的协助作用（武建奇，2021）。例如，政府在提供一些公共物品与服务时，可以在保证分配公平的前提下，适当引入（非公有）资本及相应的市场机制，以及社会的力量，以提升这些公共产品与服务的供给能力（代志新等，2023）。此外，"第三次分配"也需要政府的引导作用（万海远，2022；周绍东等，2022）。例如，在慈善组织的构建与行动中的引导，以及税收制度中关于捐赠行为的税收抵免等方面，政府都可以发挥重要作用（朱恒鹏等，2021；庞凤喜等，2022）。崔之元（2022）进一步提出，"政府主导"和"社会主导"是对再分配与第三次分配内涵的简单化。再分配往往是各种政治与社会力量博弈的结果，不能简单归纳为"政府主导"；第三次分配主要决定于特定的文化与价值观，也不能简单归纳为"社会主导"。

（三）三次分配的原则视角下共同富裕内涵的争议

在三次分配的原则视角下，理论界的争议主要集中于三次分配与三次分配的原则的对应关系，以及"分配正义"这两个问题。

第一，尽管理论界普遍强调要处理好效率和公平的关系，但关于效率、公平和道德原则与三次分配的对应关系，依然是理论界争论的重要问题。这一问题本质上是上一个争议点的延伸。"初次分配靠市场，再分配靠政府，第三次分配靠社会"暗含了初次分配、再分配与第三次分配应分别由效率、公平和道德原则主导的观点。一些学者强调，初次分配应遵循效率优先原则，公平原则主要适用于再分配领域（李海舰等，2021；刘元春等，2021；谢志华，2023；杨灿明，2023）。对此，不少学者进一步延续了上一个争议点中的批评思路。首先，初次分配需要兼顾效率与公平。这与政府应在调节初次分配过程中发挥更好作用的观点相呼应（孟鑫，2020；马建堂，2022：117—118）。其次，再分配过程也需要注重效率。很多旨在调节收入分配的财政支出项目都需要考虑财政资金的使用效率问题，以更好地服务于共同富裕（魏众，2021）。最后，第三次分配尽管由道德动机驱动，但也不能忽视效率与公平的作用（蒋南平等，2022）。而且，道德因素不只关乎第三次分配，对于维系三次分配的正常运转都是必不可少的（任剑涛，2022）。所以，在整个分配过程中，都需要兼顾效率、公平与道德（逄锦聚，2022；郑永年，2022：117—118）。

第二，"分配正义"问题是分配公平问题的进一步延伸。部分学者从初次分配层面的所有制及其决定的分配制度的角度探讨了分配正义的实现问题。他们认为，真正意义上的分配正义只有到了共产主义高级阶段才会实现。在社会主义初级阶段，分配正义只能通过不断巩固公有制的主体地位，贯彻按劳分配原则，并保障劳动收入来实现（刘长明等，2021；张占斌等，2022；王鑫，2022）。而且，社会主义初级阶段分配正义的实现有赖于按劳分配原则与社会主义市场经济体制的结合，以及初次分配、再分配、第三次分配协调配套的基础性制度安排的构建（陈旭等，2022）。另一些学者则强调基于再分配的"结果矫正"来实现分配正义。这种"矫正正义"的必要性在于，由于市场经济条件下收入与劳动贡献的不完全匹配，以及个体能力的差异，仅依靠初次分配难以实现分配正义（唐任伍等，2022；吴昊天等，2023）。郁建兴、任杰（2021）进一步借鉴罗尔斯、诺齐克与阿玛蒂亚·森的正义理论指出，一方面，即使在很高程度的起点与过程公平的情况下，仍然可能会出现明显的结果不平等，从而引发一系列经济社会问题；另一方面，起点与过程不公平也无法被完全识别并消除。所以，通过再分配的矫正以实现结果公平，具有重要的现实意义。

李军林、许艺煊（2021）进一步触及了更深层次的分配正义的评判标准问题，即怎样的分配才符合正义标准。一方面，从"与特定生产方式相适应与否"的角度判断，在基本经济制度与基本分配制度确立的背景下，改革开放以来居民收入差距的扩大具有必然性与正当性；另一方面，社会主义初级阶段依然存在的私有制条件下的收入差距扩大则是非正义的。但只要坚持公有制的主体地位和共同富裕道路，就能维护社会主义的分配正义。

进一步地，本文从"三次分配"与"三对关系"（发展与共享、效率与公平、政府与市场的关系）的两类维度，用表格的形式更直观地呈现关于共同富裕内涵的共识与主要理论争议，如表1所示。

表1　基于"三次分配"与"三对关系"的共同富裕内涵的共识与主要理论争议

	初次分配	再分配	第三次分配
发展与共享的关系	共同富裕以坚实的物质基础为前提； "发展"与"共享"是相互促进、有机统一的关系，兼顾二者要以"共建共享"为基础； 推动共同富裕，要坚持公有制的主体地位，坚持并完善"按劳分配为主体，多种分配方式并存"，以及坚持并完善社会主义市场经济体制； （争议）非公有制经济在促进共同富裕中的作用；按劳分配是否适用于非公有制经济		（争议）第三次分配在推动共同富裕中的地位
	共同富裕是"全面富裕"，是全体人民的共同富裕，不是平均主义、劫富济贫； 物质层面的富裕的衡量标准主要包括收入、财富和公共服务； 推动共同富裕主要包括缩小居民收入与财富差距、缩小城乡和区域间收入差距、扩大中等收入群体比重、提高低收入群体收入、提高基本公共服务均等化与可及性程度等内容； 共同富裕是伴随着地区、群体间差异的渐进过程		
	（争议）初次分配与再分配在推动共同富裕中的地位		
效率与公平的关系	从"效率"的视角看，必须不断解放发展生产力，实现高质量发展，以努力克服发展的不平衡不充分问题，满足人民日益增长的美好生活需要； "机会公平"和"权利公平"：人人应享有平等参与、平等发展（致富），并平等享有基本公共服务的权利与机会	结果公平：通过以再分配为主的各类手段，实现收入与财富分配结果的公平、基本公共服务均等化等目标，使"改革发展成果更公平地惠及全体人民"	
	处理好效率与公平的关系，需要"构建初次分配、再分配、第三次分配协调配套的制度体系"； （争议）三次分配与三次分配原则的对应关系问题； （争议）"分配正义"的实现与评判标准问题		
政府与市场的关系	"有效市场"："发挥市场在资源配置中的决定性作用"，要构建全国统一大市场，深化要素市场化改革，建设高标准市场体系； （争议）政府是否应在初次分配中发挥重要作用	"有为政府"：政府至少要在再分配环节中发挥重要作用	
	（争议）三次分配与三者的主导机制的对应关系问题		

三、关于共同富裕内涵的理论争议的评论

根据上文的梳理可以发现，新发展阶段背景下共同富裕的内涵具有系统性和丰富

性的特征。其实,共同富裕内涵不断系统化和丰富的过程,也是理论界与政策界在全面总结社会主义市场经济的发展经验的基础上,对共同富裕的认识不断深化的过程。对于共同富裕内涵的共识部分,相关研究已经日臻完善。相比之下,更重要的任务是深入评论围绕共同富裕内涵的主要理论争议。

第一,关于非公有制经济在促进共同富裕中的作用的争议。持倾向于否定态度的观点似乎过于强调所有制形式的差别,从而不利于在实践中充分发挥非公有制经济促进共同富裕的作用。相比之下,在中央反复强调非公有制经济的重要地位的背景下,持肯定态度的观点显然更合理一些。

进一步考察持倾向于否定态度的观点会发现,其隐含的理论基础是,所有制性质仅仅决定于名义上的所有制形式(生产资料的名义归属)和剩余价值的分配方式。然而,所有制性质还决定于剩余价值的使用方式(孟捷,2018;卢荻,2019)。早在党的十六大报告中,中央就将各市场主体(尤其是非公有制经济主体)在政治上先进与落后的标准与这些市场主体财产的来源,以及对其财产的支配与使用方式联系起来。[①]实际上,任何一种所有制都具有特殊性(阶级性)和一般性(社会性),后者很大程度上取决于剩余价值的使用方式。如果将剩余价值用于生产性投资和创新,就可以很好地体现出这种所有制的"社会性"(孟捷,2018)。

在计划经济时期的国民收入分配中,存在着劳动者的"当前利益"与"长远利益"的矛盾(蒋学模,1962:11;中国《资本论》研究会综合学术组,1983:80—81)。这一矛盾同样存在于社会主义市场经济条件下的国民收入分配中。而将剩余价值尽可能地用于生产性投资与创新,就是协调上述矛盾,以服务于共同富裕大局的重要手段。具体来说,在社会主义市场经济中,发轫于个别企业的创新的不断扩散最终会带来全社会劳动生产率的普遍增长,以及劳动力再生产所需消费品价值的普遍下降,从而同时为剩余价值率的提升与实际工资的增长创造了条件。这样,在社会主义国家保障劳动者工资水平稳定的基础上,资本越是将剩余价值用于生产性投资和创新,劳资之间对抗性的剥削关系就越能让位于由资本主导的剩余再分配关系(林炎志,2021;孟捷,2022)。很显然,后一种分配关系着眼于劳动者与社会的"长远利益",与"共同富裕"的内涵相契合。所以,问题的关键不在于持倾向于否定态度的观点所提到的非公有制企业利润挤占作为"当前利益"的居民收入,而在于企业利润(剩余价值)的使用方式。在社会主义市场经济中,无论是公有还是非公有资本,只要将剩余价值尽可能用

[①] 《十六大以来重要文献选编(上)》,中央文献出版社2005年版,第12页。

于生产性投资和创新，都应被视为推动共同富裕的重要力量。

第二，关于按劳分配是否适用于非公有制经济的争议。持否定态度的传统观点似乎仅将按劳分配理解为与按要素分配并列的分配方式了，而没有将其理解为分配正义的"原则"。然而，在社会主义初级阶段，按劳分配不仅是公有制经济部门的分配方式，更是适用于全社会所有经济部门的分配正义的原则（孟捷，2021；邱海平，2022）。前文的梳理表明，持肯定态度的观点主要从非公有制企业劳动者参与企业剩余分配的实践的角度论证按劳分配原则在非公有制经济中的适用性。这些观点相对于传统观点是一个重要突破，但仍停留于"当前利益"层面上的剩余价值的分配关系问题，未涉及更深层次的剩余价值的使用方式问题。

上文提到的、基于剩余价值创新性用途的"由资本主导的剩余再分配关系"，可以更好地说明按劳分配原则的适用性问题。根据马克思的设想，在未来共产主义社会的第一阶段，除了将每个个体对社会贡献的劳动量作为分配消费品的唯一依据（即列宁所概括的"按等量劳动领取等量产品"），"按劳分配原则"还规定，社会总产品要包含一部分扣除项目，以服务于社会总体利益。其中，最重要的扣除是"用于扩大生产的追加部分"，即积累。在共产主义社会第一阶段，这种积累职能由社会承担（孟捷，2020）；而在社会主义市场经济中，这一职能就由包括非公有制资本在内的各类资本来承担。这样，即使存在非公有制资本对劳动者"当前利益"层面的剥削，但只要各类资本很好地承担了为社会而积累的职能，马克思所设想的按劳分配原则就会在一定程度上实现于社会主义市场经济。换言之，在社会主义市场经济中，剩余价值越是被用于生产性投资和创新，按劳分配原则就越适用于包括非公有制经济部门在内的全社会。

第三，关于"分配正义"问题的讨论。在前文所梳理的相关研究中，一方面，从根本上看，社会主义初级阶段分配正义的实现建立在生产资料公有制和按劳分配的基础上，非公有制经济中的剥削是非正义的；另一方面，在社会主义初级阶段的背景下，非公有制经济存在的必要性决定了这种非正义是不可避免的。这样，只有在坚持公有制与按劳分配原则的基础上，通过提高初次分配中的劳动收入份额，以及强有力的再分配手段（"矫正正义"），才能实现分配正义。

在马克思那里，评判"分配正义"，不仅包括超越既定生产方式（超越历史）的"价值合理性"的标准，还包括在既定生产方式内部的"生产力进步"的标准，即一种生产方式在多大程度上推动了生产力发展（孟捷，2016：230—259；周文等，2022）。所以，评判分配正义不能只以所有制性质为依据，更要参考剩余价值的使用方式。上文的分析已经表明，如果剩余价值被用于生产性投资和创新，就能形成有利于劳动者

"长远利益"的"由资本主导的剩余再分配关系"。那么，即使是非公有制资本对劳动者"当前利益"层面的剥削行为，也可以视为符合分配正义的标准。

第四，关于初次分配和再分配的地位问题、第三次分配的地位问题与政府在初次分配中的作用问题的争议。首先，从马克思主义经济学的视角来看，相对于再分配，根本上决定于生产资料所有制的初次分配当然具有更根本性的地位。认为再分配具有更根本性地位的观点本质上是对初次分配中的问题的回避。而且，这一派观点所强调的发达国家的经验也不能直接拿来套用。我国的基本经济制度与发达国家存在根本性的差异。发达国家的资本主义私有制必然会带来初次分配的严重两极分化，所以，再分配的重要作用才会凸显出来。更重要的是，我国的基本经济制度决定了初次分配过程中也要更好地发挥政府的调节作用。另外，就对于推动共同富裕的重要性而言，"第三次分配"不可与前两次分配同日而语。在目前的经济社会发展阶段，要充分发挥第三次分配促进共同富裕的作用，应该先从培育第三次分配所依赖的社会文化环境，以及推进"社会建设"入手。

第五，关于三次分配与三种主导机制，以及三次分配的原则的对应关系问题的争议。其实，中央对这一问题也早有涉及。党的十八大以来，中央就已经明确要在初次分配中兼顾效率与公平。习近平总书记在中央政治局第三十八次集体学习时再次强调，要"注重经济发展的普惠性和初次分配的公平性"[①]。很显然，坚持"初次分配靠市场，遵循效率优先原则，再分配靠政府，遵循公平原则"的观点，是初次分配中政府只应发挥有限作用的观点的延续，并不符合中央的政策精神。另外，通过梳理针对上述"一一对应关系"的批判观点可以发现，三次分配的全过程均离不开市场、政府与社会的作用，也都需要兼顾效率、公平与道德。所以，三次分配及其相对应的原则与三种主导机制之间不是一一对应的关系，而是交错对应的关系，坚持"一一对应关系"的观点显然将问题简单化了。这也表明，在现代市场经济中，收入分配过程"内嵌于"整个社会再生产过程，是一个复杂的系统性问题。

通过总结对于前三点理论争议的评论，可以发现，将剩余价值用于生产性投资与创新，可以体现非公有制"社会性"的一面，助力非公有制经济促进共同富裕的作用，还能促进按劳分配原则在全社会经济部门的贯彻，以及社会主义初级阶段"分配正义"的实现。而促使资本将剩余价值用于生产性投资与创新的关键，在于"规范和引导资本健康发展"。在资本主义生产方式中，由于难以在根本上规范和引导资本的行为，剩

---

① 《依法规范和引导我国资本健康发展　发挥资本作为重要生产要素的积极作用》，《人民日报》2022年5月1日。

余价值被用于生产性投资和创新也无法得到根本上的保证。但在社会主义市场经济中，包括党与政府在内的各类社会主义制度因素可以发挥强有力的规范和引导作用，促使资本将剩余价值尽可能地用于生产性投资与创新（孟捷，2018），使资本的逐利本性尽可能地服务于社会主义市场经济发展的整体要求（顾海良，2022）。

通过总结对于后两点理论争议的评论，可以发现，一方面，要重视初次分配在推动共同富裕中的根本地位，并努力实现初次分配过程中效率与公平的兼顾。为此，必须坚持基本经济制度，充分发挥市场在资源配置中的决定性作用，更好地发挥政府的作用，尤其要更好地发挥政府在初次分配过程中的调节作用，以更扎实地推动共同富裕。另一方面，三次分配、三次分配的原则与三种主导机制之间的交错对应关系意味着，在任何一个分配环节，对某一原则和某一主导机制的过度侧重和强调都是不合理的。所以，如何通过适当引入市场机制提高再分配部分环节的效率，并将效率和公平原则引入第三次分配，充分发挥市场和政府在第三次分配中的重要协助作用，以及如何在前两次分配中体现社会的作用和道德原则，均是有待进一步探索的理论与实践问题。

四、尾论：关于共同富裕内涵的理论争议背后的范式之争及达成更高层次共识的可能性

进一步分析关于共同富裕内涵的理论争议会发现，大部分理论争议的背后是不同理论范式之间的差异，具体来说：

对于"非公有制经济在促进共同富裕中的作用"问题的争议，持倾向于否定态度的观点很明显体现出了社会主义政治经济学旧范式的特征，即从名义上的所有制形式及剩余价值的分配方式界定所有制的性质。当然，正如简新华、聂长飞（2023）指出的，在持肯定态度的观点中，也存在滑向另一个极端的可能性，即过于强调非公有制经济推动共同富裕的积极作用，而弱化其消极作用。这种观点多为主流的新古典经济学范式所推崇。同样地，在关于"按劳分配是否适用于非公有制经济"问题的争议中，持倾向于否定态度的观点将"按劳分配"和"按要素分配"分别与公有制经济和非公有制经济严格对应起来，也鲜明体现了社会主义政治经济学旧范式的特征。此外，在关于"分配正义"问题的争议中，将非公有制经济中的剥削直接等同于分配"非正义"的观点也属于社会主义政治经济学的旧范式，尽管持这一观点的一些学者也看到了这种分配的"非正义"在社会主义初级阶段存在的必然性。

相比之下，本文关于上述三个问题的评论观点，则属于社会主义政治经济学的新范式。很显然，新范式既能更好地在共同富裕推进过程中接纳非公有制经济的作用，又在理论上为规范和引导非公有制资本推动共同富裕提供基本思路，从而同时与社会主义政治经济学旧范式和新古典经济学范式区别开来。其中，新范式对于非公有制经济作用的接纳，是在剩余价值使用方式分析的基础上，通过为发挥非公有制经济推动共同富裕的作用、将按劳分配原则运用于非公有制经济，以及将非公有制经济同"分配正义"相并存扫清理论障碍而实现的。

其他争议问题则主要体现了社会主义政治经济学（包括新旧范式）与新古典经济学范式之间的分野。[1]认为政府在初次分配中的作用局限于构建保障初次分配顺利进行的基础性条件的观点，以及坚持"初次分配靠市场，遵循效率优先原则，再分配靠政府，遵循公平原则"的观点，带有很明显的新古典经济学范式的特征。这两种观点均极大地弱化了作为一种重要制度优势的政府（国家）在居于根本性地位的初次分配中的作用，不符合中国特色社会主义共同富裕道路的特征，难以用来指导共同富裕推进的实践。而且，上述两种观点还体现了新古典经济学关于经济（市场）和政治（政府）的"二分法"方法论，即视经济（市场）与政治（政府）为相互独立的领域。其实，现实中的经济（市场）与政治（政府）是相互融合、相互嵌入的关系（M. Godelier，1986：128；孟捷，2016：79—85；塞缪尔·鲍尔斯等，2018：130—131）。这就为政府在初次分配中发挥重要作用提供了坚实的方法论基础。更重要的是，上述两种观点的背后是"以资本为中心"的理论立场。很显然，在初次分配中过度强调市场机制的作用和效率原则的优先性，并弱化政府的作用和公平原则，不仅有利于资本在初次分配过程中攫取更多的剩余价值，还会鼓励资本从短期利润水平较低的生产性投资转向利润率普遍较高的非生产性投资和投机。这两方面的综合结果就是整体上的劳资收入差距不断扩大，从而有悖于共同富裕的内涵。相比之下，社会主义政治经济学以共同富裕为重要价值导向，突出了市场和政府，以及效率原则和公平原则在初次分配过程中的同等重要作用，充分体现了"以人民为中心"的理论立场。

总的来看，新古典经济学范式尽管接纳了非公有制经济在推动共同富裕中的作用，但由于其所秉承"以资本为中心"的理论立场，以及所采用的经济和政治的"二分法"方法论，往往会过度强调这一作用，并弱化政府（国家）在推动共同富裕的作用，尤其是政府在初次分配中的作用。社会主义政治经济学旧范式充分强调了"有效市场"

---

[1] 认为再分配的重要性高于初次分配的观点，以及过于强调第三次分配的重要性的观点，更大程度上应该是未能充分把握收入分配和共同富裕基本理论问题的体现。

和"有为政府"在推动共同富裕中的作用,尤其是政府在初次分配中应发挥的重要作用,但也为非公有制经济推动共同富裕的作用设置了较多的理论障碍。相比之下,社会主义政治经济学新范式批判继承了上述两种理论范式,并超越了二者。所以,相对于新古典经济学范式和社会主义政治经济学旧范式,社会主义政治经济学新范式能更深刻地揭示出共同富裕的内涵,从而能更好地助力共同富裕推进的实践。

那么,关于共同富裕内涵的理论争议,分属于三种不同理论范式的各类观点达成更高层次共识的可能性有多大?实际上,这种可能性取决于新古典经济学范式和社会主义政治经济学旧范式在多大程度上能为更具优势的社会主义政治经济学新范式所吸收。一方面,对于共同富裕的内涵,要坚持社会主义政治经济学新范式区别于另外两种范式的独特观点;另一方面,可以积极吸收另外两种理论范式中的合理观点,以进一步丰富共同富裕的内涵。例如,对于"再分配也应重视效率,并适当引入市场机制"的观点,虽然带有一些新古典经济学范式的特征,但可以为社会主义政治经济学新范式所借鉴。很显然,这一观点同财税体制改革密切相关。再例如,对于社会主义政治经济学旧范式中倾向于否定非公有制经济推动共同富裕的作用的观点,尽管失之偏颇,但由此引申出的规范和引导非公有制资本的命题也值得新范式借鉴,并使之成为推动共同富裕的应有之义。

参考文献

[1] 蔡昉:《共同富裕三途》,《中国经济评论》2021年第9期。

[2] 陈旭、郭栋:《共同富裕的正义体系及其法律实现》,《法治社会》2022年第3期。

[3] 陈宗胜:《综合运用经济发展、体制改革及分配举措推进共同富裕》,《经济学动态》2021年第10期。

[4] 程恩富、张建刚:《坚持公有制经济为主体与促进共同富裕》,《求是学刊》2013年第1期。

[5] 崔之元:《"新三位一体":供给侧结构性改革,双循环和共同富裕》,《清华金融评论》2022年第3期。

[6] 代志新、魏天骐、马睿文:《实现共同富裕的理论逻辑、关键问题与实践路径》,《经济学家》2023年第5期。

[7] 邓国胜:《第三次分配的价值与政策选择》,《人民论坛》2021年第16期。

[8] 董志勇、王也:《新时代背景下共同富裕的特征阐释与实现路径——基于供给侧和需求侧的视角》,《政治经济学评论》2022年第5期。

[9] 杜志章:《新时代"共同富裕"的新语境和新要求》,《湖北大学学报》(哲学社会科学版)2022

年第3期。

[10] 葛扬：《在分配制度不断完善中推进共同富裕的社会主义现代化》，《福建论坛》（人文社会科学版）2022年第4期。

[11] 顾海良：《马克思"资本一般"和"许多资本"理论与中国资本问题研究》，《马克思主义理论学科研究》2022年第8期。

[12] 洪银兴：《以包容效率与公平的改革促进共同富裕》，《经济学家》2022年第2期。

[13] 侯为民：《共同富裕取得实质性进展的若干理论问题》，《当代经济研究》2021年第12期。

[14] 侯为民：《论社会主义基本经济制度范畴中的分配因素》，《经济纵横》2020年第9期。

[15] 简新华、聂长飞：《必须正确认识共同富裕及其实现途径——共同富裕的政治经济学学理性解读》，《政治经济学评论》2023年第4期。

[16] 江亚洲、郁建兴：《第三次分配推动共同富裕的作用与机制》，《浙江社会科学》2021年第9期。

[17] 蒋南平、张明明：《论新时代共同富裕的基本经济制度作用》，《人文杂志》2022年第9期。

[18] 蒋学模：《社会主义的分配》，上海人民出版社1962年版。

[19] 李海舰、杜爽：《推进共同富裕若干问题探析》，《改革》2021年第11期。

[20] 李军林、许艺煊：《中国居民收入分配格局的演变与原因——基于马克思主义政治经济学的考察》，《南开经济研究》2021年第1期。

[21] 李贤、崔博俊：《共同富裕视角下的慈善活动》，《思想战线》2021年第6期。

[22] 林炎志：《驾驭资本——社会主义市场经济的政治经济学》，《文化纵横》2021年第3期。

[23] 刘灿：《中国特色社会主义收入分配理论》，《政治经济学评论》2022年第4期。

[24] 刘国光：《关于国富、民富和共同富裕问题的一些思考》，《经济研究》2011年第10期。

[25] 刘佑铭：《论中国特色社会主义收入分配制度》，《学术研究》2017年第4期。

[26] 刘元春、刘晓光：《在三大超越中准确把握共同富裕的理论基础、实践基础和规划纲领》，《经济理论与经济管理》2021年第12期。

[27] 刘长明、董庆强：《共同富裕何以可能——基于马克思主义政治经济学维度的考察》，《当代经济研究》2021年第12期。

[28] 卢荻：《"积累"革命——新中国经济变革的现代化目标和社会主义追求的矛盾统一》，《东方学刊》2019年第3期。

[29] 马建堂：《奋力迈上共同富裕之路》，中信出版集团2022年版。

[30] 马文武、况成兰：《第三次分配的科学内涵、理论逻辑与时代价值》，《政治经济学评论》2023年第4期。

[31] 马艳、冯璐、宋欣洋：《我国非公经济对共同富裕影响作用的理论分析》，《经济纵横》2022年第5期。

[32] 孟捷：《党的领导与社会主义市场经济中的国家经济治理》，《理论月刊》2021年第9期。

[33] 孟捷:《历史唯物论与马克思主义经济学》,社会科学文献出版社2016年版。

[34] 孟捷:《社会主义初级阶段基本经济规律新论》,《学术月刊》2022年第12期。

[35] 孟捷:《相对剩余价值生产与现代市场经济——迈向以〈资本论〉为基础的市场经济一般理论》,《政治经济学报》2020年第2期。

[36] 孟捷:《中国特色社会主义政治经济学学理化的若干问题——兼评张宇等著〈中国特色社会主义政治经济学〉》,《政治经济学报》2018年第3期。

[37] 孟鑫:《新时代我国走向共同富裕的现实挑战和可行路径》,《东南学术》2020年第3期。

[38] 庞凤喜、郑铿城:《三次分配、财政政策工具与共同富裕》,《财政科学》2022年第7期。

[39] 逄锦聚:《在建设社会主义现代化中协同推进共同富裕》,《政治经济学评论》2022年第1期。

[40] 邱海平:《社会主义分配理论的创新发展》,《马克思主义与现实》2022年第4期。

[41] 任剑涛:《发展结构之变:"共同富裕"的宏观论题》,《理论探讨》2022年第3期。

[42] 荣兆梓、王亚玄、李艳芬:《按劳分配与按要素分配关系的进一步探讨》,《教学与研究》2024年第1期。

[43] 塞缪尔·鲍尔斯、赫伯特·金蒂斯:《民主与资本主义》,商务印书馆2018年版。

[44] 唐任伍、李楚翘:《共同富裕的实现逻辑:基于市场、政府与社会"三轮驱动"的考察》,《新疆师范大学学报》(哲学社会科学版)2022年第1期。

[45] 唐任伍、孟娜、叶天希:《共同富裕思想演进、现实价值与实现路径》,《改革》2022年第1期。

[46] 田国强:《共同富裕:政府、市场与社会的不同角色》,《社会科学报》2021年9月30日。

[47] 万海远:《新发展阶段推进共同富裕的若干理论问题》,《东南学术》2022年第1期。

[48] 王绍光:《共同富裕与四次分配:国际比较及其启示(上)》,《经济导刊》2021年第12期。

[49] 王绍光:《共同富裕与四次分配:国际比较及其启示(下)》,《经济导刊》2022年第1期。

[50] 王生升:《在共享发展中正确处理促进共同富裕的三重关系》,《思想理论教育导刊》2021年第11期。

[51] 王鑫:《分配正义在社会主义中国:基于分配制度的考察》,《学海》2022年第2期。

[52] 王艺明:《从华为经验看社会主义公有制和按劳分配的新实现形式》,《财经智库》2019年第4期。

[53] 魏众:《以政策协同推动共同富裕取得实质性进展》,《中国党政干部论坛》2021年第11期。

[54] 吴昊天、袁洪亮:《唯物史观视域中共同富裕对正义的彰显》,《学术研究》2023年第2期。

[55] 吴文新、程恩富:《新时代的共同富裕:实现的前提与四维逻辑》,《上海经济研究》2021年第11期。

[56] 武建奇:《中国特色共同富裕理论的新境界》,《河北经贸大学学报》2021年第6期。

[57] 席恒、余澍:《共同富裕的实现逻辑与推进路径》,《西北大学学报》(哲学社会科学版)2022年第2期。

［58］谢志华：《论收入分配公平和效率的统一》，《北京工商大学学报》（社会科学版）2023年第1期。

［59］阎天：《宪法按劳分配规范的当代意涵》，《法学评论》2022年第1期。

［60］杨灿明：《规范财富积累机制应重点把握七大关系》，《中南财经政法大学学报》2023年第1期。

［61］杨小勇、余乾申：《新时代共同富裕实现与民营经济发展协同研究》，《上海财经大学学报》2022年第1期。

［62］余森杰、曹健：《新发展格局中的共同富裕》，《财政研究》2022年第1期。

［63］郁建兴、任杰：《共同富裕的理论内涵与政策议程》，《政治学研究》2021年第3期。

［64］张菀洺、刘迎秋：《开拓政治经济学中国话语新境界——中国民营经济理论的创新发展》，《中国社会科学》2021年第6期。

［65］张占斌、吴正海：《共同富裕的发展逻辑、科学内涵与实践进路》，《新疆师范大学学报》（哲学社会科学版）2022年第1期。

［66］郑永年：《共同富裕的中国方案》，浙江人民出版社2022年版。

［67］中国《资本论》研究会综合学术组：《〈资本论〉与社会主义经济》，人民出版社1983年版。

［68］周绍东、陈艺丹、张毓颖：《共同富裕道路上的中国特色第三次分配》，《经济纵横》2022年第4期。

［69］周绍东、陈艺丹：《社会主义市场经济中的"资本"范畴》，《政治经济学研究》2021年第3期。

［70］周绍朋：《对实现共同富裕的几点思考》，《行政管理改革》2022年第6期。

［71］周文、施炫伶：《共同富裕的内涵特征与实践路径》，《政治经济学评论》2022年第3期。

［72］周文、司婧雯：《民营经济发展与共同富裕》，《财经问题研究》2022年第5期。

［73］周文、肖玉飞：《共同富裕：基于中国式现代化道路与基本经济制度视角》，《兰州大学学报》（社会科学版）2021年第6期。

［74］朱恒鹏等：《深入学习贯彻习近平总书记"七一"重要讲话精神笔谈》，《经济学动态》2021年第8期。

［75］M. Godelier, 1986, *The Mental and The Material*, Verso.

乡村振兴专题

乡村振兴必须坚持正确的政治方向

于 涛[*]

为了落实习近平总书记"打造乡村振兴齐鲁样板"的重要指示和山东省委、烟台市委有关要求,烟台市委组织部于2017年4月开始,在全国率先提出"党支部领办合作社",通过做实党支部对农村经济的领导,把党的领导全面融入农村集体经济治理,在社会主义市场经济条件下重新把农民组织起来,发展壮大新型集体经济,为打造乡村振兴齐鲁样板进行了卓有成效的探索。经过持续努力,不仅实现了集体增收、群众致富,更重要的是提升了基层党组织的组织力,巩固了党的执政基础,加强了农村基层治理,闯出了一条把党的领导和发展壮大集体经济有机融合的乡村振兴路子。

到目前,已经有来自22个省份有关部门和地方的同志到烟台调研学习,有的省已经在全省推广,山东省委、吉林省委都在省第十二次党代会决议中明确写到要"推行党组织领办合作社"。《党的十九大以来党的基层组织建设工作综述》中专门讲到"不少地方开展党支部领办合作社发展集体经济示范行动,带动增收致富"。芜湖虽然我没有去过,但是看过很多资料,了解到这里的党支部领办合作社也搞得有声有色,令人喜悦。

一、"党支部领办合作社"的主要创新

党支部领办合作社是烟台的创新。不同于党支部书记领办合作社,也不同于"先有合作社、再把党支部设在合作社上",而是一套完整的制度体系。实质是党的领导全面融入农村经济发展和治理,以党的组织力带动农民组织起来。其创新主要表现在四个方面。

第一,让党支部成为农业合作化的引领力量。在中国,几乎每个村都有党支部、村委会、合作社,但在党的十八大之前的一个时期,不少村的党支部处于边缘化、配角的地位,这是农村许多问题的根源。党支部领办合作社,正是扭转了这个关系,让党的领导全面融入乡村治理。主要体现在:一是坚持合作社姓党。已经进行农村集体

---

[*] 于涛,山东省委第八巡视组组长、烟台市委组织部原部长。

土地确权登记的村,由股份经济合作社代表村集体注册成立农民专业合作社,并在党支部全面领导下开展工作。尚未进行农村集体土地确权登记的村,由村党支部书记代表村集体注册成立农民专业合作社,并明确这是职务行为,不是个人行为。二是坚持理事长在党。把"村党支部书记担任合作社理事长"写入合作社章程,保障合作社"姓公不姓私"。三是坚持决策权归党。明确合作社中集体占股为"金股",确保集体股保留决策权和否决权,利润分红由党支部和集体股主导,向普通社员特别是老弱病残倾斜。

第二,发挥党的影响力,把群众组织起来。历史表明,能否充分发动群众入社,并积极参与合作社的运营和管理,关系到合作社的成败。许多大户领办合作社是"强强联合",并没有把广大群众组织起来。只有党支部才有号召力和公信力,把群众充分发动起来。2017年起,面对上上下下的不同看法,烟台各级组织部门的同志通过深入细致的思想工作,充分说清楚为什么要发展集体经济、发展集体经济不是走回头路,先在干部中统一思想,然后按照"入社自愿、退社自由"的原则,充分宣传群众、动员群众,强力推进而不强迫推进,坚决不设置100%入社的数量指标,坚决不搞"一刀切""大呼隆",通过党支部成员示范带动以及入户动员、外出观摩、集中培训等方式,帮助群众算清入社前后的对比账,讲清一家一户单打独斗的瓶颈弊端,以看得见的利益提高群众入社率。

这其中有许多感人的故事,有的党支部书记为了吸引群众入社,无偿贡献了自己的资产,有的为了动员一户入社,到外地"三顾茅庐"做工作。从2017年试点到2020年在烟台全域推进,可以非常自信地说:每一名入社的群众,都是自觉自愿的。在莱阳市西石河头村,90%的群众都加入了合作社,从以前干旱时抢水浇地、大打出手,到现在发扬集体主义风格,先浇集体的地,再浇自家的地。有其他投资者给出更高的报价想流转群众的土地,但是没有群众加入。因为他们从党支部的行动中看到了为民干事的决心,坚定了跟党走的信心。在管理上,合作社的设立、章程的制定、分配方法的选择,都由入社群众讨论决定,这是全过程人民民主在农村的体现,也是私人领办的合作社做不到的。

第三,以生产关系变革解放生产力,发展现代农业和农村产业。习近平总书记指出,农业强国是社会主义现代化强国的根基,满足人民美好生活需要、实现高质量发展、夯实国家安全基础,都离不开农业发展。在新时代,随着人民群众美好生活需要日益丰富,农村一二三产业都有很大升级空间,但当前很多地方"统"的问题没解决好,导致交易成本过高,压抑了生产力。党支部领办合作社,实现了生产关系的变革,巩固和加强了集体所有制,有利于在更大范围优化配置资源。党支部把群众组织起来后,在群众推动下主动找项目、上项目,撬动了农村大量沉睡的资源,为经济发展注入了"流动性"。党支部领办合作社有利于实现整村甚至数个村、乡镇范围内的合作,扩大农村内循环和城乡之间的经济循环,有利于吸引和容纳城市和工商业部门的优秀人才和优质资源、资产、资金下乡,同农村生产要素更好地结合。烟台苹果主要是30多年前引种的第一茬果树,已到更新换代的瓶颈期,但一家一户资金有限。党支部领办合作社后,可以在较大范围内轮流土地、分批更新,到2020年底已改造老劣果园47.2万亩,3年内将梯次改造120万亩,首批领办合作社的栖霞市东院头村,2019年亩均分红5050元,村集体收入92万元,社员长期务工年均收入4万元,远高于简单依靠土地流转的收入。

第四,把党的制度建设延伸到合作社,确保规范运行。当前专业合作社存在的一些问题,一个重要原因是管理粗放、运行不规范,容易产生经营风险甚至化公为私。合作社规范运行要靠制度保障,这个制度就来自党组织的领导,来自党的制度建设延伸到合作社等农村集体经济组织。烟台市委组织部牵头出台《关于促进党支部领办合作社高质量发展实施意见》,在合作社注册、经营、分红等各环节,形成科学规范、闭环监管的内部治理体系。县级组织部门、农业农村部门和镇街党委对合作社逐个审核把关,对项目逐个科学论证,合作社所有重大事项最后都由党员和村民代表会议表决通过。同时,借鉴党政领导干部的选拔、培养、管理办法,加强村党支部书记队伍建设,培养出一大批优秀的集体经济带头人。这些都大大提升和规范了合作社的管理能力。

二、对中国特色社会主义乡村振兴道路的思考

习近平总书记指出,要"走中国特色社会主义乡村振兴道路","走自己的路,不简单照搬国外现代化农业强国模式"。这条路一定是区别于西方资本主义农村发展方式的一种新道路。我们既要学习美国、欧洲发达国家在规模化经营、农业技术进步、环境保护等方面的经验,也要吸取一些发展中国家实施土地私有化带来城乡差距、土地兼并、农业衰落的教训。在烟台探索的基础上,我们感到,中国特色社会主义的乡村振兴道路,应当有五个基本特征。

一是必须突出党的领导这个核心。正如习近平总书记指出的,中国特色现代国有企业制度,"特"就特在把党的领导融入公司治理各环节,把企业党组织内嵌到公司治

理结构之中，乡村振兴中也必须全面加强党的领导。

党支部领办合作社正是抓住党的领导这个中国特色社会主义最本质的特征，发挥党的政治优势和组织优势，带动合作社发挥经济优势和群众能动性，把党的领导融入集体经济组织各环节，把党组织嵌入合作社治理结构之中，用党支部这个"凝结核"把城乡各种资源整合起来，实现党建引领、抱团发展、规模经营、共同富裕。

我们提出一个公式："党的有组织 > 资本的有组织 > 小农的无组织"。乡村振兴必须把农民组织起来，更好地参与市场竞争和实施乡村治理，维护农民利益。这就要求党组织必须站出来承担这个责任，才能充分动员群众走合作化和共同富裕道路，才能确保合作社姓公不姓私，真正为最广大农民利益服务，才能赋予农民和农村强有力的组织、规范制度，确保合作社发展行稳致远。

在党支部领办的合作社，通过经济纽带把集体和群众紧紧连在一起，群众增强了对集体的信赖感，积极参加支部会和村民代表会议，广大基层干部也获得了多年没有的信任感、成就感。党建和业务、政治、经济真正实现了融合发展。

"党支部领办合作社"，本质是通过生产关系的调整优化促进生产力发展。把"组织振兴"作为乡村振兴的主要抓手（而不仅仅是政治保障），通过党组织的凝聚力建立新的生产关系，改变农村各类生产要素过于碎片化的问题，把分散的农民凝聚起来，把分散的资源凝聚起来。协作的过程本身就产生了新的生产力。生产关系的基础是生产资料所有制，在法律上，农村土地一直是集体所有的，但一段时间以来，集体对土地的所有权实际上虚化、淡化、边缘化、碎片化了，大部分村集体不再有力量去完整地行使集体产权的权利，党支部领办合作社的实质是把集体经济做实了，集体有能力集中力量办大事，也就容易得到村民的拥护。集体有了力量之后，就可以在整个集体范围内调配资源、进行分工，各尽所能、各得其所，通过优化生产过程中人与人的关系，提升了生产力。乡村振兴的五条要求，"组织振兴"虽然放在最后，但却是最重要的，是建立先进生产关系促进生产力的关键。一旦农村有了强大的集体经济，就有了自我循环发展的能力，那么再去从生产力的角度给予支持，对于资金、技术、人才，农村自己就能留住、用好，这就实现了先进生产力和生产关系的统一。

二是必须突出公有制这个基础。公有制为主体是中国特色社会主义的重要特征，是实现广大人民共同富裕的根本保障。如果实行土地私有制，不仅违反党的初心、愧对牺牲的革命烈士，同时也会导致农村两极分化、大量人口失去土地、市场范围受限，造成巨大的经济和社会风险。因此，不论农村合作化道路怎么走，坚持社会主义公有制这个原则不能变。

我们针对农村集体产权制度这一关键问题，没有把确权登记当成改革的终点，而是把明晰产权作为合作化的起点。既发挥了集中力量办大事的制度优势，也通过明确的股权设置激发了群众的内生动力。

有的同志可能会觉得，农村集体产权制度改革之后，各村都有了集体经济组织，即股份经济合作社，这就是走上了合作化道路。这种看法并不全面。我们应该充分肯定农村集体经济产权改革的重要意义，因为这摸清了集体经济的存量，量化到每个村民头上。对集体而言，资产的底子摸清了，账面上资产增加了，这是十分必要的，也为发展壮大集体经济奠定了坚实基础。但是，确权登记并不是改革的终点，我们最终的目标是按照习近平总书记要求的"发展新型集体经济，走共同富裕道路"。确权登记并不能自动带来集体资产盘活、发挥作用、发展壮大，也不能自动加强村民对集体的归属感。而党支部领办合作社，在农村集体产权制度改革的基础上，激活了这个存量，撬动了农村大量沉睡的资源，为经济发展注入了"流动性"，让村民名义上的股份变成了实实在在的收益，这才和集体产生了利益联结机制。

三是，必须突出人民群众这个主体。乡村振兴的主体是村集体和农民，在发展过程中，农民不能成为配角。当前，在乡村振兴总体部署中，有些地方的发力点全部用在农业产业化上，尽管短期内取得了巨大的经济效益，但群众没有组织起来，政治效益没有体现，党组织的政治功能和组织力没有得到提升，这种"物本主义"思想同"以人民为中心"的发展思想是不相符合的。产业振兴是基础，因为没有产业振兴就不可能有承载农民就业的平台，就没有发展的基础。但是，并不是有了产业振兴就万事大吉了。这就好像我们强调发展是硬道理，但是发展也有一个为了谁、依靠谁的问题，也有一个发展质量的问题，并不是有了发展就有了一切。因此，乡村振兴不能只专注于产业，更重要的是要通过人的合作化，通过共同劳动解放生产力，共同分享发展成果。

同其他合作社相比，党支部领办合作社更加强调以劳动联合为主、资本联合为辅，鼓励吸收群众以劳动力入股，发挥群众在管理和分配中的主体作用。在社会主义条件下，通过党的领导，以劳动为纽带把农民组织起来，更有利于盘活农村各种资源，把潜在的经济发展动力变成现实，避免出现一些其他发展中国家那种城市掏空农村、导致巨大社会问题的道路。

2020年第17期《求是》杂志刊登了烟台栖霞市衣家村的事迹。2017年以前，这是一个集体收入为零的省定贫困村，自然条件恶劣，"缺水、缺路、缺人"，党支部通过给入社群众发放"工票"、以劳动入股，把全村50余户群众组织起来战天斗地，男女老少齐上阵,仅7个月就在大山深处开辟了上山路、建起了蓄水池,改善了基础设施,引入种植养殖等产业,2019年村集体收入就达到25万元,户均增收6000元,整个村庄面貌焕然一新。

正因为坚持了"以人民为中心"的发展思想和"从群众中来,到群众中去"的工作方法,所以党支部才能充分调动群众积极性,增强群众凝聚力,激发群众战斗力,进而提高群众对党组织的信赖和依靠。这有利于巩固党的执政地位、推动乡风文明、改进社会治理,党组织自身的威信和组织力更得到明显提升,取得了综合的政治、经济和社会效益。

四是必须突出共同富裕这个取向。这是我们和西方乡村发展的重要区别。资本主义国家农村也可以实现繁荣,但无法解决贫富差距问题。少数西方发达国家可以实现乡村繁荣,主要是由于人口基数小,加上其在全球分工中处于优势地位,可以反哺农村,但大多数发展中国家无法走这条路。我们的乡村振兴,不管能人还是老弱病残,都要过上幸福生活、全面发展,一个也不能掉队。

党支部领办合作社在入社资格、股权设置、分配办法,以及与社会资本合作等方面,都充分体现共同富裕原则。我们鼓励和欢迎城市工商资本和专业大户参与乡村振兴,但也强调要在坚守共同富裕原则的前提下实现双赢、多赢,提出单个社员出资比例不得超过20%,防止"大户垄断"形成"精英社";改变贫困户"等人送小康"的脱贫心态,优先发展贫困户入社,变"输血式"扶贫为"造血式"致富,实现"以地养老、稳定脱贫"。

这些办法不仅受到群众欢迎,也受到社会资本的欢迎。因为我国农村有广阔的产业升级和资产升值空间,但如果农村一盘散沙、治理薄弱,社会资本投资也很难进入并稳定赢利。党支部领办合作社,把群众组织起来整合各种生产要素,也给各类社会资本发挥作用提供了更广阔的空间。

五是必须突出城乡融合发展这个目标。习近平总书记多次指出,并在党的二十大报告中再次指出,要"坚持城乡融合发展"。这指明了乡村振兴的未来。

马克思主义在分析农村问题时,从来没有就农村谈农村,一向是把农村放在城乡关系、工农关系的框架中来认识。马克思恩格斯指出,使工业生产和农业生产有机地联系起来,是实现城乡融合的经济基础和重要条件,"大工业在全国的尽可能平衡的分布,是消灭城市和乡村的分离的条件","只有通过城市和乡村的融合,现在的空气、水和土地的污毒才能排除"。

我们认为,党支部领办合作社,是乡村振兴的基础和细胞,但不是终点。在村内联合的基础上，要在乡镇推动联合社的建设，解决村级合作社办不了、办不好的事。再往上一级，县域要统筹规划布局、产业发展、政策资金、土地利用，尤其是公共服务，建设很多小的经济中心、生活中心，让农民就地成为职工，通过"在地工业化""在地服务业化"，实现"在地城镇化"，进而实现城市与农村同步发展，而不是盲目鼓励农民进城、让他们被迫挤进城市谋生。芜湖市湾沚区等同步在县、乡、村三级实施党组织领办合作社或助农平台、企业，这就进一步扩大了党组织领办合作社的作用。

农村有巨大的自然资源、广阔的绿水青山、大量的潜在人口，如果我们能够在党组织领导下，走新型集体化道路，把各种资源充分整合起来，吸引城市过剩的资金、产能、人口下乡，就能再造一个和城市一样繁荣美丽的新农村。这是乡村振兴未来发展的方向。

共同富裕视角下宅基地"三权分置"改革成效评估：
理论逻辑与指标构建*

刘润秋　王宁宁　张　列**

摘　要　扎实推动共同富裕是新发展阶段的重要使命，其中最艰巨最繁重的任务仍然在农村，促进农民农村共同富裕是实现全体人民共同富裕的必要条件。宅基地"三权分置"改革在集体所有权不变的基础上，进一步细化分解出资格权和使用权，通过激活宅基地的生产资料属性，为农村发展和农民增收注入了新动力。共同富裕视角下对宅基地"三权分置"改革进行成效评估尤为重要，应结合共同富裕的理论内涵及其对宅基地"三权分置"改革的内在要求，厘清宅基地"三权分置"改革成效评估的基础、目的、原则和标准，据此构建以人民性、发展性、共享性和安全性为主要维度的指标体系，以持续深化宅基地"三权分置"改革，促进农村地区经济社会高质量发展，扎实推进全体人民共同富裕。

关键词　共同富裕　宅基地"三权分置"　成效评估　指标体系

党的十九届五中全会明确要求"扎实推动共同富裕"[①]，党的二十大报告再次强调，到2035年"全体人民共同富裕取得更为明显的实质性进展"[②]。扎实推动共同富裕已成为当前我国改革的鲜明主题和新发展阶段的重大战略部署，必须摆在更加重要的位置。实现共同富裕最薄弱的环节在农村，农村土地制度是中国改革的关键和实现农民农村共同富裕的重要制度保障，对促进全体人民共同富裕至关重要。宅基地制度作为农村土地制度的重要组成部分，关系着农民安居乐业，关系着共同富裕的扎实推进。从共同富裕视角重新审视和评估宅基地"三权分置"改革现有举措和已有成效，对于

---

* 本文系国家社会科学基金西部项目"共同富裕视角下宅基地三权分置改革成效评估及制度优化"（22XJY014）的成果。

** 刘润秋，四川大学公共管理学院、四川大学马克思主义学院教授、博士生导师；王宁宁，四川大学马克思主义学院博士研究生；张列，四川大学公共管理学院博士研究生。

① 《中共中央关于制定国民经济和社会发展第十四个五年规划和二〇三五年远景目标的建议》，《人民日报》2020年11月4日。

② 习近平：《高举中国特色社会主义伟大旗帜　为全面建设社会主义现代化国家而团结奋斗——在中国共产党第二十次全国代表大会上的报告》，人民出版社2022年版，第24页。

深化农村改革、推动农村高质量发展具有重要的理论价值与现实意义。

近年来，学术界围绕深化农村土地制度改革推进共同富裕展开了一系列研究，从理论层面阐释了深化农村土地制度改革对共同富裕的制度保障作用[1]和重要意义[2]，并围绕共同富裕目标对农村土地制度改革提出展望[3]；从实践层面探究了如何盘活农村土地资源，撬动其他要素支持乡村高质量发展，从而促进共同富裕的一系列困难挑战[4]和路径探索[5]。就现有研究来看，学术界虽出现数篇针对深化宅基地"三权分置"改革促进共同富裕的研究成果，但都集中于结合案例探究实践路径[6][7]。此外，也有学者从宅基地治理[8]、宅基地退出[9]、宅基地有偿使用[10]、宅基地收益分配[11]、宅基地"三权分置"改革[12]等方面评价和评估宅基地制度改革的绩效与成效。然而，极少有学者从共同富裕视角评估宅基地"三权分置"改革成效。为了更好地探究宅基地"三权分置"改革实践效果及其对共同富裕的推动作用，有必要从共同富裕的视角对宅基地"三权分置"改革成效进行科学评估。

2015年农村"三块地"试点改革启动，浙江省义乌市成为宅基地制度改革首批试点地区之一，率先探索宅基地所有权、资格权、使用权"三权分置"。2018年中央一号文件正式提出宅基地"三权分置"，明确在坚持宅基地集体所有的前提下，保障宅基地农户资格权和适度放活宅基地使用权。2020年全国新一轮宅基地制度改革107个试点

---

[1] 侯银萍：《农地"三权分置"改革对共同富裕的制度保障》，《中国特色社会主义研究》2021年第5期。
[2] 王庆、王震：《构建新型宅基地共享机制——对农村共同富裕实现机制的探讨》，《江西社会科学》2022年第5期。
[3] 楚德江、张玥：《为了共同富裕的目标：中国共产党农村土地政策的百年探索与展望》，《理论月刊》2021年第10期。
[4] 岳文泽等：《自然资源治理助力共同富裕：政策演进、关键挑战与应对策略》，《中国土地科学》2022年第9期。
[5] 刘桂芝、白向龙：《新时代农地"三权分置"改革的共享发展机制研究》，《当代经济研究》2021年第7期。
[6] 鲍海君等：《宅基地"三权分置"促进共同富裕：基于浙江省象山县的案例分析》，《中国土地科学》2022年第11期。
[7] 黄祖辉、傅琳琳：《浙江高质量发展建设共同富裕示范区的实践探索与模式解析》，《改革》2022年第5期。
[8] 王燊成、刘宝臣：《农村宅基地治理的政策红利、实践成效及因素探析——基于山东省D县的"一户多宅"治理实践》，《世界农业》2022年第11期。
[9] 刘润秋、黄志兵、曹骞：《基于乡村韧性视角的宅基地退出绩效评估研究——以四川省广汉市三水镇为例》，《中国土地科学》2019年第2期。
[10] 李川等：《泸县农村宅基地有偿使用制度改革效果评价》，《中国农业资源与区划》2019年第6期。
[11] 唐健、王庆宾、谭荣：《宅基地制度改革绩效评价——基于全国5省土地政策实施监测》，《江汉论坛》2018年第2期。
[12] 刘润秋、张列、唐宇娣：《共同富裕视角下传统农区宅基地"三权分置"改革实践评估——以四川省泸县为例》，《农村经济》2023年第7期。

地区正式启动，宅基地"三权分置"改革持续推进，逐步进入深水区。宅基地"三权分置"自提出以来一直为社会各界高度关注，在理论和实践上存在许多分歧和争议。共同富裕是我国当前和今后一个时期最重要的目标任务，是新时代发展的方向和使命，我国各项改革均紧紧围绕这个目标来设计和进行。在新时代扎实推动共同富裕的背景下，理应对宅基地"三权分置"改革进行追问：改革是否切实保障了农民的居住权？是否促进了农民增收？红利分配是否体现公平？是否促进农村地区经济社会发展？是否有助于缩小城乡贫富差距？由此，本文试图在共同富裕视角下厘清宅基地"三权分置"改革成效评估的理论逻辑，构建出科学合理的成效评估指标体系，以回应宅基地"三权分置"改革推进中的现实问题。

一、共同富裕的理论内涵及其对宅基地"三权分置"改革的内在要求

宅基地"三权分置"改革是农村土地制度改革的重大举措，关乎农村发展和农民切身利益，关乎共同富裕的全面实现。实现共同富裕是一项长期而艰巨的任务，宅基地"三权分置"改革应以扎实推动共同富裕为目标导向，依据共同富裕的理论内涵准确把握改革方向，激发乡村振兴活力。

（一）共同富裕的理论内涵

习近平总书记在2021年中央财经委员会第十次会议上指出，"共同富裕是全体人民的富裕，是人民群众物质生活和精神生活都富裕，不是少数人的富裕，也不是整齐划一的平均主义，要分阶段促进共同富裕"[1]，由此可挖掘出共同富裕丰富的理论内涵。一是以全体人民为主体，我们追求的共同富裕不是少数人的富裕，而是包含城镇居民与农村居民在内的全体人民的共同富裕。[2] 二是以物质和精神共富为内容，共同富裕既包含物质生活富裕又包含精神生活富裕，物质富裕是精神富裕的基础和前提，精神富裕是物质富裕的有力保障，二者缺一不可。三是以公平和效率并重为原则，共同富裕不等于同时富裕、同步富裕和同等富裕，不能实行无差别分配，要在公平和效率相协调中循序渐进地推动。四是以保障和改善民生为重点，扎实推动共同富裕的安全底线是多层次的社会民生保障[3]，要建设更高质量的社会保障体系助推共同富裕，"在幼有

---

[1]《在高质量发展中促进共同富裕 统筹做好重大金融风险防范化解工作》，《人民日报》2021年8月18日。
[2] 蒋永穆、谢强：《坚持人民至上 扎实推动共同富裕》，《山东社会科学》2022年第4期。
[3] 蒋永穆、豆小磊：《扎实推动共同富裕指标体系构建：理论逻辑与初步设计》，《东南学术》2022年第1期。

所育、学有所教、劳有所得、病有所医、老有所养、住有所居、弱有所扶上持续用力"①，以促进社会公平、增进民生福祉。

（二）共同富裕对宅基地"三权分置"改革的内在要求

共同富裕是以全体人民为主体、以物质和精神共富为内容、以公平和效率并重为原则、以保障和改善民生为重点的宏伟目标。在扎实推动共同富裕的背景下，宅基地"三权分置"改革作为推动乡村振兴和实现农民农村共同富裕的重要抓手，需紧密呼应共同富裕的理论内涵，在实施过程中做到主体为要、生产为基、分配为重、保障为底。

一是主体为要，宅基地"三权分置"改革始终坚持农民主体地位。人民性是马克思主义最鲜明的品格。共同富裕从人民立场出发、注重人民美好生活需要、注重人民共享成果，是中国共产党人民观的重要体现。②实现发展为了人民、发展依靠人民、发展成果由人民共享，必须坚持人民主体地位。③宅基地"三权分置"改革事关广大农民的土地权益，顶层设计应坚持以人民为主体，以农民满意为标准，真正做到为人民服务，保护农民合法权益。一方面，充分尊重农民意愿与诉求，在遵循自愿原则的基础上，鼓励农民主动参与宅基地"三权分置"改革，维护农民根本利益，增强农民的获得感、幸福感、安全感。另一方面，充分发挥农民主体作用，人民群众逐步摆脱贫困，实现共同富裕，需要依靠自身力量不断发展壮大。④宅基地"三权分置"改革应从"取得置换、明晰产权、抵押担保、入市转让、有偿使用、自愿退出及民主管理"⑤等多个方面发力，赋予农民更多财产权利，调动农民参与改革的积极性，充分激发农民自主推进改革的内生动力。

二是生产为基，盘活闲置宅基地为农村生产力发展提供要素保障。高度发达的社会生产力是实现共同富裕的基础。⑥扎实推进共同富裕的第一要义就是不断解放和发展生产力，扩大社会生产。⑦宅基地是农村发展的重要土地资源，宅基地"三权分置"与我国农村地区生产力发展和生产关系调整密切相关，影响着我国农村产业的生产组织

---

① 习近平：《高举中国特色社会主义伟大旗帜　为全面建设社会主义现代化国家而团结奋斗——在中国共产党第二十次全国代表大会上的报告》，人民出版社2022年版，第10页。
② 蒋永穆、豆小磊：《共同富裕思想：演进历程、现实意蕴及路径选择》，《新疆师范大学学报》（哲学社会科学版）2021年第6期。
③ 赵亚楠、安俭：《推动"全体人民共同富裕取得更为明显的实质性进展"——学习习近平关于促进共同富裕的重要论述》，《党的文献》2021年第5期。
④ 陈潜：《中国特色社会主义共同富裕的科学蕴涵、三重逻辑与实现路径》，《福建论坛》（人文社会科学版）2022年第8期。
⑤ 庞亚君：《推进乡村治理现代化：基于宅基地改革视角的实证分析》，《治理研究》2021年第4期。
⑥ 蒋永穆、豆小磊：《共同富裕思想：演进历程、现实意蕴及路径选择》，《新疆师范大学学报》（哲学社会科学版）2021年第6期。
⑦ 周文、唐教成：《共同富裕的政治经济学阐释》，《西安财经大学学报》2022年第4期。

方式、经营规模和生产效率等。据自然资源部发布的相关数据估算，2016年全国宅基地面积约为18390.90万亩，占全国建设用地面积的近1/3，占集体建设用地面积的57.5%，全国农村人均宅基地面积约为204米²/人①，然而大量宅基地长期闲置，2019年全国农村宅基地闲置率达到18.1%②。资产长期沉睡不仅导致宅基地资源严重浪费，也不利于农村经济发展。因此，宅基地"三权分置"改革要探索宅基地自愿有偿退出机制、宅基地使用权流转制度等，推进闲置宅基地盘活利用，为农村生产力发展提供土地要素保障，促进农村一二三产业融合发展。

三是分配为重，构建公平与效率兼顾的宅基地收益分配机制。党的二十大报告指出："分配制度是促进共同富裕的基础性制度。"③共同富裕既是分配问题，也是生产问题，"富裕"要求把蛋糕做大，"共同"则要求把蛋糕分好，财富分配必须始终坚持公平性，才能切实保护劳动者的积极性，提高劳动生产率。中国的宅基地之上存在着多元利益主体，宅基地收益分配复杂而敏感。在新一轮宅基地制度改革背景下，随着工商资本利益和城市利益的进入，宅基地所涉利益关系更加复杂。④如何平衡好国家、集体、个人的宅基地收益分配关系，成为宅基地"三权分置"改革的关键问题。在宅基地利用和管理中，过于追求"公平"或过于追求"效率"都可能导致"公平"与"效率"失衡。⑤因此，宅基地"三权分置"改革应当以维护好和实现好农民土地权益为导向，清晰界定农民和集体的土地收益权，构建公平与效率兼顾的宅基地收益分配机制，在促进公平的前提下提升效率，在提高效率的基础上兼顾公平，实现各利益主体间的收益共享，解决利益协调难题。

四是保障为底，宅基地"三权分置"改革始终坚守民生保障底线。扎实推动共同富裕要进一步保障和改善民生，住房和就业是重要的民生工程，关系千家万户的基本生活保障，关系经济社会发展全局。长期以来，我国宅基地具有社会福利的性质，承担了农民的居住保障功能，是不少农村低收入群体唯一的安身立命之所，许多农民工将之视为"进城失败"或年老之后的退路。随着城市化进程加快，大量农村劳动力向城市转移，进城落户农民面临着可能失地失房的风险。宅基地资格权和使用权对农民而言是至关重要的生产生活保障，党的十九届五中全会强调，"保障进城落户农民土地

---

① 魏莉华等：《新〈土地管理法〉学习读本》，中国大地出版社2019年版，第186页。
② 魏后凯等：《全面推进乡村振兴：权威专家深度解读十九届五中全会精神》，《中国农村经济》2021年第1期。
③ 习近平：《高举中国特色社会主义伟大旗帜　为全面建设社会主义现代化国家而团结奋斗——在中国共产党第二十次全国代表大会上的报告》，人民出版社2022年版，第46—47页。
④ 董欢：《宅基地价值显化的本质要义、潜在风险与改革深化》，《农村经济》2022年第6期。
⑤ 陈美球等：《中国农村宅基地制度改革：逻辑与路径》，《中国土地科学》2022年第7期。

承包权、宅基地使用权、集体收益分配权，鼓励依法自愿有偿转让"[1]，为进城落户农民消除后顾之忧。实行宅基地"三权分置"改革后，宅基地被赋予了重要的资产要素功能，通过盘活利用农民的闲置宅基地和房屋资源，为乡村休闲旅游业、新型服务业、农产品加工流通业等产业发展创造了有利的条件，给乡村带来了更多就业创业机会。宅基地"三权分置"改革要始终坚守民生保障中最基本的住房和就业保障底线，以切实保障农户资格权和使用权为前提，在激活宅基地财产功能的同时完善农民居住保障机制、加强农民就业创业培训及政策帮扶，避免可能产生的农民失地、失房、失业等社会问题。

二、共同富裕视角下宅基地"三权分置"改革成效评估的理论逻辑

共同富裕视角下进行宅基地"三权分置"改革成效评估，能够将宅基地"三权分置"改革与扎实推动共同富裕进行有效连接。结合共同富裕对宅基地"三权分置"改革的内在要求，从评估基础、评估目的、评估原则、评估标准四个方面厘清共同富裕视角下宅基地"三权分置"改革成效评估的理论逻辑，有助于为具体指标的构建提供理论支撑。

（一）评估基础：以历年中央一号文件和《深化农村宅基地制度改革试点方案》等为重要参考依据

历年中央一号文件对稳慎推进农村宅基地改革和管理，探索宅基地所有权、资格权、使用权分置的有效实现形式提供了根本遵循和行动指南。2020年中央全面深化改革委员会第十四次会议审议通过《深化农村宅基地制度改革试点方案》，明确要坚决守住土地公有制性质不变、耕地红线不突破、农民利益不受损这三条底线，实现好、维护好、发展好农民权益。此外，中央农村工作领导小组办公室、农业农村部印发的《关于进一步加强农村宅基地管理的通知》和农业农村部印发的《农村宅基地制度改革试点工作指引》，均为宅基地制度改革指明了方向。共同富裕视角下进行宅基地"三权分置"改革成效评估应将历年中央一号文件、《深化农村宅基地制度改革试点方案》等政策文件作为重要参考依据，紧密结合其目标和要求，检验改革是否真正保障宅基地农户资格权和农民住房财产权，是否牢牢守住"三条底线"，是否真正促进农村发展和农民增收等，据此构建出科学、全面的指标体系。

---

[1] 《中共中央关于制定国民经济和社会发展第十四个五年规划和二〇三五年远景目标的建议》，《人民日报》2020年11月4日。

（二）评估目的：判断宅基地"三权分置"改革是否有利于扎实推动共同富裕

共同富裕是包含城镇居民和农村居民在内的全体人民的共同富裕。近年来中国城乡居民收入相对差距在持续缩小，但绝对差距仍在不断扩大，2021年城镇居民人均可支配收入为47411.9元，农村居民人均可支配收入为18930.9元[①]，两者绝对收入差距达到近2.85万元，由此可见缩小城乡差距、促进农民农村共同富裕是扎实推进全体人民共同富裕的关键所在。宅基地"三权分置"改革是农村改革的一项重大制度创新，为农村发展和城乡融合发展提供强劲动力。共同富裕视角下进行宅基地"三权分置"改革成效评估，目的是判断宅基地"三权分置"改革是否有利于扎实推动共同富裕。一是评估宅基地"三权分置"改革是否落到实处，是否增加农民收入，是否保障农民权益不受损，是否有助于缩小农村内部差距等，以检验其是否有利于推动农民农村共同富裕；二是评估宅基地"三权分置"改革是否能够有效协调城市和乡村的资源优势及发展模式，使城乡双向互动、成果共享，是否有助于缩小城乡居民收入差距和生活差距等，以检验其是否有利于推动城乡居民共同富裕。

（三）评估原则：共同富裕视角下宅基地"三权分置"改革成效评估的若干原则

工具理性与价值理性相结合原则。随着公共政策的影响力不断增强，公共政策绩效评估受到越来越多的关注，社会各界在公共政策绩效评估中逐渐开始注重工具理性和价值理性相结合。马克思·韦伯将人的理性区分成工具理性和价值理性，工具理性注重效率和效益，关注工具的实践操作性和现实可行性，追求自我利益；价值理性则注重把握实践活动的价值和意义，追求人与人、人与自然、人与社会的全面、自由、和谐发展。[②]同时，工具理性和价值理性是辩证统一的，工具理性为价值理性的实现提供现实基础，价值理性则为工具理性提供精神动力，二者共同推动人类社会实践活动的发展。[③]宅基地"三权分置"改革作为扎实推动共同富裕的重要驱动力之一，不仅要注重效率和效益，也需要精神动力和目标引领，两者相辅相成。因此，共同富裕视角下评估宅基地"三权分置"改革成效，需秉持工具理性和价值理性相结合的原则。

促进公平与提升效率相统一原则。农村闲置宅基地是一笔沉睡的巨大财富，盘活利用农村宅基地对城乡融合发展具有重要的推动作用。从资源配置效率来看，实施宅基地"三权分置"改革有利于盘活农村闲置宅基地，为乡村经济高质量发展提供土地

[①] 国家统计局：《中国统计年鉴2022》，中国统计出版社2022年版，第171—174页。

[②] 彭国甫、张玉亮：《追寻工具理性与价值理性的整合——地方政府公共事业管理绩效评估的发展方向》，《中国行政管理》2007年第6期。

[③] 杨泽喜：《建构工具理性与价值理性契合的公共文化服务评估体系》，《中国地质大学学报》（社会科学版）2012年第1期。

要素保障；从财产功能来看，实施宅基地"三权分置"改革能够推动宅基地财产价值显化，维护农民财产权益，保障城乡居民在资产变现上的公平性。[①]因此，共同富裕视角下评估宅基地"三权分置"改革成效，需兼顾公平与效率，评价这项政策的公平和效率统一程度。

各方主体间利益关系相协调原则。宅基地"三权分置"改革存在多元利益主体，需要协调各方利益。第一，协调国家、集体、农民三者利益分配关系，中国农村改革自古以来都是国家、集体、个人三者之间利益关系不断协调的过程。[②]2016年，中共中央国务院印发的《关于稳步推进农村集体产权制度改革的意见》明确指出："在农村土地征收、集体经营性建设用地入市和宅基地制度改革试点中，探索正确处理国家、集体、农民三者利益分配关系的有效办法。"[③]第二，协调农民及集体经济组织、政府及其管理机构、投资经营者三大利益主体间的利益关系，达成利益与价值共振。因此，共同富裕视角下评估宅基地"三权分置"改革成效，需从各方利益出发，评价这项政策的利益协调程度。

短期利益与长期利益相平衡原则。土地是农民生存和发展的命脉，土地政策的任何变动都与农民的利益密切相关。农村宅基地是农村地区规模最大的建设用地资源和农民的重要财产，农村宅基地政策的重大调整，给农村地区和农民带来的影响无疑是长久而深刻的。因此，共同富裕视角下评估宅基地"三权分置"改革成效，不仅需要着眼于短期可见的政策效益，还要从全局、长远的视角出发，评价这项政策潜在的长期效益。

（四）评估标准：围绕共同富裕目标重构宅基地"三权分置"改革价值取向和价值标准

对于复杂而且影响深远的农村宅基地"三权分置"改革而言，基于共同富裕视角评估其改革成效，应从共同富裕目标出发设置价值取向和价值标准。结合共同富裕的理论内涵及其对宅基地"三权分置"改革的内在要求，本文提出了宅基地"三权分置"改革成效评估的四个方面标准。

一是是否有利于推动发挥农民的主体作用。"共同富裕是全体人民的富裕"[④]，以全体人民为主体，发展成果由人民共享。宅基地"三权分置"改革作为农村土地制度

[①] 刘润秋等：《典型试点区域宅基地退出的绩效评价与路径优化研究》，人民出版社2024年版，第91页。
[②] 刘润秋、王丽程：《利益协调推进中国农村改革：理论、历史与展望》，《当代经济研究》2020年第12期。
[③] 《中共中央国务院关于稳步推进农村集体产权制度改革的意见》，《人民日报》2016年12月30日。
[④] 《在高质量发展中促进共同富裕 统筹做好重大金融风险防范化解工作》，《人民日报》2021年8月18日。

改革中牵涉面广、综合性强的一套改革措施组合，关系着农民的切实土地权益和实现农民农村共同富裕的进程。因而，其成效评估指标设置应以是否有利于推动发挥农民的主体作用为标准，主要反映农民主体在宅基地"三权分置"改革中的参与度、满意度和获得感，农民致富增收的效力潜能以及村庄基础设施、公共服务等主体环境提升情况。

二是是否有利于促进农村地区经济高质量发展。习近平总书记在2021年中央财经委员会第十次会议上指出："要坚持以人民为中心的发展思想，在高质量发展中促进共同富裕。"[①]农村地区经济高质量发展是体现新发展理念的发展，包含创新发展、协调发展、绿色发展、开放发展和共享发展，是推进农民农村共同富裕的重要途径。宅基地"三权分置"改革能够激活农村土地要素资源潜能，对于许多资源禀赋较为缺乏的区域而言，通过土地整理合并使用、宅基地流转盘活交易、指标收储流转等，可以助推农村产业高质量发展、拓宽农民增收途径。因而，其成效评估具体指标设置应以是否有利于促进农村地区经济高质量发展为标准。

三是是否有利于形成利益共享的分配格局。扎实推动共同富裕，要在做大做好"蛋糕"的前提下，利用合理的制度安排把"蛋糕"切好分好。宅基地"三权分置"改革中宅基地的赋权拓权均应保障农民的合法权益，国家、集体、农民等利益相关者经过利益协调达成利益共识，实现改革发展成果利益共享。因而，科学的成效评估指标设置应以是否有利于形成利益共享的分配格局为标准。

四是是否有利于兜住农民的住房保障底线。"住有所居"是体现共同富裕的一项重要的目标要求。宅基地制度是具有中国特色的一项土地利用制度，事关人民群众最基本的民生，是农民住房保障制度的基础。实行宅基地"三权分置"改革，放活宅基地使用权，能够进一步实现宅基地的财产价值。同时，在农户宅基地财产功能逐渐激活的背景下更要坚持改革底线，维护农民最基本的利益。因而，其改革成效评估指标设置应以是否有利于兜住农民的住房保障底线为标准，综合反映农民的住房保障安全性需求。

三、共同富裕视角下宅基地"三权分置"改革成效评估指标体系构建

共同富裕视角下进行宅基地"三权分置"改革成效评估，重点是通过科学的方法

---

① 《在高质量发展中促进共同富裕 统筹做好重大金融风险防范化解工作》，《人民日报》2021年8月18日。

构建出能够系统、全面反映宅基地"三权分置"改革成效的指标体系。

（一）指标体系构建方法

本文采取已被运用于宅基地退出绩效评估中的DSP识别方法（指通过文献研究、社会调查和政策比较等步骤，综合全面确定评估指标的一种方法[①]）和德尔菲法（又名专家咨询法，指按照科学的流程，通过咨询专家的意见来获得对某件事情的判断或预测[②]），立足于共同富裕视角构建科学合理的宅基地"三权分置"改革成效评估的指标体系。

第一，文献研究法。以文献分析和文本解读作为基本方法系统研究现有的共同富裕和宅基地"三权分置"相关理论成果，结合相关文献研究成果进行指标构建维度设计和指标体系初步选取。基于前文对共同富裕视角下宅基地"三权分置"改革成效评估理论逻辑的剖析，同时对既有文献进行总结、提炼，确定了人民性、发展性、共享性和安全性四个维度。将从文献中搜集的指标进行分类、整合和去重复，得到59个初选指标。

第二，社会调查法。通过开展实地调查及召开座谈会，对初选指标进行补充和修改。2022年7月和8月分别实地调查走访西昌市和泸县两地，组织当地自然资源局相关工作人员和负责农业农村工作的县、镇、村干部参加座谈会。在调研的基础上，对候选指标的重要性排序。结合收集到的意见和建议，在综合考虑指标体系的科学性和可行性之后，将候选指标修改完善为45个。

第三，政策比较分析法。收集和整理各级政府出台的涉及宅基地"三权分置"制度改革的政策文件共计36份，进行比较和分析，在确保政策目标全面覆盖的前提下，将候选指标修改完善为39个。

第四，德尔菲法。邀请长期研究或从事宅基地制度改革的理论专家和实践专家对指标的重要性进行打分，剔除排序值较大的指标。通过三轮研讨，最终确定了21个评估指标。

（二）指标体系维度设计

基于相关文献研究，结合前文关于共同富裕视角下宅基地"三权分置"改革成效评估的理论逻辑分析，围绕共同富裕目标和宅基地"三权分置"改革的内容和要求，就共同富裕视角下宅基地"三权分置"改革成效评估提出四个方面的指标构建维度。

[①] 刘润秋、黄志兵、曹骞：《基于乡村韧性视角的宅基地退出绩效评估研究——以四川省广汉市三水镇为例》，《中国土地科学》2019年第2期。

[②] Dalkey, N., & Helmer, O.: An Experimental Application of the Delphi Method to the Use of Experts. *Management Science*, 1963: 3, pp.458-467.

第一，人民性维度。中国共产党始终践行"人民至上"，扎实推动共同富裕和实施宅基地"三权分置"改革，均以实现人的发展作为贯穿始终的目标和要求。农民群众是促进农民农村共同富裕的主体对象和宅基地"三权分置"改革中的主要力量，设置人民性指标，旨在反映农民参与宅基地"三权分置"改革的积极性和满意度，以及农村基础设施和公共服务完善情况。

第二，发展性维度。发展性是衡量宅基地"三权分置"改革是否帮助农村和农民发展取得明显成效、是否推动农民农村共同富裕的显著标志，是促进农村经济社会发展质量提升的重要路径。宅基地"三权分置"改革通过优化调整宅基地产权结构，推动宅基地退出、整合、流转，能够带动乡村产业发展、优化乡村用地布局，促进农村经济、社会、生态等全面协调可持续发展。设置发展性指标，旨在揭示宅基地"三权分置"改革的实质性进展，评估实施宅基地"三权分置"改革后农村的实际发展现状和发展质量。

第三，共享性维度。共享性是化解城乡间发展不平衡不充分问题，逐步实现城乡共同富裕的必要选择。宅基地"三权分置"改革中资格权、使用权的分置，不仅保障了农民的宅基地资格权，也赋予了各类经营主体适当利用宅基地的权利，有利于通过激活宅基地的财产功能，起到调节城乡差距和农民内部发展差距的作用。通过设置共享性指标，揭示宅基地"三权分置"改革后城乡居民的收入差距和生活差距，以及农民内部在宅基地退出、流转、入股分红等过程中出现的收益分配问题。

第四，安全性维度。实现共同富裕的底线保障是民生安全[①]，与共同富裕三大重点对象（农村居民、城市低收入群体和外来农民工群体）的生产和生活息息相关。宅基地"三权分置"改革是对农民权益涉及较广、较深、较密切的一项改革，影响农村发展和农民生活的诸多方面，稳定和安全是其重要的改革准则和底线。设置安全性指标，旨在揭示宅基地"三权分置"改革实施后农民在住房和就业方面的保障程度。

（三）具体指标设置

根据四大指标构建维度，经过科学严谨的具体指标筛选，最终形成了共同富裕视角下宅基地"三权分置"改革成效评估的指标体系（见表1）。

---

① 蒋永穆、豆小磊：《扎实推动共同富裕指标体系构建：理论逻辑与初步设计》，《东南学术》2022年第1期。

表1 共同富裕视角下宅基地"三权分置"改革（简称"宅改"）成效评估指标体系

一级指标	二级指标	三级指标
人民性	主体参与度	农户对宅改政策的知晓程度；农户对宅改的满意程度
	主体环境	宅改后村庄基础设施完善程度；宅改后农户对村庄公共服务获取满意程度
发展性	农村经济发展质量	宅改后农村产业发展提升程度；宅改后集体收入提升程度
	农民生活质量	宅改后农民财产性收入增加程度；宅改后农户家庭生活成本支出可承受程度
	农村生态环境质量	宅改后农村生活垃圾无害化处理率；宅改后农村生活污水达标处理率
	农村社会治理质量	宅改后宅基地等土地纠纷情况发生率；宅改后村民参与公共事务积极性提升程度；宅改后村民自治组织参与宅基地治理的程度
共享性	城乡差距	宅改后城乡居民的收入差距；宅改后城乡居民的生活差距
	农民内部差距	宅改后农户宅基地收益分配公平程度；宅改后农户宅基地面积超标比例变化情况
安全性	住房保障	宅改后农户住房改善情况；宅改后农户宅基地合法权益诉求保障程度
	就业保障	宅改后农民专业技术培训活动增加率；宅改后农民就业机会增加情况

第一，人民性指标。人民性指标下设2个二级指标，反映宅基地"三权分置"改革实施后农户参与宅基地"三权分置"改革和参与公共事务的积极性与满意度，以及政策实施后主体环境优化情况。一是主体参与度，该指标下设2项三级指标，即农户对宅改政策的知晓程度和农户对宅改的满意程度，全面衡量农户参与宅基地"三权分置"改革和参与公共事务的情况。二是主体环境，该指标下设2项三级指标，即宅改后村庄基础设施完善程度和宅改后农户对村庄公共服务获取满意程度，综合反映宅基地"三权分置"改革实施后农村基础设施覆盖情况及农户对本区域公共服务获取的满意程度，如养老金缴纳查询、医疗保险报销、证明盖章和民政事宜等。

第二，发展性指标。发展性指标下设4个二级指标，反映宅基地"三权分置"改革实施后农村经济发展质量、农民生活质量、农村生态环境质量和农村社会治理质量的提升程度。一是农村经济发展质量，该指标下设2项三级指标，即宅改后农村产业发展提升程度和宅改后集体收入提升程度，反映宅基地"三权分置"改革给集体带来的效益和农村一二三产业发展情况。二是农民生活质量,该指标下设2项三级指标,即宅改后农民财产性收入增加程度和宅改后农户家庭生活成本支出可承受程度,反映宅基地"三权分置"改革给农户带来的收入情况及宅基地"三权分置"改革实施后农户生活成本支出(如水、电、气、物业管理费用等)的可承受程度,以判断其总体生活质量。三是农村生态环境质量,该指标下设2项三级指标,即宅改后农村生活垃圾无害化处理率和宅改后农村生活污水达标处理率,综合反映宅基地"三权分置"改革实施后农村生态环境质量变化情况。四是农村社会治理质量,该指标下设3项三级指标,即宅改后宅基地等土地纠纷情况发生率、宅改后村民参与公共事务积极性提升程度和宅改后村民自治组织参与宅基地治理的程度,反映宅基地"三权分置"改革实施后的乡村治理效能、村民参与公共事务的积极性,以及村民自治组织在宅基地"三权分置"改革中的参与程度。

第三,共享性指标。共享性指标下设2个二级指标,综合反映实施宅基地"三权分置"改革后,在缩小城乡差距和缩小农村内部差距上的成效。一是城乡差距,该指标下设2项三级指标,即宅改后城乡居民的收入差距和宅改后城乡居民的生活差距,反映宅基地"三权分置"改革实施后城乡居民的收入差距和生活差距。二是农村内部差距,该指标下设2个三级指标,即宅改后农户宅基地收益分配公平程度和宅改后农户宅基地面积超标比例变化情况,反映宅基地"三权分置"改革实施后农村内部在宅基地退出、流转、入股分红中收益分配的公平程度及宅基地面积超标的农户数量变化情况。

第四,安全性指标。安全性指标下设2个二级指标,综合反映宅基地"三权分置"改革实施后农民在住房和就业方面的保障情况。一是住房保障,该指标下设2项三级指标,即宅改后农户住房改善情况和宅改后农户宅基地合法权益诉求保障程度,反映宅基地"三权分置"改革实施后农户合理的宅基地需求保障和住房保障情况。二是就业保障,该指标下设2项三级指标,即宅改后农民专业技术培训活动增加率和宅改后农民就业机会增加情况,综合衡量宅基地"三权分置"改革实施后农民就业保障情况。

(四)指标体系运用

宅基地"三权分置"改革虽是涉及农村农民的一项综合性改革,但在推动农村经济发展和促进农民生活改善方面不是唯一的影响因素,甚至在某些方面不是最为关键的影响因素。因而,为了不夸大宅基地"三权分置"改革成效,在设定指标体系下对宅基地"三权分置"改革成效进行既全面又合理的评估,有必要在运用指标体系时采用合适的方法和技术,尽量排除其余因素的影响,并减少内生干扰。一方面,在进行宅基地"三权分置"改革政策效果评估时,严格围绕宅基地"三权分置"进行问卷设计,在合适的题项设置以及专业的调查培训基础上进行田野调查,收集评估数据资料,获取宅基地"三权分置"改革带来的实际政策效应;另一方面,计量上可以采用控制办法,如广义倾向得分匹配(GPSM)、倾向得分匹配(PSM)与DID方法结合,减少非分组情况下评估结果的干预误差,还可以使用断点回归和工具变量方法来减少内生性问题和随机干扰问题;再者,可以人为进行组间对比,把宅基地"三权分置"作为对象,在尽量控制地区区位和经济发展条件变量的影响下,运用指标体系评估和分析未进行改革和已进行改革的农村之间的发展效果差异,从而得出合适的评估结果。运用类似或者其他控制方法,在共同富裕视角下评估宅基地"三权分置"改革成效,得出的结果能够更高程度反映政策真实效果,提高指标体系运用的适配性和科学性。

四、结语

本文结合共同富裕的理论内涵及其对宅基地"三权分置"改革的内在要求,在厘清共同富裕视角下宅基地"三权分置"改革成效评估理论逻辑的基础上,初步构建出符合共同富裕目标和宅基地"三权分置"改革实践要求,以人民性、发展性、共享性和安全性为主要维度的成效评估指标体系,以期为扎实推动共同富裕和深化宅基地"三权分置"改革提供坚实的理论支撑。随着宅基地"三权分置"改革持续深入推进,改革取得了一定成效,也不断出现一系列新的理论问题和实践问题,共同富裕视角下宅基地"三权分置"改革成效评估指标体系需要在下一步实践中不断丰富和完善。

第一,指标设定依据共同富裕目标和宅基地"三权分置"改革相关文件要求。在选取指标时,深刻把握共同富裕的内涵,充分对照历年中央一号文件、《深化农村宅基地制度改革试点方案》、《关于进一步加强农村宅基地管理的通知》、《农村宅基地制度改革试点工作指引》等文件要求,设置人民主体参与度指标、农村发展指标、城乡差距指标、社会保障指标等,构建全面科学的指标体系。

第二,根据相关指标数据的可及性和可行性选取指标。指标体系构建通常受限于数据采集难度和政策变化情况,各地由于经济、社会、文化发展情况差异大,宅基地"三权分置"改革的实践情况不尽相同,应当根据数据采集的难度,选择可及且可行的指标,因地制宜制定指标体系。

第三,结合扎实推动共同富裕的进程与宅基地"三权分置"改革的实践情况,进一步完善指标体系。扎实推动共同富裕这一项系统性工程,具有长期性、艰巨性、复杂性,需要分阶段推进。宅基地"三权分置"改革同样不是一蹴而就的,需要在实践中不断探索。共同富裕视角下宅基地"三权分置"改革成效评估指标体系应与时俱进，依据共同富裕和宅基地"三权分置"改革的发展情况，不断丰富和完善指标体系，使宅基地"三权分置"改革成效充分推动全体人民共同富裕。

经济学革命与经济思想史

究竟什么是供给侧管理：思想史的考察

朱富强[*]

摘　要　为有效提升内需以促进经济循环转型，消费和经济政策就不应该仅仅提升消费的总量，而更应该重视和优化消费的结构。进而，为优化消费结构，就不能简单地诉诸由市场机制主导的需求侧管理，而是需要引入由政府发挥积极作用的供给侧管理。其原因是，供给侧管理根本上遵循效用原则而非收益原则，由此可以有意识地生产那些社会大众真实需要的产品。同时，收益原则和效用原则典型地体现了私人部门和公共部门的不同决策，进而也就反映在私人品和公共品的生产上。进而，由于公共部门基于效用原则而非收益原则来提供社会大众所需要的公共品时往往会出现亏损，从而就需要向私人部门征税用以提供补贴才可以维持。正是在这个意义上，现代社会就需要通过累进制所得税等来增强政府公共部门提供公共品的能力，由此来更好地满足人们的需要以缓解当前社会的主要矛盾。最后，正是基于起源学和本体论的考察，我们才可以深刻辨识供给侧管理的真谛，可以全面审视萨伊定律及其寓意，可以清楚认识"供给学派"对萨伊定律的偏至性发展以及当前学术界的各种混乱，进而在理论和政策上对供给侧管理正本清源。

关键词　供给侧管理　萨伊定律　有效需求　社会效用原则　公共部门

一、引言

自20世纪30年代的经济大危机以来，流行的宏观经济管理都侧重需求层面，其主要观点是，需求不足导致产出下降，进而可能导致"生产过剩"的经济危机；为此，它主张依靠"刺激需求"的货币和财政政策来拉动经济增长，其中消费、投资、出口就被称为拉动经济增长的三驾马车。但是，进入21世纪第二个十年以来，这三驾马车在中国社会却作用有限。在这种情况下，供给侧管理也就应运而生了。"供给侧管理"提出，弥补需求与生产之间的脱节不能仅从需求角度着手，而更主要是要解决供给问题；同时，这里的供给不是从数量而是从质量上而言的，需要提供满足人们真正需要

---

[*] 朱富强，河南大学中国经济学研究中心、中山大学岭南学院副教授。

而不是受到诱导的产品,否则就等同于需求侧的投资需求了。显然,"供给侧管理"的经济政策就集中在产品结构的调整和生产效率的提升上,在当前主要集中在产能过剩的化解、产品和要素价格的调整、资本和劳动流动的引导、人口结构和劳动力质量的改善等,长远则在于提升技术水平和创新能力。

同时,随着国际政治经济竞争乃至对抗的加剧,中国经济也由原先推动国际大循环的发展战略向国内大循环进行转变,而这种转变的基础在于提升国内消费。正是在这种情势下,当前中国就非常重视内需,从中央到各部委以及各地方都推出"促消费"政策,如国务院开展消费扶贫以助力脱贫攻坚战,商务部积极推进汽车流通改革以促进汽车消费优化升级,文化和旅游部积极推进文化和旅游消费试点示范以及文旅消费集聚区建设,精准扶贫也成为带动乡村消费的重要举措,等等。问题在于,我们推出各种"促消费"政策不应该"为提升内需而提升内需",而是需要将内需的提升与当前时代的紧迫任务以及社会经济的长远发展结合起来,最终需要促进社会福祉的持续提高。那么,如何才能做到这一点呢?显然,这就需要细化经济内循环战略下的消费和经济政策,不应该仅仅关注消费的总量,而更应该重视和优化消费的结构。一般地考虑到消费结构及其对社会经济的长远影响,内需的提升就不能简单地诉诸市场机制,而是需要灵活运用供给侧管理;否则,内需的简单扩张不仅不会导向健康有序的经济内循环体系,反而会重蹈经济动荡乃至经济危机的覆辙。

由此可以明白,社会经济管理需要从需求侧转向供给侧的直接目的就是,避免出现或者解决已经出现的大规模"相对生产过剩";做到这一点的基本要求则在于,所生产出的产品能够真正满足人们的需要。这必须考虑两个问题:第一,要辨识哪些产品才是为人们所真正需求的?第二,如何保障厂商供给这些人们所需要的产品?就此而言,首先,我们要辨识哪些需要是真实的而不是被诱导的。一般地,这就需要考虑社会发展阶段所激发的生活需要:与社会发展进程相适应的需要通常就是真实的。显然,如果产品因为满足人们真实需要而能卖出去,那么,供给侧管理就会带来这样的两大效果:一方面不断提升人们的真实效用,另一方面则是推动社会经济的稳定健康发展。其次,上面的分析实际上也就寓含了供给侧管理的生产导向:有意识地生产那些体现社会大众的真实需要并且与当前社会发展相适应的产品,由此来实现社会效用的最大化,这也就是供给侧管理的产品供给原则。这反映出,供给侧管理对经济增长的推动根本上依赖于生产和消费结构的优化,它是结构性的而非总量性的。由此就给出了供给侧管理的两点基本思想:(1)应该着眼于产品的质量而非数量,需要提供满足人们真正需要而不是受到诱导的产品,否则就等同于需求侧的投资需求;(2)应该着眼于产品的供给原则而非供给主体,如果简单地以加大政府的公共投资来弥补私人投资的不足以图缓解经济低迷,则依然是需求侧管理的范畴。

然而,供给侧管理的这一本质特征和要求至今没有获得社会的应有认识。譬如,"供给侧改革"迄今为止的重心都是放在要素配置优化上,因为供给意味着劳动、土地、资本和组织等生产要素的投入;于是,在过去几年就出现了这样的呼吁和政策:通过放开生育政策以补充人口红利的人口制度改革,促进劳动力跨地域、跨部门流动的户籍制度改革,土地确权和加速农地流转的土地制度改革,等等。此外,随着消费的低迷,各级政府都出台各种政策来引导和刺激人们消费,围绕餐饮消费、文旅体育消费、购物消费、大宗商品消费、健康养老托育消费和社区服务消费等出台了一系列政策和举措,这包括(汽车、电子产品和住房等)产品以旧换新、全域旅游、假日经济、补贴消费以及央企精准购买创新产品等;同时,大力刺激住房消费,包括降低购房信贷门槛和利率、用足用活住房公积金政策、支持住房换购、发放农民进城购房补贴、吸引外省居民购房等。在这样的背景下,一些经济学人就将供给侧管理追溯到"供给创造需求"的萨伊定律,进而主张放弃凯恩斯主义的国家干预政策而回归自由市场经济。在很大程度上,正是由于在供给侧管理的认知上存在着各种对立性见解,导致供给侧管理在很大程度上又变为实质上的需求侧管理。

有鉴于此,本文集中于这样几方面的工作:(1)揭示供给侧管理的根本主旨——以效用最大化取代收益最大化的产品供给原则;(2)辨析供给侧管理的主要适用领域——公共品生产的中轴原理;(3)从思想史寻找供给侧管理的理论基础——古典经济学的有效需求概念;(4)辨识供给创造需求的条件——萨伊定律的寓意;(5)考察"供给学派"的偏至性发展——供给学派的双重革命;(6)探究供给侧管理的理论渊源——古典经济学和新古典经济学的差异。本文的研究意在表明,供给侧管理的根本主旨,不在于由驱动经济增长的三驾马车(消费、投资、出口)转向四大要素(劳动、土地、资本、组织)的动力转变,更不在于产品的供给主体由私人转向政府的转变然后由政府来指导或诱导人们消费;而是在于指引产品供给由收益到效用的原则转变,进而需要深入研究人们的真实需求。通过从现实和历史两方面对供给侧管理所展开的系统梳理和逻辑辨析,就可以为经济内循环下的经济政策给出方向性指导。

二、供给侧管理的要旨:社会效用原则

现代主流经济学认为自由市场经济体现了消费者的自由选择以及消费者主权,但

实际上，现代市场经济越来越凸显出加尔布雷斯意义上的生产者主权，乃至绝大部分需求都会受到某种"强制"和诱导。①进而，正是由于现代经济和消费已经显著地为生产者主权所支配，相应地，生产什么就成为现代社会要处理的重大问题。譬如，就目前而言，消费政策应该着眼于递进性的这四大目标：（1）避免经济衰退；（2）促进经济持续增长；（3）提升幸福水平；（4）建设美好社会。进而，为有效实现上述四大目标，当前中国社会所生产的产品就应该侧重于满足社会大众的真实需要尤其是能够提高生产力的生产性消费；即使就提升幸福水平和建设美好社会层面而言，也是要最大化社会效用而不是最大化厂商收益。然而，在自由市场经济中，私人生产者更倾向于生产那些能够带来更多收益的产品，而这种生产导向通常并不能带来社会效用的最大化，通常还会相反，如经济危机就是明证。正是为解决这一问题，由政府或公共部门主导的供给侧管理就应运而生了，它基于效用原则进行生产并引导需求。其实，政策本身就自然寓意着"有意识地引导"之意，相应地，当下的消费和经济政策也就应该能够将生产和消费引向适宜之所。

为了便于读者更清楚地认识供给侧管理的特性和诉求，这里结合经济危机这一大背景来解析；其原因也在于，当前经济循环的转向以及内需的提升在很大程度上就源于2008年全球经济危机，相应的经济和消费政策也是直接着眼于对经济危机和萧条的认知。我们思考这样几个问题：第一，究竟该如何认识经济危机呢？一般地，尽管人们往往将经济危机归咎于"生产过剩"，但迄今为止的"生产过剩"都不是社会生产的全面过剩，而主要是由于供求结构的严重失衡所产生的"相对过剩"。第二，为何会出现结构性的产能过剩？根本上说，这就源于产品供给的不合理而非社会总需求的不足。第三，产品供给为何会如此的不合理呢？这就要剖析产品供给者的生产动机。一般地，在市场经济中，产品的供给主体是私人厂商，而私人厂商所追求的是收益最大化。那么，厂商生产哪类产品可以获得最大化收益？通常来说，这主要是市场价格（即交换价值）远高于生产成本的那些产品，尤其是（市场）价格高于其（自然）价值的产品。进一步的，哪些产品的市场价格（交换价值）会高于其（自然）价值？通常来说主要有这样两类：（1）富人需求的奢侈品，富人的高购买力导致奢侈品的交换价值远高于其自然价值；（2）市场短缺的商品，稀少性是影响市场价格的重要因素。然而，偏重这两种产品的生产往往并不能带来社会效用的最大化，这里分别做以下解析。

首先，就奢侈品生产而言。我们可以看到，市场经济中的奢华产品（如时尚服饰、

---

① 朱富强：《纯粹市场经济体系能否满足社会大众的需求：反思现代主流经济学的两大市场信念》，《财经研究》2013年第5期。

新潮手表、智能手机、豪华汽车、高档住宅）不断升级换代，但底层大众所需要的物美价廉物品却越来越难以寻觅。例如，在市场经济不受约束地扩张的那些国家（如一些拉美国家），一边是各类豪华别墅和高楼大厦拔地而起，另一边则是大量不适宜生存的贫民窟。由此，我们就可以审视发源于萨伊的主流经济学观点：商品的价值体现为它给消费者带来的效用，而效用大小又通过市场价格而得到体现；相应地，市场价格越高的商品，给消费者带来的效用及其相应的价值也越大。果真如此吗？为辨识这一观点，我们不妨再思考下：那些因卖不出去而被烧掉的衣服果真对那些衣不蔽体的非洲穷人没有效用吗？距离大城市几十公里之外的农村人果真不需要更为平坦的水泥公路吗？答案是否定的。这些人之所以无法享有这些对他们来说具有极大效用的物品，根本上是因为他们缺乏按照市场价格购买这些物品的能力。

上述分析就给出了这样的启示，当出现"生产过剩"的局面时，采取强力的关停措施就是一种简单粗暴的管理方式，更为合理的方式是对这些产品进行空间或时间上的调配；其原因就在于，当下的"生产过剩"几乎都不是超出人们需要的实质过剩，只是相对目前的价格而言出现了有效需求不足。即所谓的"生产过剩"只是相对于现代主流经济学意义上的有效需求而言的，而在斯密意义上的有效需求则并不存在过剩。就此而言，我们就必须注意两点。第一，之所以会出现产品的市场价格超出有效需求的水平，在于：一方面，就产品价格的居高不下而言，在经济向上时期，不断扩大的供给在连串锚定效应的作用下导致供给成本不断上升；另一方面，就市场需求的逐渐萎缩而言，在收入分化的情势下，产品供给对市场需求的满足大体是沿着收入从高到低群体展开的。第二，随着收入的提升或者周期性需求的出现，这些"过剩"产品通常都会对应着新的市场需求；相反，如果采取简单乃至过度的关停措施，当需求再次出现甚至进一步提升时，重新建厂或开工将会面临高得多的生产成本。

其次，就稀少品生产而言。为了获得更大收益，逐利厂商通常会投入大量资源生产那些需求量极少的高等级产品，而针对社会大众所需要的物品则会人为地制造稀缺，因为数量少的高级产品以及供不应求的大众品都会导致价格（交换价值）远高于其价值。然而，当一个物品因为稀缺而带来较高的个人价值时，社会价值却往往不升反降。其原因在于，当物品变少时，其使用价值的实现程度往往会变大，进而导致该物品对应的价值上升，而这一变动对个人要较社会更为显著；更不要说，社会价值本身还取决于单位物品价值乘以物品数量，因而物品减少本身就意味着社会财富的下降。事实上，劳德代尔悖论就揭示出私人财富和公共财富之间的不一致：一方面，对私人来说，私人财富体现在其所拥有的货币数量，而货币的多寡取决于其拥有的产品的价格高低，物品的市场价格则取决于产品的稀缺性；另一方面，对社会和国家来说，国民财富根本上体现为其所拥有的使用价值，而使用价值的多寡取决于其创造出的产品多少，而产品的稀少恰恰与国民财富呈反向关系。

上述分析也给出了这样的启示，当某产业或产品出现结构性过剩或失衡时，基于收益或个人财富最大化的考虑，私人厂商通常就不会降价出售给那些产品的高度需求者，更不会免费对外赠送这些"过剩"产品；相反，他们宁愿销毁或浪费掉这些"过剩"产品以提升该产品的市场价格，而这种销毁或浪费明显地减少了国民财富。由此，每当经济大危机来临，往往会出现这种悖象：一方面大量的牛奶和面粉被倒入大海，另一方面又存在许多穷人得不到最基本的食物。这反映出，在市场经济中，私人厂商甚至会通过破坏既有财富以人为制造稀少的方式来追求收益最大化。

由此，我们就可以深层次地认识和理解市场经济中的这一悖象：一方面存在大量的商品滞销或浪费，另一方面又有大量人口得不到基本必需品。根本上说，经济危机时所出现的产能过剩就根源于这种产品的供求结构失衡。相应地，要从根本上解决经济危机时呈现出的产能过剩问题，就不能简单地回归供给学派的市场放任主义政策。其原因就在于，市场经济的运行根基于收益原则，生产的产品主要是满足富人的需求，而无法真正满足社会大众的需要，自然也就难以通过刺激总需求来摆脱经济危机。相反，要克服由"相对过剩"所造成的经济危机，根本上在于缓解和避免产品结构的扭曲和失衡；进而，这就需要以效用原则而非收益原则作为产品生产的根本原则，并由此来实现社会效用的最大化而不是厂商收益的最大化。[①]这也就意味着，我们应该从产业结构的调整而非总需求的刺激上寻找经济危机的解决办法，这就为当前的供给侧改革提供了基本立足点；进而，供给侧改革的基本思路就在于，应该通过适当引入产品生产的效用原则来弥补或缓和根基于收益原则的市场经济所内在的根本性缺陷。在很大程度上，随着"相对过剩"的逐渐暴露，中国社会经常推行的"送货下乡"活动也就是效用原则的一个具体运用，它利用社会组织力量而不是市场机制将在一个地方过剩的产品送到另一个地方以实现社会效用的最大化。当然，这一活动也需要做两点优化：第一，过程需要精细化，"送货下乡"不能成为"伪劣品"的推销场，更不能成为一些人的作秀场；第二，物品需要扩展，从消费品扩展到一些生产品，尤其是要有效利用老少边穷地区建设急需的生产材料。

---

① 这里的效用源于对真实需要的满足，因而它实质上也就对应着古典经济学的使用价值（更进一步说，是可实现的使用价值）或维塞尔意义上的自然价值；这里的收益则来自市场支付，因而主要对应于古典经济学以及维塞尔意义上的交换价值。

基于上述分析，我们获得了一个重大发现：相对于需求侧管理，供给侧管理的根本特征并不体现为在经济增长动力上诉诸劳动力、土地、资本、创新这四大投入的推力来取代消费、投资、出口这三驾马车的拉力，而是体现为在生产和产品供给上以效用原则来取代收益原则；而且，这里的效用原则是从满足人们基于生活进程所产生的真实需要而言的，从而也就不同于源于心理层面并受制于社会诱导的欲求。基于这一逻辑，我们就可以明白，根基于厂商的逐利动机，由市场需求所引导的供给将集中生产那些由富人的较高购买力所支撑的奢侈品以及由攀比效应所激发的"凡勃伦商品"；相应地，这些产品通常满足的是人们相互攀比的心理欲求，而不是根基于生活进程的真实需要。进而，基于这一逻辑，我们还可以通过对科斯中性定理的逻辑解剖而深刻认识到，产权的随意界定通常并不会带来社会效用的最大化，相反，当产权界定给富人时，通常就会以牺牲穷人的效用或福利来换得强势者（厂商）的收益最大化。[①]就此而言，当我们说要进行供给侧的结构性改革以缓解市场供求失衡时，关键在于推进结构性改革的目的以及方式应该基于何种原则？这里揭示出了推进结构性改革的根本原则：社会效用最大化。进而，当中央提出"三去一降一补"（即去产能、去库存、去杠杆、降成本、补短板）这一供给侧改革的重要内容时，我们可以认为这主要是为了解决之前市场无节制发展之恶果所提出的特定时期任务；即便如此，在具体如何有效实现"三去一降一补"的结构性改革时也应该遵循效用原则，要深入辨识那些产能或库存是确切超出了社会发展的需要还是仅仅源于市场机制所造成的一种表象。

三、效用原则的适用性：公共部门分析

随着无节制的市场发展导致产品供给越来越偏离人们的真实需求，这就赋予了在市场经济中引入供给侧管理的必要性和可行性；进而，为有效地贯彻效用原则，供给侧管理又需要引入政府的积极作用而不能简单地将社会问题的解决诉诸市场，因为由于根基于收益原则的市场交易往往不会带来社会效用的最大化。在很大程度上，基于效用原则的供给侧管理也体现了社会主义的性质和诉求，因为社会主义价值观的一个重要体现就是，将稀缺性资源配置到人们最需要的地方而不是资本家可以获得最大利润的地方，即社会主义是为社会需要而非利润生产。正因如此，这里再次强调，生产或产品供给的效用原则是根基于生活进程的真实需要而不是源自市场诱导的心理欲求。

---

① 朱富强：《自由交易能否实现资源最优配置：科斯中性定理的逻辑缺陷审视》，《西部论坛》2019年第2期。

(一) 公共品生产的中轴原理

为了实现社会效用的最大化，根本上有赖于供给侧管理。不过，至少在现阶段，我们必须注意这样两点：第一，根基于效用原则的供给侧管理只是对需求侧管理的补充而不是替代，在现代市场经济中，充分利用市场机制的需求侧管理对经济的有序运行是基础性的，供给侧管理主要是对那些市场机制不及或无效的领域加以补充；第二，供给侧管理的应用典型地体现在那些具有显著公共性的产品供给以及大众必需的产品供给上，而对那些为追求收益而明显损害社会效用的私人性市场行为则主要是加以监督和遏制。举个例子，随着市场经济的发展，占地庞大的高尔夫球场在各大中城市蓬勃新建起来，在深圳、广州等南方地区甚至建立起了人工造雪滑雪场地；但是，这些场所的门票价格通常贵得惊人，从而不是普通大众所能消费的。既然如此，在社会资源还很稀缺的情况下，我们为何不将有效的体育资源用于建设真正为市民所需且提升大众体质的基础运动设施上呢？根本性原因就在于，这些高尔夫球场和人工造雪滑雪场地大多是私人（企业）所建的，他们追求的是个人利益而不是社会效用。不过，如果是政府部门利用公共资金建造的，那么，就应该建更多的大众体育锻炼场所而不是人工造雪滑雪场地之类。

在很大程度上，收益原则和效用原则就体现出私人部门和公共部门进行生产决策的根本性差异：私人部门生产选择何种方式或方向的目的是要实现主导者或所有者的效率，这就是收益最大化；公共部门的生产根本上则是实现社会有效性，从而也是满足全社会成员的效率要求，这就是效用最大化。相应地，收益原则和效用原则也就典型地反映在私人品和公共品的生产上。[①]一般地，公共品生产的基本原则是：如果某公共品的增加能够提高人们的效用，同时一个国家也有能力来增加该公共品的生产（不会降低或排挤能够带来同等效用的私人品和其他公共品的生产），那么，就应该增加该公共品的生产。这就是公共品生产的充足性和可利用性原则，这有助于避免消费者必须支付过高价格以满足基本生活需要并推动现代社会所必需的产业发展。这一认知可以从经济学说史中得到佐证。

譬如，在18世纪末到19世纪中期，一大批法国土木工程师兼经济学家都基于效用原则来承建公共设施，如伊斯纳尔（A. N. I snard, 1749—1803）、纳维耶（H. Navier, 1785—1836）、米纳德（C. Minard, 1781—1870）、古托里斯（C. Courtois, 1790—

---

① 当然，收益原则和效用原则与私人部门和公共部门的运行以及私人品和公共品的供给之间并不存在一一对应关系，相反，对私人部门进行引导和管制时也需要效用原则的指导；这里主要是强调，收益原则和效用原则是当前私人部门和公共部门的生产的主要原则，或者说，至少应该由效用原则来作为公共部门或公共品生产的中轴原理。

1863)、埃利特（C. Jr Ellet，1810—1862）等，其中的代表人物就是边际革命先驱杜普伊特（J. Dupuit，1804—1866）。杜普伊特指出了公共品供给应该遵循的一般原则：只要公共品的价格能够补偿总成本并产生某种"净效用"，政府就应当供给这些物品；相应地，如果公共利益成为物品或服务供给中的基本原则，政府就会按照使消费者剩余最大化的方式运营企业。在这里，法国工程师眼中的效用主要体现为生活进程的需要，从而更接近于古典经济学的使用价值而不是后来的心理效用。

再如，在19世纪后期，瑞典学派开创者维克塞尔实际上主张公共企业的运用应该以效用而非收益为原则。在维克塞尔看来，垄断企业必须为公共利益服务，尤其是那些有"自然"垄断特性的行业中的垄断企业；为此，维克塞尔赞成许多情况下对这些企业进行政府干预，甚至支持对某些行业进行有选择的国有化。同时，维克塞尔还认为，只要有一个适当的税收制度，再加上一个基于边际单位成本的价格政策，就可以实现垄断企业为公共利益服务这个目标。在这里，垄断产品的价格调整通过试错过程进行，直到边际收入和边际成本相等为止，垄断企业的亏损则由一般税收来弥补。就此而言，维克塞尔强调，公共企业应该成为更好地配置资源的手段，而以利润为运行目标则是愚蠢的。[①]显然，维克塞尔的主张体现了供给侧管理的基本思想，也体现了勒讷、兰格和泰勒等社会主义者的经济观点。

（二）何以需要补贴公共部门

由于公共部门基于效用原则而非收益原则来提供社会大众所需要的公共品，那么，该部门就有可能出现亏损。即便如此，公共部门依然有存在和发展的必要，因为它提升了社会大众的效用水平。问题在于，如何维持通常会亏损的公共部门呢？一般地，在混合经济中，通常需要向那些基于收益原则进行生产的私人部门征税来补贴和维持基于效用原则进行生产的公共部门，或者基于支付能力原则向富人征税，由此就导向了累进制所得税。

事实上，针对道路、港口以及其他社会公共设施，维克塞尔就主张，只要新提供的服务有利于总体利益，那么就应该通过对有"支付能力"的资源征税来提供支持；如果只有利于人口中的部分群体，那么就应该根据受益原则来决定。之所以需要由私人部门来补贴公共部门，这不仅是为追求社会效用最大化的效率问题，而且也是公平问题。基本理据在于，公共部门生产的公共品不仅有利于那些直接享有的人，而且也有利于间接享受的人，尽管后者往往被忽视。不幸的是，现代经济学在进行应用政策

[①] 塞利格曼：《现代经济学主要流派》，贾拥民译，华夏出版社2010年版，第565页。

的研究时几乎都是根基于局部分析，由此来评判公共品时往往就会犯有"破窗谬误"：只看到政府为这些公共品所支出的成本，却看不到失去这些公共品而需要另外支付的更高成本。

为了更清楚地阐述这一点，这里举两个例子。例一，就公共交通的补贴而言。随着城市规模的不断扩大，现代世界各国以及各大城市都极为重视公共交通的建设，而这些公共交通通常还是亏损营业的。这显然不符合现代经济学的效益原则。那么，各国为何还需要这么做呢？基本理由就是，如果缺乏廉价而便捷的通勤交通铁路，人们尤其是上班族就只能集聚在城市中心，由此就会衍生出教育、医疗、安全，以及城市交通等问题；相应地，一个良善组织的社会就应该为人们搬迁到郊区而产生的通勤成本提供补贴，否则社会将需要支付另一种更大的成本。例二，就住房补贴而言。一些良善组织的国家和地区通常也会为那些收入较低的群体提供廉价的公共住房，新加坡就是典型例子。那么，为什么需要这么做呢？其基本理由也在于，如果没有补贴，低收入群体被迫居住在贫民窟，由此不仅会滋生丑恶和污秽，而且也容易传播犯罪和疾病，而所有这些都将威胁到整个社会。所以，伯恩斯坦就写道："这就证明了以净亏损模式而不是盈利模式来维持公共服务是合理的，因为它们对整个社会是有益的。邮政系统的存在使我们都能受益。事实上，如果没有它，经济体系将无法运转。……邮政服务与污水处理一样必不可少。那么为什么它必须以盈利模式运营呢？既然一旦没有它，整个社会的结构会崩溃，为什么不该由社会和那些很少直接使用它的人来补贴呢？"[①]更进一步地，伯恩斯坦还提出一个指导原则："服务对整个社会至关重要，我们所有人必须为负担成本作出贡献。只要求那些直接使用它的人来承担全部的成本是错误的。"[②]

四、供给则管理的理论基础：古典经济学

从经济学说史上看，古典经济学集中关注的对象就是生产，这包括如何通过生产来推动经济增长，如何生产满足人们最需要的产品，等等。相应地，供给侧管理可以追溯到古典经济学，可以追溯到斯密基于必需品的生产来界定生产性劳动这一出发点

[①] 伯恩斯坦：《繁荣的代价：不确定性时代政府行为及其影响》，王正林译，中信出版集团2020年版，第69页。

[②] 伯恩斯坦：《繁荣的代价：不确定性时代政府行为及其影响》，王正林译，中信出版集团2020年版，第71页。

上。①其中最为典型的代表人物就是西斯蒙第,他将人的需要及其满足视为经济活动的第一也是唯一的目标,进而认为政治经济学的目的是研究财富和国民享受的关系,而政府则应该指导和管理财富的生产、流通和分配以满足人的需要。为此,西斯蒙第考察了与社会幸福相关联的人类需求、愿望和享受,认为"穷人的享受包括丰富、多样化和卫生的食品;与气候相适应、数量足够的干净的衣服;同时考虑到气候和取暖需要的卫生的、舒适的住宅。最后,通过同样的劳动,穷人至少将得到同样的享受,确信未来的生活绝不低于现在。……达到这种标准的生活条件是人们的共同权利,对所有使共同劳动取得进展的人们来说,这种生活都应该得到保障"②。

（一）辨析两个有效需求概念

为了深化认识供给侧管理的旨意,我们可以辨识经济学说史中的两个"有效需求"概念。第一个是斯密提出的有效需求概念,它是指在支付足以补偿生产成本的"自然价格"下消费者对商品的需求。第二个是现代经济学教材中宣扬的有效需求概念,它是指在既有市场价格下消费者愿意并且能够购买商品的需求。显然,两个有效需求概念是不同的:斯密的有效需求概念以自然价格为基础,由此形成的市场均衡将实现社会劳动基于效用的有效配置;现代的有效需求概念则是以市场价格为基础,由此形成的市场均衡将实现社会劳动基于效益的有效配置。根本上说,斯密意义上的有效需求概念就体现了供给侧视角,因为它撇开了由购买力差异所衍生出的对相对效用的追逐而更能体现人们的真实需求;相应地,这一有效需求所实现的也就接近于维塞尔意义上的自然价值,体现出一个社会进行生产和产品供给的真实能力和努力。与此不同,现代经济学的有效需求概念则体现了需求侧视角,因为市场需求中包含了由购买力所引致的心理欲求;相应地,这一有效需求所实现的就是维塞尔意义上的交换价值,体现出各个消费者的不确定性的心理反应。

事实上,斯密写道:"愿意支付商品的自然价格的人,可称为有效需求者,而他们的需求,可称为有效需求",而"此种需求与绝对需求不同,一个贫民在某种意义上也许可以说有一辆六马车的需求,但他的这种需求并不是有效需求,因为那马车绝不是为满足他的这种需求而被带入市场的。"③基于斯密的分析可以得出两点认识。第一,每种商品的供给所基于的是有效需求而不是绝对需求:当市场上的商品供给超过其有效需求时,其价格的某些组成部分就会降到自然率以下,进而促使这部分投资被撤回,

---

① 朱富强:《正视"供给侧改革"的理论偏误》,《探索与争鸣》2016年第6期。
② 西斯蒙第:《政治经济学研究》第1卷,胡尧步等译,商务印书馆1989年版,第13页。
③ 斯密:《国民财富的性质和原因的研究》上卷,郭大力、王亚南译,商务印书馆1972年版,第51页。

直到市场上的商品恰好足够供应其有效需求，而价格中所有组成部分都回升到其自然水平；相反，当市场上的商品供给低于其有效需求时，其价格的某些组成部分就会上升自然率以上，进而促使这部分投资增加，直到市场上的商品恰好足够供应其有效需求，而价格中所有组成部分都下降到其自然水平。第二，这种有效需求与商品的自然价格和生产成本有关：当商品的自然价格和生产成本下降时，有效需求通常会上升，由此也就形成一条向下倾斜的需求曲线。就此而言，随着生产规模的扩大和技术水平的提高，商品的生产成本通常会趋于下降，这就会提升斯密意义上的有效需求；相应地，为了满足不断上升的有效需求，相应的商品供给也就会增长，从而使得人们的效用不断提升。

进一步地，不仅斯密基于生产成本的价格水平来界定和评估有效需求，而且这也是古典经济学家的基本思维。譬如，承继斯密的思想，马尔萨斯对有效需求的定义就是："商品的有效需求就是一种能满足商品供给的自然和必要条件的需求。"[①]也就是说，有效需求不是任何一种有支付能力的需求，而是支付商品生产所需要的工资、利润和地租等生产费用的需求。进而，马尔萨斯将商品价格上涨而不会引起变化的需求称为需求强度，并认为需求强度决定着商品的价值。在这里，需求强度与价格上涨有关，价格上涨又与生产费用增加和供给减少有关；相应地，马尔萨斯就将需求强度与生产费用及供给相联结，将商品价值与生产费用相联结。不过，马尔萨斯又强调，生产费用之所以会影响价值，是因为它影响到供求，从而在价值决定中只起到次要作用；同时，在价值决定中发挥主要作用的是由"有用性"决定的"需求强度"，而这个"需求强度"不同于现代经济学意义上基于现有市场价格的具有购买力的需求。为此，马尔萨斯指出，真正决定价值的因素是"需求强度"，而研究价值就要研究人们对商品交换的意愿和能力，即有效需求。

（二）辨析有效需求的政策寓意

由于两个有效需求概念的内涵不同，也就指向了不同的经济政策。一方面，在斯密有效需求概念的引导下，通常会有利于实现由真实成本引导的资源有效配置；究其原因，基于效用原则的供给侧管理所导向的产品生产将有利于开拓新的需求，由此不仅可以激发产品的创新以及行业的升级，而且还可以避免低级产品的过剩。另一方面，在现代有效需求概念的引导下，则会导向由机会成本诱导的资源扭曲配置；究其原因，基于收益原则的需求侧管理所导向的产品生产根本上要受到市场需求的约束，由此不

[①] 马尔萨斯：《政治经济学原理》，厦门大学经济系翻译组译，商务印书馆1962年版，第71页。

仅可能会抑制新技术的应用和新产品的创造，而且还会引发旧产品的生产过剩。尤其是，随着生产规模的扩大和技术水平的提高，商品的生产成本通常会趋于下降，由此通常就会提升斯密意义上的有效需求；进而，由于这种有效需求充分利用了社会技术和生产力水平并且能够满足社会大众的需求，从而也就可以更好地实现资源的有效配置和社会效用的最大化。这意味着，斯密意义上的有效需求可以与技术进步实现更好的结合，由此引导的生产可以更好地利用现有技术，由此也就有助于解放技术利用的束缚而提升生产力。

事实上，斯密的有效需求概念并不仅仅停留在理论上，而是在实践中曾经得到广泛应用。这充分体现在法国，因为法国有一大群土木工程师从事桥梁运河等基础设施的布局和建造，在此过程中充分引入了个人需求和消费者福利的考虑。譬如，早在19世纪初，法国著名工程师亨利·纳维耶（H. Navier）就实际运用这一理念来建设运河和桥梁等公共工程：他用一条运河或桥梁运送的物品数量乘以它所减少的运输成本来估算此项工程的收益，如果这项收益大于正在发生的项目年成本，那么，这项工程就应该修建，而修建成本则应该从税收中出资。①同样，在二战后世界各国所积极推行的公共设施建设中，政府在规划一个项目时大体上也是在权衡所支付的成本和潜在的收益。

最后，需要指出，尽管斯密意义上的有效需求有利于解放技术利用的束缚，但如何解放技术创新和传播上的束缚呢？譬如，俄罗斯拥有非常先进的军事工业技术，但工业生产以及经济发展却并不如意，因为这些先进的军事工业技术没能有效地向民用工业转移。这也反映出，技术的创新和传播不能由政府部门来主导，而是要充分发挥个人的积极性；进而，这种积极性通常由人的逐利性以及相应的贪欲所激发，而这显然需要诉诸市场机制及其基于的利润和收益原则。在这个意义上说，现代经济发展又不能完全实行供给侧管理，尤其不能完全实行政府主导的供给侧管理，而是要实现供给侧管理和需求侧管理的有机结合。至于如何结合，则需要界定不同产业和产品的公共性和私人性。尽管如此，我们还是应该清楚，需求侧管理侧重于解决短期内的市场失衡问题，供给侧管理则是经济长期发展的保障。就此而言，在当下国内外宏观经济环境下，中国社会经济政策要着眼于长期稳定和有序发展，从而也就需要引入供给侧管理，这也意味着相关政策应该回归斯密意义上的有效需求原理。

---

① 巴克豪斯：《西方经济学史》，莫竹芩、袁野译，海南出版社、三环出版社2007年版，第152页。

五、萨伊定律及其寓意：思想史的考察

上面的分析表明，真正的供给侧管理应该是基于效用原则并且需要引入政府的积极作用。不过，流行的观点却将嵌入新古典自由主义的新古典宏观经济学视为供给侧的，而将主张积极政府功能的凯恩斯经济学视为需求侧的。例如，谢克就写道："新古典宏观经济学是供给侧经济学，因为它宣称，在短期内，产出水平是由以下两点决定的：一是资本存量使用上的利润最大化，二是劳动力存量上的充分就业。如果劳动力供给增加，那么从长期来看，产出和资本也会适应劳动力的增长率。在同样水平的抽象下，凯恩斯主义宏观经济学是需求侧经济学，因为它认为短期产出（从而资本的利用和劳动力的就业）是受总需求中相对自主的那部分（自主消费和投资）控制的。因此，产出的增长源于自主性需求的增长，而自主性需求可能足以也可能不足以维持产能的充分利用和/或劳动力的充分就业。"[①]那么，究竟该如何理解这种流行认知呢？这里就此做一解析。

（一）萨伊定律的前提条件

流行的观点之所以将供给侧改革与新古典宏观经济学联系起来，并以此来强化市场机制的作用而否定政府干预，进而促使了新古典自由主义经济学的崛起和复兴，一个重要的理论关联就是萨伊定律。其逻辑依据是：（1）供给侧改革与供给学派因为都强调"供给"而发生联结并存在着显著的"亲和力"，而供给学派所针对的恰恰是凯恩斯经济学主张的政府运用财政政策来增加需求以刺激经济增长的需求管理政策；（2）供给学派的理论基础就是通常被简化为"供给创造需求"的萨伊定律，这成为几乎新古典宏观经济学所有派别（如货币主义学派、理性预期学派、真实周期学派、供给学派等）的理论基础。[②]那么，究竟该如何认识萨伊定律呢？在很大程度上，供给学派主张摒弃当时流行的"需求自动创造供给"信条而回到古典经济学重视供给的传统中去。施莱弗就指出，《华尔街日报》主编万尼斯基（J. Wanniski）创造"供给学派"一词时就是"认为供给学派能够复兴从斯密到马克思的古典理论，其特别的原因在于它更注重生产而不是需求"。[③]为此，这里就萨伊定律的潜含寓意展开批判性审视和发掘。

首先，萨伊定律实际上表达了这样一种深层含义：总需求和总供给并非彼此独立，

---

① 谢克：《资本主义：竞争、冲突与危机》，赵准、李连波、孙小雨译，中信出版集团2021年版，第930页。
② 朱富强：《正视"供给侧改革"的理论偏误》，《探索与争鸣》2016年第6期。
③ 施莱弗：《经济学家的假设》，邓春玲、刁军、韩爽译，格致出版社、上海人民出版社2019年版，第224页。

任何一个工业部门（或企业，或个人）产品的需求都源于所有其他工业部门（或企业，或个人）的供给，因而供给的增加将导致需求也随之增加；相应地，危机的原因就不能单单用"生产过剩"去解释，而应从供给结构上去分析。究其原因，现实世界的供给并没有满足所有人或绝大多数人的需求，只是供求结构上存在严重失衡而造成"相对过剩"，这源于产品供给的不合理而非社会需求的不足，从而也应该从产业结构的调整而非总需求的刺激上寻找解决办法。事实上，每次的经济大危机都表明，尽管有巨额的商品因滞销而丢弃，有大量的资源因"闲置"而浪费，但同时往往伴随着更多的人得不到最基本的食物等生活必需品，大量的穷人流离失所。

其次，萨伊定律的成立依赖于这样一个基本前提：创造出的产品对人们是真正有用的。其原因在于，只有生产出的产品是满足人们需要的，才可以卖出去而获得收入，进而才可以获得相应的购买力并提供相应的市场需求。正是在这个意义上说，"一种产物一经产出，从那时刻起就给价值与它相等的其他商品开辟了销路"[1]，才能创造出新的市场，从而才会有萨伊的"生产给产品创造需求"[2]。这就带来一个关键问题：如何保证所生产出的产品有用？嵌入新古典自由主义的现代主流经济学诉诸市场机制，认为具有市场需求的产品就是有用的，而且市场需求越大的产品就越有用，而市场需求的强度又由市场价格来体现；这样，商品的有用性大小就由其市场价格来体现，这就是萨缪尔森发展出的显示偏好理论。不过，显示偏好理论存在严重的逻辑缺陷，也无法为经验事实所证实，这包括心理层面的效用本身就是变动不居的，决定商品价格还包括购买力等。

当然，有用性与市场需求之间脱节这一困扰当前现实的问题，对萨伊以及其同时代学者来说并不重要。究其原因，当时还处于消费者主权时代：（1）当时的物质产品还很不丰富，甚至还存在明显的物品短缺，人们的需要主要局限在生理层次，从而受到厂商诱导的心理效应并不显著；（2）当时的市场还很不发达，生产和需求主要局限在一定范围的市场上，从而厂商可以容易地辨识人们的生活需要而生产那些符合人们真实需要的产品。正是由于当时的市场需求显著地取决于人们基于生产进程所滋生的真实需要，相应地，一个产品的有用性大小大体上也就可以由其市场需求程度得到反映。显然，正是根植于这一社会环境，萨伊就认为，自由竞争的资本主义经济中不会出现普遍过剩，因为任何厂商都不会让其产品长久过剩。

由此，我们就可以得到这样的认识。一方面，萨伊定律依赖的"有用产品"在萨

---

[1] 萨伊：《政治经济学概论》，陈福生、陈振骅译，商务印书馆1963年版，第154页。
[2] 萨伊：《政治经济学概论》，陈福生、陈振骅译，商务印书馆1963年版，第152页。

伊时代具有较为合理的现实基础。萨伊分析道：最大的利润并不是得自最贵重或最不必需物品，而是得自最普通和最不可缺少物品……（其原因是，）最不可缺少物品的需求必然是永久的，因为这个需求是由实际欲望所激起的，所以这个需求总是随生产手段的增长而增长。相反地，不必要物品的需求不随生产这些物品的能力的增长而增长。意外的抢购，也许能够使它的价格大大超过自然价格，即大大超过生产费用，而时尚的更易可能又使它的价格降到比自然价格低得多。对富人来说，不必要物品也不过是次要物品，极少数有能力享用的人才需求这些物品。当意外的灾难使人们不得不减低他们的费用，即当他们的收入由于战祸或纳税或荒歉而减少时，首先撙节的总是最不需要消费的物品。这也许足以说明，为什么从事生产不必要物品的生产力的报酬，一般总是低于从事生产其他物品的生产力的报酬。[①]另一方面，萨伊的论断显然与当今社会现实存在巨大反差：现实世界中通常是最不需要的物品的销售利润最大，因而厂商通常也就蜂拥去生产这些最不需要物品。当然，萨伊也正确地分析道：当意外的灾难来临时，人们也首先减少这方面的费用，导致这些厂商的利润下降甚至破产。正是基于这一逻辑，市场经济的无节制发展也就会孕育出经济危机。

（二）萨伊定律的现实脱节

自萨伊之后，西方资本主义社会不仅爆发了经济危机，而且经济危机的规模还变得越来越大，对社会经济带来的危害也变得越来越严重。这显然与萨伊对市场的乐观主义相悖。萨伊定律之所以不再有效的基本原因就在于，随着需求逐渐从生理性的真实需要层次转向社会性的心理欲求层次，以及市场逐渐从熟人市场转向距离越来越远的陌生人市场，那么，由市场激发的生产就会与需求产生越来越多的脱节。具体来说，在于（1）随着市场的不断拓展以及交易半径的不断扩大，厂商生产的产品所面对的是信息越来越缺乏的消费者和市场，从而就会导致生产和需求之间出现脱节；（2）随着物质产品的日益丰富以及人们社会性需求的日益提升，市场需求就会呈现出越来越大的不确定性，以致厂商就越来越难以掌控和把握市场的需求进行生产；（3）随着市场经济的无节制发展以及生产者主权逐渐取代消费者主权，逐利商人就开始有意识地引导人们的需求，而这种被诱导的需求与基于生活进程所衍生的真实需求通常并不一致；（4）尤其是，逐利厂商热衷于生产那些交换价值远高于其价值的高档品或奢侈品，而这类产品并没有向消费者提供与其交换价值（价格）相称的"有用性"，从而也就没有需求的坚实基础。试想：如果消费者的需求如此容易辨识，通用汽车这样的跨国公司

---

① 萨伊：《政治经济学概论》，陈福生、陈振骅译，商务印书馆1963年版，第397—398页。

又如何会破产呢？

在经济学说史上，仅仅比萨伊小11岁的西斯蒙第就发现，当时的产品通常找不到那么多的销路，以致生产出来的产品无法卖掉而形成收入，由此就产生了经济危机。生产与需求之间的脱节在经济全球化时代会变得更为明显、也更为严重。基本原因是，全球化将各国的社会经济联动在一起，任何一点意外变动都可能通过蝴蝶效应而对全球经济活动造成巨大的扰动；尤其是，私人厂商致力于生产的奢侈品在遭遇不确定的外来冲击时通常更容易出现市场需求的显著下降，由此就会引发出产能过剩的经济危机。为此，吉登斯就将全球化定义为"远距离行动"，并且将之描述为一种"失控的世界"：尽管全球化为跨国公司以及金融资本主义的扩展增加了个人的机会，但接踵而来的就是迷失方向和无能为力的体验，这可以从2008年经济危机以及此后的全球经济学发展状况中窥见一斑。所有这些都表明，在完全由私人厂商主导的现代市场经济中，产品的生产通常乃至必然脱离人们的真实需要，从而也就会不断孕育出大规模的经济危机。其深层理由就在于，奢侈品尽管因为提供了某种使用价值并满足某些人的需求而具有价值，但它的价值要远低于交换价值，从而就潜伏着卖不出去的危险，这是经济危机根本性的物质和社会基础。

正是观察到资本主义生产与消费之间呈现出越来越大的脱节，而根基于萨伊定律的古典经济学又偏重于财富的创造而忽略财富的享受，西斯蒙第就致力于重新定位经济学。在西斯蒙第看来，政治经济学的目的不在于财富的增加，而在于国民享受的增加；进而，为提高国民的享受和人的幸福，就需要提高人的消费尤其是物质消费。为此，西斯蒙第就把消费提到了首要地位。同时，西斯蒙第指出，作为消费者，人是按照自己的需要来生产的。西斯蒙第写道："任何人起初都是生产自己要消费的东西；由于他了解自己的需要，便根据自己的需要来安排自己的劳动。……而且每个人在生产的时候，必须考虑到整个社会最迫切的要求，因为他的劳动果实就是为满足这种要求的。"①这就意味着，是消费决定生产而不是相反，消费既是生产的动机也是生产的目的，生产应当服从于消费。正是由于把人的需要及其满足视为经济活动的第一也是唯一的目标，西斯蒙第不仅反对李嘉图的"为生产而生产"，也反对生产者主权对消费的诱导；相反，他主张基于人的需要出发来探讨社会生产过程，生产那些能够满足人们生活进程所需要的东西。显然，西斯蒙第的思想体现出了供给侧管理的内核，即应该生产那些能够满足人们需要的产品。

---

① 西斯蒙第：《政治经济学新原理》，何钦译，商务印书馆1997年版，第63页。

最后，需要指出，萨伊定律实际上对应着马克思经济学的简单再生产及其实现条件：即生产规模不变的社会总资本再生产，资本家将剩余价值全部用于个人消费而没有资本积累。马克思经济学将整个社会生产划分为两大部类：生产生产资料的第Ⅰ部类和生产消费资料的第Ⅱ部类；同时，又将社会产品分为三部分：生产资料的消耗、工人必要生活资料的补偿和剩余产品。于是有：第一部类Ⅰ．$w_1 = c_1 + v_1 + m_1$；第二部类Ⅱ．$w_2 = c_2 + v_2 + m_2$。简单再生产实现的基本条件就是：第Ⅰ部类的可变资本和剩余价值的总额等于第Ⅱ部类的不变资本，即$v_1 + m_1 = c_2$。在这种情况下，生产资料和消费资料的交换将会导致两大部类出清，从而使得社会总供给和总需求归于均衡。问题就在于，这一条件并不会总是得到满足，资本家为追求规模不断扩大的再生产而积累资本，因而就会有$v_1 + m_1 > c_2$。此时，扩大再生产实现平衡的条件就在于第Ⅰ部类的可变资本（v_1）加上追加可变资本（$\triangle v_1$），再加上本部类资本家用于个人消费的剩余价值的总和（$m_1 x$），必须等于第Ⅱ部类原有不变资本（c_2）加上追加不变资本（$\triangle c$）的总和，即$v_1 + m_1 x + \triangle v_1 = c_2 + \triangle c_2$。但显然，这种平衡是在走钢丝，必然是不稳定的。其原因在于，资本积累、生产投资，以及社会消费都有其各自规律，甚至沿着各自的路径依赖而陷入路径锁定之中，从而就会出现个别生产的有组织性和整个社会生产的无政府状态之间的对立。所以，马克思指出，在资本主义社会中，社会再生产顺利进行的条件并不能自发实现，因而资本主义总是通过经济危机来建立经常被破坏的平衡。事实上，如果说经济危机在简单再生产下属于偶然事件的话，那么在扩大再生产中就成为常态。

六、"供给学派"的偏至性发展

萨伊处于古典主义时期，而关注产品的供给正是古典经济学的基本特色。首先，就关注议题上说，基于当时人们的（物质）生活需要还远远不能得到满足这一情势，包括马克思经济学在内的古典经济学致力于解决物质财富的匮乏问题：不仅从劳动投入角度来建立价值理论，而且基于劳动分工和生产力提升角度来构建经济增长的供给推动论；相反，随着生产力的不断提升和物质资料的不断丰富，边际革命以降的新古典经济学和凯恩斯经济学等就转向解决市场有效需求不足的问题，不仅从效用最大化角度来建立福利理论，而且从对市场需求的各种刺激和诱导角度来构建经济增长的需求拉动理论。其次，从研究思维上说，包括马克思经济学在内的古典经济学（也包括奥地利学派在内的一些现代非主流经济学）根本上采用纵向方法，侧重于分析跨时间的异质的生产过程,并通过促进分工深化来提升全要素生产率进而提高潜在产出水平;相反,以凯恩斯经济学和新古典经济学为主体的现代主流经济学则采用横向方法,倾向于将生产和消费放在同一时点或截面上进行整体分析,从而也就不关注生产组织的变动和产业结构的延伸,更无以揭示全要素生产率变动的根源。从这个角度上说,注重产品结构的"供给侧"改革的理论基础就在包括马克思经济学在内的古典经济学(也包括奥地利学派在内的一些现代非主流经济学)而不是新古典经济学和凯恩斯经济学等现代主流经济学。[①]

显然,与当时的其他古典经济学家一样,萨伊也集中关注产品的供给;但同时,萨伊对供给与需求间关系的理解往往又趋于抽象和偏至,以至于萨伊定律被简化为"供给创造需求"原理。究其原因有二:(1)萨伊本身就是一位极端的自由放任主义者;(2)萨伊还深受法国笛卡尔理性主义的影响。在很大程度上,正是通过这种简化,萨伊定律撇开了货币的影响而将商品的供求直接联系在一起,而这种简化思路也与古典主义时期流行的货币数量论相一致。结果,在学说史上,萨伊定律得到了李嘉图、西尼尔、麦克库洛赫,以及穆勒父子的赞成,并为马歇尔、庇古等新古典经济学默认;同时,却遭到马尔萨斯、西斯蒙第以及马克思等人的激烈批判,凯恩斯甚至以此来界分古典经济学和现代经济学。当然,早期的批判主要是基于社会事实而非理论逻辑,而没有区分物物交换经济和货币经济所带来的需求差异,没有考虑货币幻觉、坎铁隆效应,以及真实余额效应等,而这些构成了1936年的凯恩斯革命对萨伊定律进行批判的基础。正因如此,萨伊定律成为几乎所有自由主义经济学尤其是供给学派的理论基础,同时也成为凯恩斯经济学和马克思经济学等的批判对象。相应地,当"供给侧改革"被误以为是向萨伊定律的简单回归时,也就必然会引发不同经济学学派间的激烈争论。

萨伊定律在现代经济学中的复活主要归功于供给革命,并且由于渗入了20世纪70年代兴起的理性预期说而获得了进一步的偏至性发展。事实上,针对西方社会普遍出现的滞胀危机,供给学派所提出的思维革命本质上是双重的。一方面,在问题的成因上,它将现代经济问题归咎于产品供应不足,而这决定于劳动力和资本等生产要素的供给和有效利用;相应地,它反对通过增加需求来刺激经济增长的需求管理政策,而主张通过提高生产力来实现经济增长。显然,这是对自边际革命以来单方面鼓励消费的新古典经济学的否定,并且实质上是向古典经济学的回归。另一方面,在解决的政

[①] 朱富强:《经济增长的逻辑:基于新结构经济学视角》,北京大学出版社2018年版,第22页。

策上，它将市场主体的行为视为对报酬刺激的反应，个人和企业提供生产要素和从事经营活动是为了谋取报酬，而自由市场则会自动调节生产要素的供给和利用；相应地，它主张消除阻碍市场调节的因素，让市场机制充分发挥作用。显然，这又是对当时占统治地位的凯恩斯经济学的否定，并且是向自由主义经济学的回归。也即，供给学派实质上具有双重性：不仅反对只关注消费和需求的边际效用学派经济学，而且反对主张政府干预来解决有效需求不足的凯恩斯经济学。究其原因，两者的问题关注和政策视角是一致的：自边际革命以降，经济学重视生产和供给推动的经济发展路径就为重视消费和需求拉动的经济发展路径所取代，凯恩斯不同于边际效用学派之处只是在经济衰退时用国家干预来代替市场机制或用公共支出来弥补个人支出的不足以提升社会总消费。因此，供给学派主张摒弃当时流行的"需求自动创造供给"信条而回到古典经济学重视供给的传统中去，乃至复兴了萨伊的"供给创造需求"原理。施莱弗就指出，《华尔街日报》主编万尼斯基（J. Wanniski）创造"供给学派"一词时就是"认为供给学派能够复兴从斯密到马克思的古典理论，其特别的原因在于它更注重生产而不是需求"[1]。

正是由于供给学派所针对的是当时占统治地位的凯恩斯经济学政策，从而也就将当时的问题归咎于国家的过度干预所导致的市场失灵：公共开支的增加抑制了储蓄和私人投资，并导致财政赤字的扩大和货币供给的过多，最终酿成通货膨胀和滞胀危机。相应地，供给学派就不可避免地走向与凯恩斯经济学相对立的自由主义经济学。显然，自由主义经济学的基本特色就是，主张发挥市场机制的资源配置作用，推崇企业家在市场活动中的积极角色，而企业家行为往往是对利润机会和经济刺激的反应。为此，供给学派强调，政府的基本任务在于通过改变经济刺激来影响个人和企业行为。同时，针对当时的经济衰退，供给学派提出刺激生产的基本举措就是减税。其理由是：经济主体进行活动的最终诱因是获得报酬或利润，因而税率特别是对工资、利润、利息、租金等增加部分所征收的边际税率的高低就是一个至关重要的刺激因素；相应地，降低利润收入税可以增加富人的储蓄，而随之带来投资增加，扩大生产和就业。另一个相配套的政策则是削减福利支出。其理由是：实行减税政策的同时如不削减政府开支将会导致财政赤字，从而加剧通货膨胀；而且，失业保险会鼓励人们失业，社会保险会削弱个人储蓄，社会福利会抑制人们的工作积极性。也就是说，正是由于供给学派强调由市场主导的供给，实行自由放任的经济政策，并以简化的萨伊定律为理论基础，

---

[1] 施莱弗：《经济学家的假设》，邓春玲、刁军、韩爽译，格致出版社、上海人民出版社2019年版，第224页。

从而就成为自由主义经济学的重要成分。

问题是，简单地求诸市场机制能够真正解决当前社会的供求结构失衡问题吗？难道不受节制的私人投资不应该对当前严重的产能过剩现象承担部分责任吗？其实，奥地利学派的维塞尔等很早就指出，市场机制的运行根据的是效益原则，厂商集中生产的主要是富人需求的奢侈品，因为富人强大的购买力决定了这些产品的交换价值远高于其自然价值；相应地，一个社会的收入差距越大，富人的购买力越高，奢侈品的交换价值越大，由市场机制决定的社会资源就更显著地集中在这些产品的生产上。同时，社会的攀比效应，使这些领域的需求和生产呈现出了畸形的繁荣，出现了不断延长的生产链；而一旦由于受某种原因所触发而导致人们的需求能力下降，人们首先削减这些被诱导的奢侈品需求，从而使得此领域的大量投资成为泡影，这也就是目前的产能过剩问题。更进一步地，当某产业或产品出现结构性过剩或失衡时，私人厂商也不会降价出售给产品的需求者或不足者，反而宁愿将之销毁或浪费掉以提升该产品的市场价格以谋求更多利益。为什么会如此呢？劳德代尔悖论早就剖析了私人财富和公共财富之间的悖论：一方面，私人财富源于产品的稀缺性，从而宁愿销毁掉这些结构性过剩的产品也不愿免费赠送或者降价出售给那些需求者；另一方面，国民财富则源于产品的使用价值，产品销毁或浪费明显降低了国民财富。由此我们可以看到，经济大危机之时有大量的牛奶和面粉被倒入大海，而同时又有更多人得不到最基本的食物。根本上说，供给侧基于的是效用原则，是为了追求社会效用最大化；市场经济则主要基于收益原则，是为了满足市场需求尤其是富人需求以获得私人收益最大化。从这个意义上说，简单地回归供给学派的市场政策根本上无法解决甚至可能加剧目前的产能过剩危机。

总之，我们不能简单地以萨伊定律来理解"供给侧改革"，更不能将"供给侧改革"等同于供给学派经济学。供给学派以萨伊定律为理论基础，而萨伊定律在处于简单商品生产阶段的早期资本主义也许具有一定的时代适用性，但在现代社会已经越来越脱离社会现实了。实际上，在萨伊定律中，货币仅仅是起交换媒介职能的一个面纱，但这没有区分物物交换经济和货币经济带来的需求差异，也忽视了经济体制的不确定性、坎铁隆效应，以及真实余额效应等。譬如，实际余额效应就指出，任何实际余额的变化都将直接影响商品与劳务的供求。其基本机理是：（1）每个人在货币余额持有以及商品和服务开支之间有一种愿望比例；（2）价格下降导致所持有货币的实际价值上升，使得流动性供给量出现多余；（3）人们把多余的货币供给量部分地用于商品和服务支出。确实，在萨伊时代，资本主义生产不是追求剩余价值的扩大再生产，人们生产产品的主要目的是获得另外的产品。但是,随着生产规模的日益扩大,资本主义生产方式和目的都发生了明显转变,从而生产和消费之间也就出现越来越多的脱节。从人类历史的发展实践看,也只是到了1825年,西方社会才爆发了第一次全面的经济危机,而此时萨伊、李嘉图等人都已经去世了。但随着边际主义的兴起,瓦尔拉斯进一步强化了萨伊定律并构建了一般均衡体系;尤其是,随着20世纪70年代供给学派的兴起,特别是以理性预期为指导的经济学逐渐走上形式化的道路,"萨伊定律"又开始在经济学中被奉为圭臬。显然,这正反映出现代主流经济学理论与现实之间的脱节,需引起我们的反思,而不是简单地套用现有流行理论来指导实践。

七、观点审视:两大流派比较

在辨析了萨伊定律的潜含寓意之后,我们就可以更清楚地辨识两种流行观点:凯恩斯主义经济学是需求侧思维,新古典经济学则是供给侧思维。支持这两种观点的理由是:凯恩斯主义经济学从投资、消费和净出口这三驾马车来看待经济增长,新古典经济学则关注资本、劳动力和技术的作用。同时,有人认为,这两大基本理论都存在根本性缺陷,而只有奥地利学派才能为经济增长提供更为有效的理论基础。那么,如何认识这一观点呢?其实,基于上述对供给侧管理和需求侧管理之根本特征的剖析,我们不难发现,这种观点在相当程度上洞察了时下流行的两大理论体系的缺陷,但同时又夸大了奥地利学派的理论价值。

(一)推崇奥地利学派的一个观点

为说明这一点,我们先来看看这种观点是如何批判新古典经济学和凯恩斯经济学并由此引出对奥地利学派之无限推崇的。

首先,就由索洛开创的新古典增长理论而言。它有两个基本要点:(1)将生产要素投入视为自变量而将产出视为因变量,技术存量则决定生产函数的形式;(2)在规模报酬不变的假设下,将劳动和资本各自贡献的份额之和等于1,超出1的实际增长部分则被视为由技术进步带来的"全要素生产率"。对此,张维迎提出了两点批评:(1)技术被假设为外生的,从而没有关注推动技术进步的因素。当然,后来发展出的内生增长模型进一步将技术进步内生化,进而把经济增长归功于知识积累,并由此来解释规模报酬递增效应。但即便如此,这也仅仅强调了政府在教育和科研方面的投入,而没有考虑创新的技术进步以及企业家的作用。(2)只关心资本的数量而不关心谁主导资本投资,从而变相为政府主导投资提供了理论依据。但实际上,谁投资通常要比投资多少更为重要，如政府投资和企业家投资的效果就完全不一样。

其次，就凯恩斯主义经济学理论而言。它建立在"总需求＝投资＋消费＋净出口"这一统计恒等式基础上，进而，经济增长就决定于投资、消费和净出口这三个变量；相应地，政府就可以凭此理论来干预，甚至操纵经济增长，其主要办法是通过货币政策和财政政策刺激投资、消费和净出口，如所谓的"投资拉动""出口拉动"以及"消费拉动"等。对此，张维迎提出了三点批判：（1）人类投资的根本目的在于提高生产率，在未来创造出更多产出而使人们生活得更好；但是，凯恩斯主义的投资则主要是为了增加当年的GDP，甚至由此导致产能过剩而造成资源浪费。（2）消费的目的在于提升人们的福祉和幸福感，但凯恩斯主义的消费却蜕变成只是增加GDP的一个手段。（3）贸易使得国际分工成为可能，并通过比较优势而使所有参与方受益；但是，凯恩斯主义强调只有出超的贸易才对GDP构成贡献，从而把贸易从一个正和博弈变成一个零和博弈，并为贸易保护主义提供了理论依据。

通过对两大主要理论的批判性审视，张维迎将注意力转向了从斯密、熊彼特一直到现代奥地利学派所注重的分工和创新传统。那么，如何看待对现代主流经济学两大分支的批判呢？不可否认，这种批判有其合理性，但也存在明显的问题。根本上说，现代主流经济学的两大分支实质上都不是根基于供给侧思维：凯恩斯经济学固然如此，新古典经济学也是如此。其原因在于：第一，新古典经济学本身就是脱胎于边际效用学派，而边际效用学派的注意力则在消费和需求上而不在生产上；第二，即使新古典宏观经济学重新关注了经济增长问题，也只不过是以抽象的一般均衡为基础来构建平衡增长模型；第三，即使按照这一辨析，凯恩斯经济学和新古典经济学的差别也主要体现为赋予拉动经济增长的不同动力上①，但这不是供给侧思维和需求侧思维的根本差异，后者体现在产品供给的不同原则上。就此而言，当下流行的观点将供给侧管理理解为运用政府的力量来解决或优化经济增长所需要的资本、劳动力和技术等生产要素，实际上是在混合使用凯恩斯经济学和新古典经济学的基本政策，进而也就实质上混同了供给侧管理和需求侧管理。

---

① 其实，如果仅仅就局限于经济增长的直接动因以及据此所建立的经济增长函数而言，新古典经济学和凯恩斯经济学就都可以被视为是供给侧的。基本理由是，新古典经济学认为经济增长的推动力是资本积累，储蓄则是资本积累的唯一来源，从而也就成为经济增长的根源；凯恩斯经济学认为经济增长的推动力是资本边际效率（投资预期利润率），影响资本边际效率的主要因素则包括人口增长、科技发明、土地开拓和公众信心等。其中的根本差异就在于，凯恩斯不认为储蓄能够直接导致投资，相反，投资更主要是取决于对市场的预期；正是在这个意义上，凯恩斯经济学也就被视为需求侧的，因为对市场的预期主要就是需求。

（二）奥地利学派对古典经济学的继承

前面的分析已经指出，真正的供给侧思维嵌入在古典经济学，而奥地利学派对分工、技术和创新的重视在很大程度上就是承袭了古典经济学的传统。[①]其原因就在于，在边际效用学派的三大思潮中，另外两派体现了与古典经济学的决裂并最终汇合成了主流的新古典经济学；相反，奥地利学派却实质性地承袭了古典经济学的核心思维，如重视资本积累，反对奢侈消费，强调社会分工，关注行为的目的性，推崇技术进步和创新，侧重历史演化和经济结构，探究事物本质（如价值）和因果关系，采用方法论而非原子论的个体主义，偏重思辨逻辑而反对形式逻辑，等等。更具体地说，这集中体现为门格尔基于因果联系等四大条件对财货的界定，体现为维塞尔对自然价值与交换价值相背离的解析，体现为庞巴维克引入迂回生产说对社会分工的推进，也体现为米塞斯、哈耶克等对坎铁隆效应、李嘉图效应，以及破窗谬误等的承袭和发扬，更体现为熊彼特对创新和生产制度转变的认识。例如，维塞尔有关自然价值与交换价值相背离的认知就与马克思有关价值与价格相背离的认知相一致，厂商对交换价值高于自然价值之奢侈品的偏重导致市场实现的是收益最大化而非社会效用最大化也与马克思的认知相一致。

当然，尽管奥地利学派承袭了古典经济学的供给侧管理思维，但它明显夸大了人的理性，以至于将分散个体行动所形成的市场机制发展到极致；[②]进而，它又放大了企业家的作用，以至于将企业家的所有创新活动都视为生产性的。[③]相应地，奥地利学派就将供给侧管理的主体诉诸私人企业，先验地认定由市场机制引导的私人企业的投资一定比政府引导或规划的投资具有更好的效果，这就犯了另一种肯定性理性的错误。[④]事实上，无论是马克思经济学、美国制度学派，还是奥地利学派，都在某种程度上承袭了古典经济学所确定的领域和思维，都关注人类行为的无意识结果，都关注社会制度的演化和过程。但同时，它们承袭古典经济学的侧重点又存在差异，这集中体现在对社会制度诠释的不同出发点上。其中，马克思经济学和美国制度学派承袭了古典经济学集中关注社会经济发展趋势的宏观视角，认定宏观层面的利益关系和集体力量之间充满了冲突，由此就致力于挖掘这种冲突带来的社会异化及其解决路径，如制度就

[①] 朱富强：《经济增长的逻辑：基于新结构经济学视角》，北京大学出版社2018年版，第133、139页。
[②] 朱富强：《市场主体的分散行动能否导向市场协调：奥地利学派的市场过程观审视》，《天津社会科学》2017年第6期。
[③] 朱富强：《企业家精神能否带来有效市场：基于奥地利学派企业家才能观的考察》，《社会科学研究》2017年第2期。
[④] 朱富强：《张维迎的企业家观错在何处：假设与逻辑》，《当代经济研究》2020年第8期。

是调节社会冲突的产物；奥地利学派则承袭古典经济学将人类行为抽象为追求货币动机的微观视角，认定微观层面的个体行为具有高度理性，由此就致力于从个体间的理性行为互动中阐发社会现实的形成机制并为其内在合理性提供论证，如制度就是理性个体间的社会互动所达成的（短暂）均衡。譬如，米塞斯就宣称："理性与行动既是同源的，也是同质的，是同一现象的两个方面。"①

同时，为给其自由竞争和自发市场秩序信念提供支持，奥地利学派还追溯了两大思想渊源：一是15世纪西班牙的萨拉曼卡学派，它试图阐发个人行为对社会秩序的创造，称赞商业对社会的贡献，反对征税以及管制价格和商业机构，支持财产权、契约和自由贸易等；二是从18世纪中叶的重农学派学者到萨伊、巴斯夏等法国古典经济学家，他们大多强调自由贸易，重视经济现象间的联系，推崇企业家的功能。例如，萨伊创立了确立资源价格的生产力理论，确立了资本在社会分工和共同生产中的角色，同时发展了系统图式和企业家理论，解释了供给和需求之间的相关联系，从而提出了影响深远的萨伊定律，这些都被奥地利学派所吸纳。在很大程度上，奥地利学派创始人门格尔就是复兴了"经院哲学-法国"图式的经济学，将经济学建立在个人的主观评价而非物品或劳动的任何客观属性的基础上，从而把经济学视为一门个人选择的科学。正因如此，后来的奥地利学派学者大多高度评价萨伊及其萨伊定律，却几乎没有人去深刻洞识萨伊定律所根基的"有用"产品这一前提及其潜含的寓意。熊彼特曾批评萨伊说："像所有时代的许多其他经济学家一样，他（萨伊）更加急于实际利用这个命题（即萨伊定律），而没有用心地表述它。他染上了'李嘉图恶习'。"②显然，现代奥地利学派学者对待萨伊定律也犯有同样错误。

（三）供给侧管理根基于古典经济学

前面指出，"供给侧管理"的理论渊源在古典经济学（以及马克思经济学）而非新古典经济学（包括凯恩斯经济学），因为古典经济学的核心议题是国民财富的增长，而现代主流经济学所关注议题则在个体需求的满足。譬如，斯密提出的有效需求概念就体现了供给侧视角，它可以充分利用社会技术和生产力水平并且能够满足社会大众的需求，从而也就可以更好地实现资源的有效配置和社会效用的最大化。事实上，古典经济学一直将投资推动视为经济增长的根本动源。由此也就可以发现这样两点值得现代社会高度重视的启示：第一，在现代主流经济学偏重消费拉动的思想主导下，现代社会的消费增长以及消费占收入的比重已经明显过度了，以至于逐渐耗竭了经济增长

---

① 米塞斯：《经济科学的最终基础》，朱泱译，商务印书馆2021年版，第50页。
② 熊彼特：《经济分析史》第2卷，朱泱等译，商务印书馆1992年版，第368页。

的物质基础并导致了不断扩大的经济危机；第二，在现代主流经济学完全诉诸市场机制来引导消费的政策主导下，现代社会的供给明显偏向于能够为富人带来更高收益而不是为社会大众带来更多效用的产品，以至于出现了私人繁荣和公共贫困以及经济增长与真实福利下降共存的社会失衡。

从这个意义上说，古典经济学关注并重视生产投资，这与其说是要否定甚至阻止现代社会的消费增长通常要快于投资增长这一事实，不如说是要强调产品供给的重心转向：要更多地关注人们的真实需要，进而需要将产品供给与社会发展和生活进程结合起来，由此来实现社会效用的最大化。由此来审视萨伊定律，其成立的基本前提就在于，所创造出的产品能够真正满足人们的需要；相反，当私人厂商基于收益原则的产品生产脱离人们的真实需要时，就会不断孕育出大规模的经济危机。由此来审视奥地利学派则可以发现，它一方面承袭了古典经济学的供给侧思维而注重社会分工和技术创新，另一方面又明显忽视了萨伊定律所根基的基本前提及其蕴含的寓意。由此就可以明白，一些经济学人将供给侧改革视为是由凯恩斯经济学向新古典自由主义经济学的回归，以至于将萨伊定律以及相应的供给经济学视为供给侧管理的理论基础，这就大错特错了。

事实上，产能过剩一直是现代发达市场经济体的常态。例如，美联储的数据显示，美国钢铁设备的利用率均值为80%，2008年金融危机后的8年里设备利用率一直低于均值水平，汽车设备利用率的谷底甚至低到36%。其原因就在于，市场机制误导了生产投资，大量资金被投放在豪华轿车上，一旦出现经济危机，这些专门性投资就成了闲置资产。当然，在现代世界经济体系中，一国产品的市场需求并不局限于国内需求，而是越来越着眼于国外需求；相应地，只要产品的供给能够满足生活进程的真实需要（无论是国人还是外人），那么，它所面对的需求就是真实的。尤其是，对一个经济快速增长的国家或地区来说，产品需求和资本积累都需要广阔的国外市场，从而也就更应该关注国外的真实需求。从历史上看，无论是英国、美国、德国，还是日本和"东亚四小龙"，所有实现经济迅速起飞的国家和地区都曾严重依赖不断拓展的国际市场。

由此，我们可以审视耶伦发表的一个观点：中国的产能过剩"扭曲了"全球市场的价格的生产模式，损害了美国企业和工人的利益，也损害了世界各地的企业和工人的利益。如何辨识耶伦的指控呢？一般地，关于产能过剩，可以从两个角度上加以分析。第一个层次，在封闭经济下，当一国的产品供给大于其需求时，就意味着出现了过剩；此时的解决之道是，或者压缩生产，或者提高工资等促进消费。第二个层次，在开放经济下，只要一国的产品供给在没有政府补贴的情况下能够获得（世界）市场需求，即使其他国家的相关产品的需求因此下降，也不意味着该国在该行业出现了产能过剩，而只能说被排挤出国际市场的那些国家在该产品上出现了产能过剩；此时的解决之道是，被排挤出世界市场的那些国家减少相关产能，或者采取某些措施来限制其他国家的相关产品进入本国市场，而这是与全球经济一体化趋势相悖的。当然，如果一个国家依靠强大的政府补贴取得竞争优势而将其他国家排挤出去，那么，这在一定程度上也可以表明产能过剩。但如果真是这样，美国完全可以而且也必然会向世贸组织等相关国际机构提起诉讼，而美国似乎并没有这么做。

八、尾论：供给侧管理的真谛

面对日益恶化的国际政治经济环境，当前中国社会引入和增强供给侧管理主要基于两大目的：一是避免经济衰退，二是提升社会福祉；前者要求调整产品的供给结构以避免相对过剩的经济危机，后者则要求产品的供给能够满足人们生活进程的需要以促进真实效用的最大化。相应地，基于供给侧的生产和管理根本上应该遵循效用原则而非收益原则，需要致力于生产人们真正需要的产品，而这又依赖于政府的积极行动并且需要充足财政来支撑。就此而言，现代经济政策就需要致力关注这样两大内容：一是推动供给侧管理，这有助于基于效用原则来引导产品生产，进而纠正和抵补市场所诱导的需求侧管理，由此来满足人们的真实需要；二是实行累进制所得税和征收奢侈税，这有助于增强政府基于效用原则提供公共品的能力，进而满足人们日益增长的社会性需求，由此来实现公平和效率的共进。事实上，按照流行的认知，当前我国社会主要矛盾已经转化为人民日益增长的美好生活需要和不平衡不充分的发展之间的矛盾。显然，这就带来一个深层次问题：如何才能更好地满足人们的需要以缓解当前社会所面临的主要矛盾？就此而言，尤其是在国际政治经济形势日益恶化以及经济大循环由外转内的大背景下，供给侧管理及其相应政策对维持当前中国社会经济的稳定和发展就具有重大意义。

按照现代主流经济学的需求理论，人们需求的体现及其满足都应该诉诸市场，市场通过价格信号来反映人们的需求状况并通过逐利机制将资源配置到这些产品的生产中。但是，维塞尔很早就指出，逐利厂商所遵循的是收益原则而非效用原则，由此就会将稀缺性的资源配置到富人需要的、交换价值（价格）远高于自然价值的产品生产上；进而，拥有生产者主权的厂商再通过广告等手段来诱导大众的超前需求，这就构成了经济危机的根源。正因如此，我们就需要对需求进行两方面的审视：（1）需求是源自真实需要还是被诱导的非真实欲求？这里存在一个马斯洛意义上的需求提升轨迹——从物质性的生理需求逐渐上升为精神性的社会需求。从这个意义上说，社会生产应该要与社会发展阶段以及生活进程相一致，从而应该首先满足社会大众尤其是穷人的必需品需求。(2)如何将个人需求的满足与社会发展结合起来？这里涉及社会生产和消费的基本原则：生产性消费和投资要优先于非生产性消费和投资。从这个意义上说，提供奢侈享受的劳动在任何社会都不应占太高的比重，否则会招致稀缺性资源的浪费。显然，结合两者也就构成了供给侧管理的基本内容：(1)从效用最大化而非收益最大化来进行社会生产；(2)从社会而非个人视角来配置稀缺性的社会劳动。

显然，供给侧管理所考虑的效用原则扎根于人们的真实需要而不是心理感受。这意味着，此时效用原则中的"效用"就更接近于古典经济学意义上的使用价值而不是现代经济学意义上的效用，而且是能够实现的使用价值。事实上，使用价值的实现程度本身就与社会发展和生活进程相联结，相应地，基于社会发展和生活进程所产生的需求实质上也就体现为对使用价值的需求。就此而言，为有效贯彻效用原则，供给侧管理需要关注现实世界中社会大众的真实需要，需要甄别由市场逐利所诱导的"虚假性"欲求。所有这些都反映出，供给侧管理体现了各项制度安排的本质要求，进而对社会经济政策也就具有重要的指导意义。譬如，将供给侧管理运用到金融领域就带来了这样两点基本要求：第一，金融本身应该服务于实体经济，服务于提升实体经济的运行效率，而不能支配和扭曲实体经济的运行；第二，金融应该着重支持社会必需品的技术研发和生产，由此通过不断改善人们的生活水平来增进社会效用。又如，将供给侧管理运用到财政领域也会带来这样两点基本要求：第一，公共财政根本体现出"为民理财"的经济行为，应服务于保障和改善民生的需要，而不能为GDP数字所牵制；第二，公共财政所提供公共品和服务也应该首先满足社会大众的需要，而不应将重点放在一些标志性建筑和形象工程上。

所有这些都涉及供给侧管理的两个关键问题。第一，供给侧改革该以什么理论为指导？根本上说，供给侧管理的理论基础在古典经济学和马克思经济学，其思想的基本要点在于：(1)合理的供给必然会产生相应的需求；(2)合理的供给首先是要满足人们的生活必需品需要。也即古典经济学的供给是结构性的，内生于人们需求的提升，进而也就关注社会发展和生产力提高。与此不同，无论是凯恩斯经济学的"需求决定供给"，还是供给学派的"供给创造需求"，都局限在总量分析上；相应地，由此产生的政策必然都是片面的，它至多可以解决经济的一时衰退而无法保持持续发展。事实上，任何现实经济的问题都是结构问题，都体现为产品结构的失衡，从而都需要通过发展生产力、技术创新和（产品）产业升级来解决，进而也都离不开国家的宏观调控以及相关经济政策，这是"供给侧改革"的基本要点。第二，如何真正有效地贯彻效用原则？根本上，这需要洞察人们的真实需要，需要剖析市场失灵或市场不及的领域。就此而言，"供给侧改革"是一个细致而复杂的工程，它必须要关注人类需求层次和结构的变化，需要注重生产技术和产品结构的相应调整，需要发挥市场机制的积极作用并弥补它的不足；否则，很可能会被市场上受到诱导的非真实需求所遮蔽，进而夸大市场机制在引导消费需求和结构调整中的作用，最终滑入传统供给主义的窠臼。

参考文献

[1] Bigo, V. and I. Negru (2014) "Mathematical Modelling in the Wake of the Crisis: A Blessing or a Curse? What Does the Economics Profession Say?", *Cambridge Journal of Economics*, vol. 38, No. 2, pp. 329–347.

[2] Birks, S. (2015) *Rethinking Economics: From Analogies to the Real World*, Singapore: Springer. Available in earlier version at Rethinking Economics: From Analogies to the Real World by K. Stuart Birks: SSRN (accessed January 4, 2024).

[3] Chang, H.-J. (2014) *Economics: The User's Guide, A Pelican Introduction*, London: Penguin.

[4] Chick, V. and S. Dow (2001) "Formalism, Logic and Reality: A Keynesian Analysis", *Cambridge Journal of Economics*, vol. 25, No. 6, pp. 705–721.

[5] Dow, S. (1998) "Editorial Introduction to the Formalism in Economics Controversy", *Economic Journal*, vol. 108, No. 451, pp. 1826–1828.

[6] Fine, B. (2004) "Economics Imperialism as Kuhnian Revolution", in P. Arestis and M. Sawyer (eds), *The Rise of the Market*, Camberley: Edward Elgar.

[7] Fine, B. (2011b) "The General Impossibility of Neoclassical Economics", *Ensayos Revista de Economía*, vol. 30, No. 1, pp. 1–22. EconPapers: The General Impossibility of Neoclassical Economics (repec.org) (accessed January 4, 2024).

[8] Fine, B. (2013a) "Economics: Unfit for Purpose", *Review of Social Economy*, vol. 71, No. 3, pp. 373–389. With longer revised version as "Economics: Unfit for Purpose: The Director's Cut", SOAS Department of Economics Working Paper Series, No. 176, 2013, SOAS Economics Working Paper 176: Economics – Unfit for purpose: The Director's Cut(accessed January 4, 2024).

[9] Fine, B. (2013b) "Consumption Matters", *Ephemera*, vol. 13, No. 2, pp. 217–248, Microsoft Word-13-2ephemera-may13.docx (ephemerajournal.org) (accessed January 4, 2024).

[10] Fine, B. and D. Milonakis (2009) *From Political Economy to Freakonomics: Method, the Social and the*

Historical in the Evolution of Economic Theory, London: Routledge.

[11] Heilbroner, R. (2000) *The Worldly Philosophers: The Lives, Times, and Ideas of the Great Economic Thinkers*, 7th edition, London: Penguin.

[12] Keen, S. (2011) *Debunking Economics: The Naked Emperor Dethroned?*, revised and expanded edition, London: Zed Books.

[13] King, J. (2012) *The Microfoundations Delusion: Metaphor and Dogma in the History of Macroeconomics*, Cheltenham: Edward Elgar.

[14] Lawson, T. (2003) *Reorienting Economics*, London: Routledge.

[15] Lee, F. (2009) *A History of Heterodox Economics: Challenging the Mainstream in the Twentieth Century*, London: Routledge.

[16] Lee, F. (2013) *In Defense of Post-Keynesian and Heterodox Economics: Responses to Their Critics*, London: Routledge.

[17] Milonakis, D. and B. Fine (2009) *From Political Economy to Economics: Method, the Social and the Historical in the Evolution of Economic Theory*, London: Routledge.

[18] Mirowski, P. (1989) *More Heat than Light: Economics as Social Physics, Physics as Nature's Economics*, Cambridge: Cambridge University Press.

[19] Van Staveren, I. (2014) *Economics after the Crisis: An Introduction to Economics from a Pluralist and Global Perspective*, London: Routledge.

"竞争局面"下非正统经济学流派的发展
——以生态经济学为例

郭楚晗

摘　要　经济学是一门竞争的学科，竞争双方是新古典经济学与旨在替代新古典理论方法的其他经济学流派集合，后者被统称为非正统经济学。其中，生态经济学作为非正统的一员在这场范式竞争中从兴盛走向分裂，具体表现为生态经济学的日渐新古典化，仅剩下社会生态经济学家依旧坚守学科最初的批判性洞见。本文运用科学知识社会学（SSK）的分析法，全面考察了新古典经济学与生态经济学在各自阵营的理论巩固方面和社会事业系统对抗方面的多重斗争。最后，为了打破新古典经济学的范式锁定，本文提出了社会生态经济学未来发展要开启以价值判断为导向的制度调整的建议。

关键词　范式竞争　经济思想史　非正统经济学　生态经济学

一、引言

论及当代主流经济学，其研究都建立在一套核心思想之上，包括自我调节的市场、企业和家庭、供求、价格形成、资源配置、均衡、效率和最优性。这些基本思想可以追溯到19世纪70年代，社会科学开始向经济学、社会学和其他学科进行专业分化，新古典经济学开始取代古典政治经济学，致力于追求一种绝对公理化的经济学，从而把经济学塑造成一门像物理学一样的规范科学。20世纪30年代，新古典经济学遭遇来自凯恩斯主义的挑战，但随着凯恩斯主义的思想在二战后被部分纳入新古典主义框架，其竞争性被大幅削弱。20世纪70年代，战后增长结束，凯恩斯主义元素逐渐从主流经济理论中被清除，随后以更纯粹的新古典主义形式重新出现，逐渐演变成为新古典-凯恩斯主义的综合体，至此，新古典经济学流派在经济学界独享霸权。

---

* 本文系云南省教育厅项目"西方生态经济学的生态经济思想演变及其当代价值研究"（2021Y076）的成果。
** 郭楚晗，浙江宁波人，上海大学马克思主义学院博士后，研究方向为生态马克思主义、非正统经济学。

生态经济学即是在这个范式竞争的大背景下兴起又衰落的非正统经济学流派之一——先发端于对新古典经济学的挑战,后被新古典主义渗透瓦解,最后在范式交锋中仅剩余坚守非正统研究范式的社会生态经济学家。非正统经济学的研究究竟有何优势?既然有优势又为何会在竞争中遭遇瓦解?面对新古典经济学强硬的防御,未来的非正统经济学流派又该向何处发展?本文以生态经济学的学科发展史为切入点,来解答这些问题。全文分为三个部分:第一部分简要阐述生态经济学的兴起与瓦解,以及社会生态经济学家的理论贡献,第二部分分析生态经济学在范式竞争中落败的原因,最后,为引导仍坚守非正统经济学研究立场的社会生态经济学家在未来继续推进,本文提供了一个策略方案,并讨论了生态经济学未来可能的变革趋势。

二、生态经济学的过去与现状

(一)生态经济学的兴起

在20世纪60年代末和70年代初,Kenneth Boulding的经典著作《即将到来的地球飞船的经济学》(1966)的发表为生态经济学的学科建立奠定了基础。该著作描述了过去人类福利增长的"牛仔经济学"[①]到未来的"宇宙飞船经济学"[②]的变化过程,并提出未来人类福利的增长不能再由物质消费的增长来推动,而是必须关注整个生存系统的可持续福祉。Herman Daly(1968)进一步阐述了与新古典经济学世界观有根本差异的经济学认知视角。他将经济学重新定义为一门类似于生物学,特别是生态学的生命科学,而不是像化学或物理学那样的物理科学。这种"前分析视角"转变意味着对资源配置、人类和其他物种的福祉以及全球生态系统相互依存的本质看法发生了根本变化——意味着经济学分析的重点应该从以市场为基础的生产和消费转向相互依存的生态和经济系统及其二者的动态演变过程。

根据这种分析视角的转换,生态经济学家指出经济分析必须以承认经济系统是有限地球生态系统的一部分,并且地球生态系统提供经济生产所需要的所有原材料、吸收产生的所有废弃物流、提供维持人类生存不可替代的生态系统服务为起点(达利、柯布,2015)。此外,相较于将数理分析和单一机械论奉为圭臬的新古典经济学,生态

[①] 牛仔经济学得名于以"来得容易,用得潇洒,扔得干脆"的方式来消费,其主要特点就是大量地、迅速地消耗自然资源,把地球看成取之不尽的资源而无限度地索取,使环境污染日益严重。

[②] 又叫太空舱经济理论。20世纪60年代美国学者鲍丁提出我们的地球只是茫茫太空中一艘小小的宇宙飞船,人口和经济的无序增长迟早会使船内有限的资源耗尽,为了避免这种悲剧,必须改变这种经济增长方式,要从"消耗型"改为"生态型";从"开放式"转为封闭式"。

经济学秉承着达尔文主义的演化世界观,强调社会、生态系统单元的多样性与异质性,以及系统内部和跨系统的复杂交互作用;采用的是整体的、历史的和跨学科的分析方法,并发展出一系列核心理念。具体可概括如下:

第一,认识论上承认现实的不确定性:人类和经济系统对所有生命系统的影响可能是不确定的,也可能是不可逆的,需要重视人口的规模大小、增长速率,以及它们对社会、经济和生态系统造成的压力。

第二,根据热力学第二定律,对传统经济增长模式提出质疑,提倡稳态经济:无休止的经济增长在社会和环境方面都是不可持续的。所谓的"越多越好"并不一定正确,需要在生物物理承载力之内发展一种可持续的经济增长模式。

第三,需要超越新古典经济学把生态污染当作经济发展外部性问题的研究视角局限:新古典经济学主张经济的无限增长,认为增长过程中遭遇的环境问题可以用技术进步(提高生产效率、发现替代性能源、提高资源利用率等)来解决。相反,生态经济学提出稳态子系统的概念,认为经济系统与生态系统二者交互影响并协同演化,环境问题是经济发展的内部性问题,因此相较于新古典经济学认为的只要保证市场高效的资源配置和经济规模的增长就能够解决可持续产出的问题,生态经济学更侧重于资源的公平分配。且为了保障生态-经济系统的协同演化能够朝着理想可持续的方向发展,生态经济学支持政府对市场的调节干预。

第四,基于上述生态可持续性和公平分配的考量,生态经济学家认为经济学研究不能也不应该与价值判断相分离,特别是在当今人们的经济行为可能对子孙后代的资源使用和地球健康存在不利影响的情况下,需要重视环境伦理和生态正义。[①]

总而言之,生态经济学在学科建立初期,基于批判新古典经济学范式的立场,提出了替代的经济发展目标:从不断追求GDP的增长,更改为追求生态可持续性、公平分配和有效配置[②]。进而,为了达到这个替代后的经济目标,生态经济学呼吁建立新的经济规则,也就是建立可以确保可持续规模和公平分配的规则。换句话说,相对于新古典经济学的市场竞争以及自由市场定价的规则,生态经济学主张"生态和伦理决策决定价格"(Daly, 1986)。政府对市场的干预是否有效取决于能否保障市场配置可以兼顾生态极限以及代际正义、分配公平这两个定价前提。

[①] 生态正义是指个人或社会集团的行为需要符合生态平衡原理,符合生物多样性原则,符合世界人民保护环境的愿望和全球意识,符合"只有一个地球"的全球共同利益,特别是符合为子孙万代保护环境的可持续发展观。

[②] 这里有效配置中的"效"与新古典所说的"市场配置资源的效率",或者"帕累托最优"的概念不同,指代的是通过可持续性产出来实现人类福祉的最高水平。

(二) 生态经济学的发展与分裂

经济学不仅仅是在书本上反复争议的理论科学，它还是一门指导社会发展实践的政策科学。从书本中的一句话到一条具体的政策再到整个社会的发展蓝图构建，一个经济学流派想要立足、扎根、发声，就一定会拥有支撑自己学派理念的社会架构。拥有自己的专属期刊和学会就是一种宣传、巩固、发展自身学派理念的方式，生态经济学的发展也不例外。

第一批以"生态经济学"为题的书籍或特刊出现于1987年，正式的核心学术期刊《生态经济学》（*Ecological economics*）创刊于1989年。随后，学科的主要创始人Robert Costanza和Herman Daly于1990年在华盛顿召开了第一次生态经济学的世界性大会。这次会议后，Costanza（1991）雄心勃勃地将该领域定义为"可持续发展的科学和人类管理"，并实现了另一项标志性的学科成就——建立国际生态经济学会（ISEE）。起初，ISEE是一个鼓励内部争论的科学学会，也是20世纪60年代和70年代环境运动的主要合作平台。由于生态经济学的研究范畴跨越了自然科学领域（包括对生态系统的分析，如土壤、水、生物多样性，以及对热力学第二定律、熵的使用等）和社会科学领域（包括生态产品价值系统、资源分配冲突、权力不对称、全球贫困问题、制度变革等），社会科学和自然科学的专业知识不可避免地集聚在一起（Vila et al., 2002）。因此，跨学科性和方法论上的多元主义是生态经济学的核心特征（Norgaard, 1989）。在学科创建最初，跨学科合作和多元主义的方法论应用给予了生态经济学更广阔的研究视野和政策灵活性。

但这种多领域的合作很快带来了弊端——尽管理论层面上仍批判新古典经济学，但在实践层面上则展现出向新古典范式回归的折中倾向。1992年，斯德哥尔摩举行第二届ISEE会议之后，生态经济学发行的期刊论文"投资于自然资本：可持续的生态经济学方法"这一卷中新古典环境经济学的表达变得越来越多。甚至国际生态经济学会的创始人之一的科斯坦扎（Costanza）也在其写作中采用了效率、最优性、外部性内部化和"获得正确价格"等新古典的修辞，倡导市场机制、货币估值、提出"自然资本"，以及生态系统服务价值核算等概念。Spash（2012）将生态经济学内部分为三个阵营：

一是新资源经济学家，基本遵循现代正统经济学的研究范式；二是新环境实用主义者，采用各种被认为有用的工具和方法，而不考虑理论归属以及科学严谨性与有效性等问题；三是社会生态经济学家，寻求认识论、方法论上连贯的方法，坚定拒绝有缺陷的正统经济学概念和理论。其中，前两者对正统经济学都持认可或部分认可的态度，对市场定价范式仍抱有希望。新资源经济学家与新环境实用主义者则对发展持弱可持续性态度，认为当前的生态危机可以通过技术进步来解决。

究竟是回到新古典还是批判革新，争论的焦点是围绕"自然资本"这一概念展开的。是否承认自然资本可以被正确定价，区分出持"价值一元论"与"价值多元论"的学者。前者无疑认为自然资源可以用单一的货币价值来度量，因此就可以把经济发展造成的环境污染（外部性问题），通过自然资本定价的形式（如碳税、开采许可、生态系统补偿等）内部化，进而价值一元论的学者也就自然成为自由市场机制的倡导者。相反，持价值多元论的学者认为社会生态问题复杂而不确定，并受到多方利益冲突的影响。仅使用"资本单位"作为一个共同且唯一的衡量标准，将暗示生物多样性的损失、代际生态权益的剥夺和制造业资本存量的增加变得可以比较。但显然这是由市场定价之外的衡量尺度决定的，且涉及伦理和环境正义的考量。因此，除了单一的货币方法，价值多元论支持者认为协商估价的方法和价值阐明制度需要一并提倡，同时有必要政府调控的介入来防止市场机制的协调失灵（Vatn，2015；Lo，2014）。

生态经济学这种折中策略的弊端在进入21世纪，尤其是2008年全球金融危机后，被主流资本主义国家的新自由化运动以及随之而来的金融资本主义倾向进一步放大——"自然资本"这一概念也随着金融自由化的趋势被重新赋意了。它被纳入了一个新的框架：绿色经济和"绿色增长"（Dale，2013）。在这里，"自然资本"被具象为能源，是一种可以在技术导向下被产生、转换和积累的资本形式。这导致了两个不利结果，第一，也是最直接的，技术进步成为了应对生态和经济危机的灵丹妙药，生态系统的物理承载极限问题被盲目的技术乐观主义遮盖了。第二，由于自然资源（或能源）被当作一种资本形式纳入了资本主义经济流动的框架里，因此它也无法逃离资本主义制度的逻辑弊端。图1显示了资本主义制度下的能源-经济关系网络图谱。技术进步和创新将自然资源转换成可以被人类使用的能源。能源本身的相对稀缺性和新古典经济学的货币化环境政策催生出能源市场交易的需求。新生的能源需求在新自由主义的开放金融市场环境下发展出更强大的自然资源商品化倾向，制造出大量的投机机会刺激金融机构打包设计出一系列能源的金融衍生品（如电力衍生品、碳交易许可证等），从而实现资本增长、积累的循环（Chester，2012，2013）。经济增长所造成的生态破坏——例如，当地资源的枯竭、过度浪费、疾病、臭氧层破坏等——被视为技术进步的机会来源，从而刺激吸引新的投资行为（Kenis et al.，2016）。可见，绿色资本主义项目并没有停止或削弱生态危机。这种折中策略试图通过资本主义的市场改革（自然资本的定价）来克服资本主义的生态破坏，然而政策措施在资本主义制度导向下进一步加速了破坏。

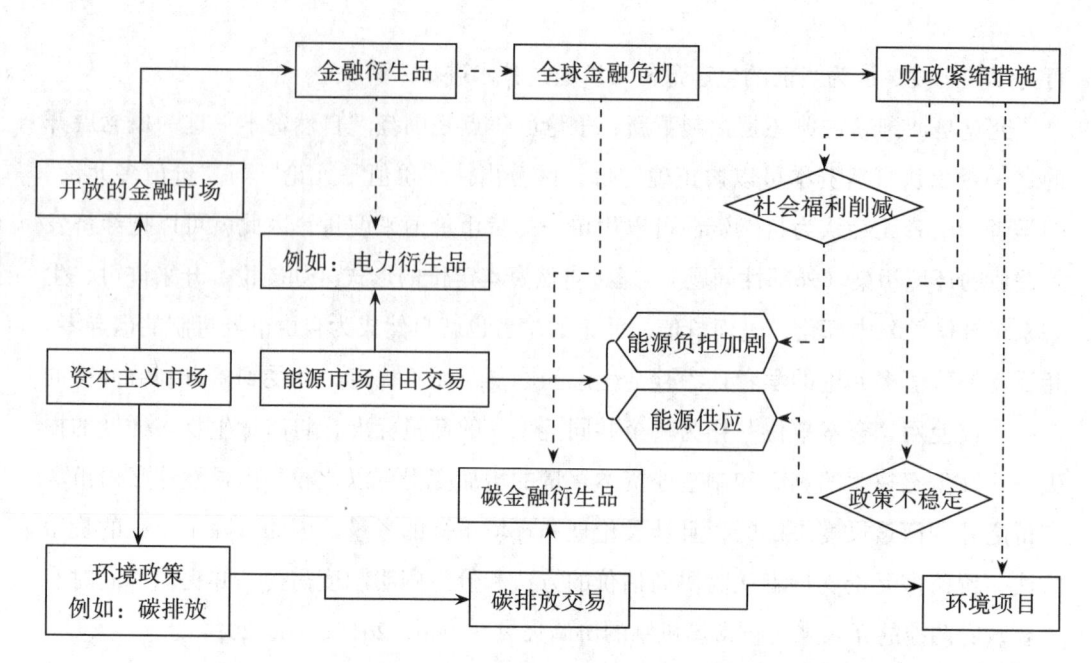

图1　资本主义的能源-经济关系网络

（三）社会生态经济学家的"非正统研究视角"及其优势

新古典经济学流派在经济学界的支配地位已经持续多年，这导致普通人对经济学存在一种误解——经济学就等于新古典经济学。也是因为如此大众才往往对经济学科有一种先入之见，即经济学是研究资源分配的学问——由于经济行为人有消费更多产品和服务的需求，其需求超过了目前可提供的数量，由此便形成了一种相对稀缺的状况，这种资源的稀缺可以通过市场对价格的自发调控最终达到供需的均衡（如图2）。换句话说，在新古典主义者看来，经济学的研究目标就是如何解决稀缺资源的分配问题，这也成为新古典经济学逻辑展开的切入关钥。

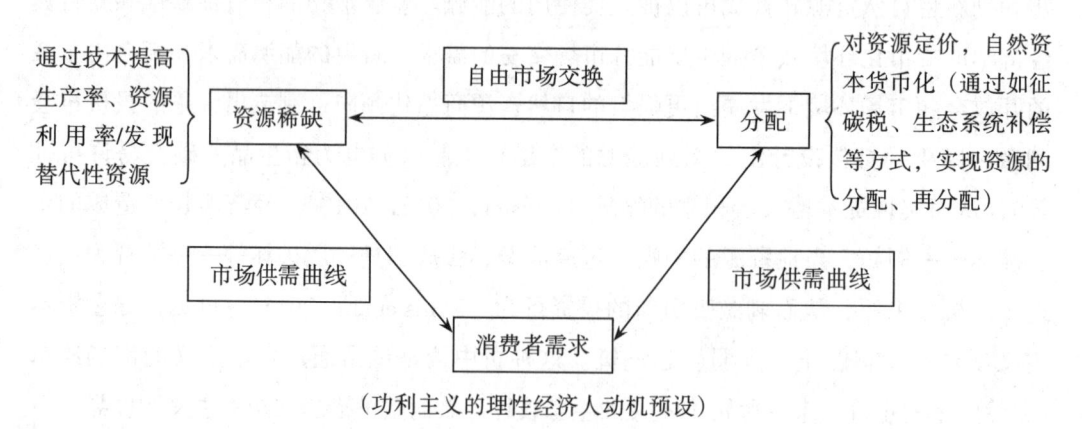

图2　新古典环境经济学视域下的生态市场经济

然而，经济学绝非新古典主义的一言堂。相较于新古典经济学强调人对物质资源的控制或配置，研究的是人与物之间的单向关系，非正统经济学关注的则是人与人之间的双向关系，经济活动始终暴露在由互动产生的社会制度等公共领域。因此，在非正统经济学家看来，对社会供应过程（Social Provisioning Process）的理解是经济学逻辑展开的第一步，经济的理论分析应该时刻关注供应过程的社会性质，以及社会供应的过程性质。（张林等，2019）。这就意味着经济学研究必然要求动态而非静态的认识论，就必然要求在本体论上承认经济学的研究对象是复杂的、演化的，且具有不确定性。经济活动在动态演化中受到特定的时代文化、习俗惯例、制度约束、意识形态信仰等影响，不能也不存在预先设定的最优状态。

社会生态经济学家即是通过这种非正统经济研究的透镜来展开自己的理论建构的，用Spash的话说，就是"使用批判现实主义镜头进行生态经济研究"（Spash，2015）。在社会生态经济学家看来，生态经济学向新古典范式的折中，虽然在理论形式上拥有了更加严谨的数字表达，政策实践方面自然资本的价格机制也更容易操作。然而，范式的折中导致生态经济学缺失了对社会供应过程的整体把握，失去了非正统理论的批判性灵魂——使得生态经济学后期对制度本身的问题失去了警醒意识。

基于对社会供应过程的统览视野，社会生态经济学家提出了对新古典环境政策的犀利见解——"这只是一个离散的资源集合和经济活动的偶然背景的总和"（Rosewarne，2002）。换句话说，新古典经济学的研究范畴是关于生态资源稀缺性的一维。在社会生态经济学家的视阈里，环境问题的处理涉及到对资源过程的分析——一方面是新资源的发现和创造，另一方面是现有资源的配置和消耗。换句话说，资源并不是新古典经济学定义的"天然的"，而是社会过程的结果。资源的"稀缺性"是在人类的社会供应中被后天赋意的，如果资源脱离了与人的关系就没有任何意义（Ayres et al.，2013）。社会供应过程中的资源配置与消耗，无外乎都是通过集体行动来完成产权的确立和履行（Commons，1934），因而资源的社会供应是以市场为表象的法律过程和政治过程。此外，无论是新资源创造还是现有资源的消耗，都与文化规范有关。

社会生态经济学家的贡献在于，通过将资源的社会供应过程和制度重新纳入经济理论的分析框架中，实现了对新古典经济学某种程度的纠偏（Spash，1999）。这种纠偏理念具体表现为：消费者理论应该与实际的人类行为相一致。显然，理解人类的行为是展开资源的社会供应过程分析的开始，这也是所有经济推理的出发点。如果对于出发点的理解就是功利主义的、原子论的理性经济人预设，那么后续的推演就会存在视角的缺失。反过来，只有接受人类行为在客观上受到文化惯例的引导约束、主观上又具有对变化的社会现实作出智力反应的能力,才能够将行为人决策更贴近现实地整合到经济发展的分析中。

在非正统经济学的研究视阈下,社会生态经济学家强调生态环境、社会结构、组织和制度、行为人之间相互联系、互为因果的嵌入式(embeddedness)关系。在这种嵌入式关系下的行为人不是"理性人",而是"行动中的人"(acting person)。行为人在面对环境限制下的经济发展问题时存在一个"适应"的文化过程,市场只是行为人在适应这个文化过程时所选择的制度形式之一——只有满足所有行为人都能达成环保理念共识、拥有良好物质基础保障,环保产品的市场定价绝对价值中立,且在这一特定集体中不环保的消费、生产方式会受到法律硬性约束以及惯例软性监督等严苛的条件下,市场"最优"的逻辑才能够顺利运转。现代新古典经济学的谬误就在于,它把市场这一制度形式当成了唯一手段。资源供应过程的外部性问题就是基于这种"唯市场"心态,从而缺乏对普罗大众(包括代际)的关怀。其中例如环境污染方面的外部性,特别是大规模的工业污染,之所以单靠市场力量很难解决,是因为忽略了行为人决策的社会性,而粗暴地归因于市场竞争。

社会生态经济学家对资源供应过程的理论纠偏工作把新古典经济学处理环境问题的思路从"在市场体系内解决资源协调的问题",转化为"在制度体系内解决资源协调的问题",进而引申出对资本主义制度本身的深层反思。在资源的社会供应过程链中,环境治理意味着互动、沟通和协调,这就涉及多方机构交互的成本(交易成本)。图3描述了社会生态经济学视阈下的资源社会供应过程,它指代某一特定制度框架下的基本资源、经济关系。其中,黑色箭头代表关键的社会经济关系,灰色箭头代表贯穿每个经济实体的物质能量代谢流动,每个箭头指代的关系中都蕴含着冲突发生的可能。可见,当把视野拉升到对制度体系和权力关系的审视上时,就会发现当前环境问题的根本政策挑战是,在冲突中应该保护什么样的价值观和谁的利益,站在谁的一边,以及这些问题涉及的权利和责任的归属(Söderbaum, 2015)。同时,以上这些问题又因为不同的制度结构而异——既要考虑如何分配对资源的使用,又要考虑资源的所有者以及资源供应线上的管理者之间的相互作用。在特定的制度结构下,这些家庭、机构、组织的交互成本进一步影响着处理、配置各种形式资源的成本转移的效率。而在多方因素的交互过程中,经济人的行为受到具体制度下的行为规范、文化惯例、法律规则的影响。因此,社会生态经济学家指出,制度是我们应对资源和环境问题的关键,也是我们摆脱现代经济现状的根本途径(Martinez-Alier, 2002; Vatn, 2015)。

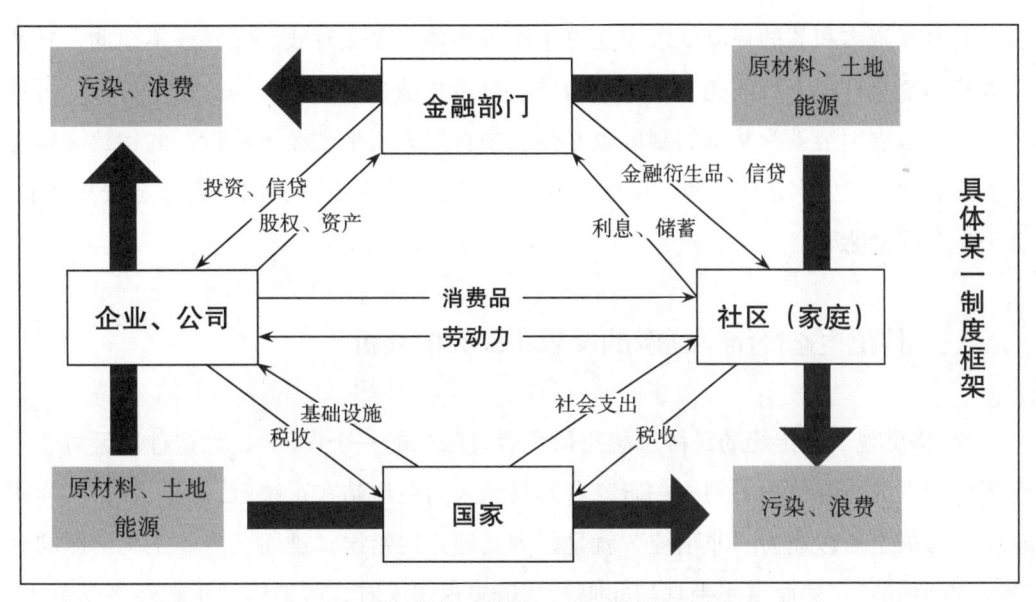

图3 某一制度框架下的社会经济关系

正是出于这种对制度结构的审视，Pirgmaier（2017）敏锐指出，新古典环境经济学对资本主义发展实质存在整体盲目性。资本主义制度才是导致生态危机的根本原因。由于商品消费和资本积累是资本主义制度维系的必要条件——一旦经济增长减缓，未出售的商品就无法转化为价值，生产商品的可变及不可变资本也将贬值，资本主义的周期性运转将陷入停滞状态。因此，"大众消费主义"成为必然的趋势，因为扩大销售是这些待售商品流和固定资本库存周转竞争加速的必要条件。而"大众消费主义"势必会导致浪费型消费，从而造成更多的生态资源损耗。通过补足"自然生产力"的概念，社会生态经济学家指出当前经济发展与生态环境保护的矛盾体现为社会和自然之间的代谢性裂痕，且这种裂痕是资本主义发展所必需积累的物质条件，与生态-经济-社会可持续发展所需要的协同演化条件之间分歧的结果——资本主义的再生产不关心生态系统与人类经济社会的协同演化，它只关心自身对劳动生产力的占有，以及能否持续剥削劳动生产力，且这个过程不包括自然生产力的成本清算。资本家只有在生态破坏影响到实际收益，以及为了维护其经济和政治权力的情况下，才会提出环保倡议。并且资本家和维护资产阶级利益的官员可以利用各种政策伪装（诸如地球日、绿色资本主义）来转移人们对环境健康与对抽象财富的剥削性和竞争性追求之间的根本矛盾的注意力。总之，资本主义制度下的环境政策对错误市场信号的修正是治标不治本的。解决生态问题不仅仅是修正"市场失灵"，而且要意识到，资本主义雇佣劳动关系产生的经济信号没有，也不可能包含健康的可持续经济、生态相互作用的要求，它们只能包含有利于资本积累的环境要求。无论市场价格体系多么有效、完整或不扭曲,它的一维货币衡量杆都不可能充分衡量或指导与自然相结合的人类劳动的使用价值的可持续生产。以剥削劳动为基础的制度也必然剥削自然。未来"经济新世"的构建必须克服工人和社区与生产条件分离的问题,并将可持续的人类发展,而不是将金钱和资本,置于生产的主导地位。

三、传统生态经济学瓦解的反思:SSK的分析

"辉格史观"是传统的经济思想史研究容易陷入的一个误区[①],且这种误区对非正统经济学派的研究极为不利——研究者容易先入为主地站在正统范式的一方,认为非正统学派的之所以成为"非正统"就是因为其理论的错误,进而认为非正统学派的衰败是"必然的"。然而事实果真如此吗?从历史视阈来看,所谓的"正统经济学范式"也只是在特定历史时期成为主流的经济学派,主流或者正统并不意味着"正确"。因此,虽然传统生态经济学的瓦解在客观上是事实,但其"失败"是否是必然或者是自然的,依旧有待论证。

为了全面剖析、还原传统生态经济学作为一个非正统经济学派在竞争过程中落败的全因全貌,而不落入传统思想史分析的辉格史观,余文主要采取了科学知识社会学(SSK)的分析视角,原因如下:SSK认为科学并非普适的、外于社会的。进而SSK主张采用规范、文化价值等社会元素来研究那些决定着科学影响力、发展方向和科学全貌的外部因素。SSK的分析法优势在于,它聚焦于某一科学是如何在一种特定社会文化制度下,获得其合理性,并保持社会地位的原因。这就有利于研究者跳出辉格史观的盲区,把思想史分析还原到特定学科发展的社会建构和社会过程之中。其中,SSK的主要代表之一拉图尔提出了"行动者-网络分析"(Actor-Net Analysis,ANA)的方法论,即把科学视为人类行动者和非人类行动者相互作用的领域(张林,2021)。从这个二分法来说,笔者认为传统生态经济学瓦解的原因有两点,一方面,生态经济学作为一个非正统学派,发展历程客观上需要克服巨大的阻力;另一方面,生态经济学在与正统经济学范式竞争过程中,作为行动者双方,正统经济学阵营构建了全力抵抗的"行动者网络",生态经济学则在这方面疏于关注,且在遭遇正统阵营的防御网络后出现了畏

[①] 辉格史观一词来自历史学家 Herbert Butterfield 于1931年的一个演讲。根据 Butterfield 的观点,辉格史观者用现在的标准评判过去。用通俗的话语来讲,即辉格史观描述的一切历史都是以现在为出发点,传达的历史都是为现在服务。

缩并最终落败。

首先，尽管有最初的追求，但是生态经济学并没有形成一套研究经济问题的新的一以贯之的分析框架或范式。而且，与其他非正统经济学一样，生态经济学的理论构建以及相应的政策指示还是碎片式的存在，还不足以构成具有指导性的纲领体系，这就迫使研究者在具体的环境政策中又回到新古典经济学的思维逻辑，陷入理论创新过程中的路径依赖。理论研究与政策落实的连续性与连贯性是任何一个学派发展不得不面对的难题。但必须要承认，在理论与实践之间建立合作桥梁的困难是多方面的（Bruckmeier，2009）。

再有，对社会供应过程解释的非正统经济学研究视角不得不涉及跨学科研究的问题。只不过相对于其他非正统经济学流派，生态经济学不仅是社科内部的跨领域，它还是自然科学和社会科学研究的混合领域——囊括生态学、热力学、社会学、经济学、伦理学、政治学等，其学科特性使其面临以下客观障碍：

（1）现代科学的专业设置习惯将理论研究与应用领域分开；

（2）自然科学、社会科学和人文科学的理论与实践关系差别很大；

（3）科学知识生产的迅速、指数级增长和科学专业化程度的加深使专门学科之间的交流更加困难，同时也更加需要弥补知识的碎片化；

（4）知识转移和应用由于其他学科，特别是社会科学的竞争性研究方案而变得复杂，因为社会科学的概念界限不如自然科学明确。

以上四点互相作用，成为非正统经济学发展的巨大现实挑战。[①]自20世纪90年代以来，科学知识生产和研究方法的增加（技术进步）构成了知识的"爆炸"反应，研究者必须处理海量的知识，以便弥合理论进步与实践之间的差距。同时，研究学科专业化和差异化的深化使知识的整合和综合更加困难。因此，生态经济学理论的整合、转移和应用要么建立一种超高效的合作沟通方法，来让多领域学者在深度共识上进行合作；要么就是要求研究者本身成为全科全才，精通各个专项领域的知识，来兼顾处理自然界和社会系统的复杂性。显然，以上挑战都不是能够在片刻轻易克服的。

除了非行动者层面的学科发展挑战，在这场竞争局面中，新古典经济学行动者网络的防御性作用也是至关重要的。根据拉图尔的社会建构理论，在一个理论成为"真

---

① 由于不同的非正统经济学派的侧重点不同，诸如生态经济学、行为经济学、演化经济学之类的跨学科维度就十分之大——心理学、神经科学、生态学、生物学等都有所涉。而像女性经济学、制度主义经济学、马克思主义经济学则对自然科学的关注较少，偏向在社会科学领域从事跨学科研究。不过目前的趋势是不同的非正统经济学之间也已经开始互相融合（后文会具体论述）。因此跨学科带来的研究挑战基本就是非正统经济学所共有的，只不过程度略有差异。

理"之前，没有人能知道究竟什么是"真实""准确"，或者"事实"。但研究者又希望自己的理论被人相信，被接纳成为一种"真理"。因此，他们会组成许多同盟，在巩固自己的理论贡献时也使其更有防御性。这些同盟中包括了制度、组织、机制等手段，联合形成一张绵密的网络，吸纳有助于自身理论范式构建的元素，巩固、防御其他替代性理论的范式挑战。这也正是新古典经济学发展至今，能够在众多竞争理论中得以树立其正统地位的关键所在。

这些活动的组织形式一方面囿于新古典经济学的理论架构。也就是说，新古典经济学理论是以一种分层级的方式来安排的。顶层是由那些被无条件地接受的主要概念和命题构成的理论核心。综合的理论命题是从这个核心中推导而得。比如，相对稀缺性、理性、最优化和偏好结构这些概念，以及凸性、均衡、交换和技术这些命题，结合起来得到了需求曲线、供给曲线和市场均衡这些综合命题。这些综合命题进而是得出"较低"层命题的基础，它们直接用于解决来自经济和供应过程中的问题。了解新古典经济学理论的层级式架构后，我们不难发现，新古典经济学家所作出的理论修正或者改良，尽管表面上是在回应非正统经济学派的批判，但实际上是从不同的角度和侧面来为新古典经济学理论的顶层设计做辩护。例如，张伯伦（Chamberlin）的《垄断竞争理论》弥补了新古典经济学"市场出清"的先验预设，使其看起来更贴近经济现实。帕累托的基数效用理论推进了希克斯的序数效用理论。无差异曲线用函数取代了效用，将偏好用数字表达了出来，进而回避了效用不可通约的批判。奥地利学派采用了方法论个体主义来回应非正统学派"新古典经济学原子个体主义假设"的批判。相比较新古典经济学用原子个体主义的逻辑化市场来为市场出清辩护，奥地利学派的方法论个体主义吸纳了非正统学派行为主体异质性主张，将市场主体设定为异质的，并从异质个体的互动中探究社会现象的形成和演化，进而将自由市场与企业家才能结合在一起，成为当前市场原教旨主义的主要理论基础。此外，新古典经济学的数理方法论发展也使其在形式上更容易被人接纳。通过线性规划以及运筹学的优美数学表达，博弈论既可以在理论上清晰地给出经济人行为逻辑解释，又能在实践中给出妥善的政策建议。面对非正统经济学强调的"复杂性"和"不确定性"，博弈论回应了一个利益博弈、信息可得性、理性决策，以及行为过程的随机性因素都包含在内的严密框架……类似的例子还有很多。总之，针对非正统经济学派对其范式的核心框架的批判——市场出清原则、理性经济人原则、完全信息原则，新古典经济学阵营或采取回避策略，或采取部分修正策略，或采取更精进的计量方法和技术手段策略，通过对较低层级的经济学命题的修正，进而牢牢巩固自身范式的顶层设计。

新古典经济学阵营作为范式防守方，其行动者网络还通过社会事业系统来巩固自身的范式地位。社会事业系统为什么重要？这个系统在很大程度上是嵌入教育体系、职业市场中和政策形成环节之中的，因此与这个社会事业系统相补充的各种组织，可以提供足够的平台和合力来产生支持和促进正统经济理论的特定结果的各种社会安排——它们通过有形资产、资金支持和组织活动，支撑着正统界的各种学术中心。其中相关的组织包括期刊、出版社、专业协会、政界群体，以及培养本科生和研究生的大学和研究机构（Lee，2009）。这些组织通过与各种社会网络的联系，提供了正统界的学术创造力所必需的关键性竞争力。因此，新古典经济学的行动者网络产生了一个相互联系在一起的专业群体，他们共享一套话语体系，关注共同的问题和讨论主题，得到共同的标准来判断这些观点和问题的答案，进而形成共识性的理论建议和政策纲领（见图4）。

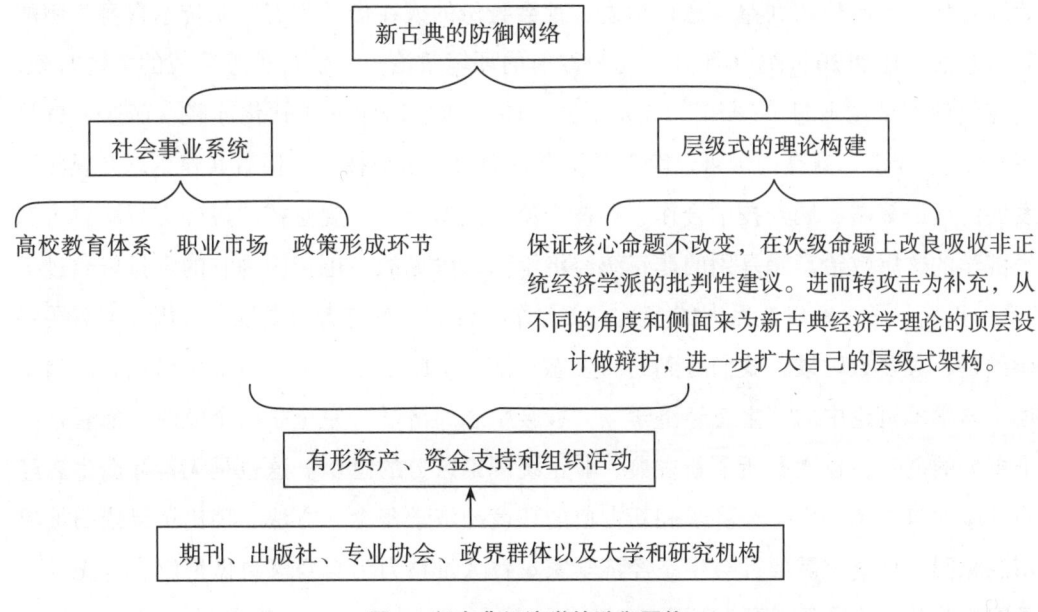

图4 新古典经济学的防御网络

相反，生态经济学作为非正统经济学流派，其发展阶段遭遇分裂瓦解，究其原因，无论是在自身理论的修正方面，还是在非正统阵营的行动者网络构建方面，都远远不敌主流阵营。首先，在理论架构层面，虽然生态经济学仍然处于不断成熟的过程中，但其理论内容并非层级式地组织起来的——它的理论主要是围绕着对环境经济学的批判而展开构建的。这就导致其理论架构缺乏一个统领性的中轴，又或者说对新古典经济学的范式核心批判就是生态经济学的理论中轴。这种研究视角的主体性错置，就容易使研究者产生这样的疑惑：我究竟是在从事生态经济学，还是在对环境经济学做理论纠偏？①另外，不像新古典经济学不断吸取其他流派理论来进行自身范式的修正，生态经济学与其他非正统经济学的研究成果在互相融合补齐方面十分欠缺——虽然非正统经济学家的共同目标是解释社会供应过程，但他们在阐述和综合各自理论方法和观点的时候，只是为实现某一特定目标做了部分的工作，其关注视阈往往只聚焦于某一个侧面。在新古典经济学的霸权面前，非正统经济学家仍呈现出一种各自为营、单打独斗的局面，从而被主流范式渗透和瓦解也就不足为奇了。

以上问题是生态经济学乃至其他非正统经济学在范式竞争中都共同存在的问题。当然，生态经济学的瓦解与分裂也有自身学科特性带来的特有弊病——跨学科的维度过大了。且因为生态问题涉及方方面面，任何社会事业层次，或任何政治立场的人都可以在生态经济的问题上评说一嘴，这就导致尽管表面上都是在讨论"生态经济"，但背后是代表不同集团利益、意识形态、社会身份的人在借"生态"来传达自身集团的利益想法。比如20世纪70年代尼克松政府的环境政治——恰逢美苏冷战的关键时刻，尼克松政府试图通过"缓和"（detente）战略，通过诱导方式软化苏联。而这一背景下，"生态经济"就是两国可以跨越意识形态沟通的橄榄枝——借着共建生态共谋经济发展的话语策略，展开技术合作、科技交流、武器限制、规避核战等外交策略。生态经济学的这层政治意涵是别的非正统经济学流派鲜见的。也正因为它的学科口号过于"政治正确"了，所以在巨大的多元主义合作平台下，参与者鱼龙混杂。因此，需要强调的是，大多数时候，我们看到的"生态经济"实际上是一个政策性术语或者政治术语，与学术讨论中的"生态经济学"、"社会生态经济学"完全是两个概念。前者是一个更大的范畴，也没有所谓新古典、非正统理论区分的意识。这也是无论社会生态经济学家如何强调，生态经济学和新古典的环境经济学概念、方法、理论结果依旧被混用的原因。而这就需要社会生态经济学家花费大量精力为自身学科做辩解，这无疑也是影响其发展的重要原因。

总的来说，对比生态经济学和新古典经济学的社会事业系统，可以发现生态经济学内部无法形成统一的声音，他们关注各异的问题和讨论主题，缺乏共同的标准来判断研究的方向和政策立场，进而无法形成共识性的理论建议和行动纲领，最终在面对新古典经济学阵营的强大行动者网络压制时，生态经济学又在多方面出现畏缩。具体

---

① 由于生态经济学跨学科合作的特性，在学科后续的发展中，实际上是吸纳了很多自然科学方向的研究者。如前所述，这些研究者缺乏经济学的哲学基础，在实际的研究中也不会去特意明确本体论、认识论这些分析基石，因此很容易在生态经济学和正统环境经济学之间发生混淆。

表现为：

第一，生态经济学存在身份认同和学科归属的缺失。跨学科研究和多元主义导致从事生态经济学研究的学者往往具有双重身份（或多重身份）。他们可能既是生态经济学家，同时也与其他有声望的组织有关。生态经济学与其他学科领域没有明确的界限，且界定界限的方式目前都还存在很大争议，如环境经济学等相关领域的研究人员仍然处于这一界限界定的斗争中。

第二，生态经济学缺乏一致的价值判断。生态经济学家长期以来一直在争论现行的研究成果能在多大程度上可以为政策困境提供答案，并就这一争论衍生出"数字乐观派"和"数字消极派"。持"数字乐观"态度的生态经济学家主张通过"价值的弱可比性"（Martinez-Alier et al., 1998, 2011）、"价值多元化"（Gowdy et al., 2005）和协商民主（Wironen et al., 2019）将生态经济学的观点引入具体政策和行动。像许多致力于环境运动的人一样，这一部分生态经济学家们试图"利用科学的纯粹力量来'强迫'决策者作出决定"，并通过产生直观的数字来寻求政策支持（Saltelli et al., 2016）。另一方面，持"数字消极"态度的生态经济学家们认为，即使纯粹的科研成果能在数字上给执政者明确的反馈，但出于复杂的社会结构、多方利益关系、意识形态的立场等，单凭科研成果不足以让执政者作出能匹配生态经济学学科纲领的决策。生态经济学的基本目标中诸如改进总体福祉/可持续性指标的衡量方式，用GPI（Fox et al. 2018）和生态足迹（Wackernagel et al., 1998）代替传统GDP的思想，便蕴含着高度政治性的价值判断，以及"自然"对经济活动施加"限制"的论点（Georgesus-Roegen, 1971; Goodland, 1992）。这一派别的生态经济学家们认为，学科的研究工作需要强调社会价值和民主选择（Kallis, 2019），且指出当前研究的一大难点是，随着人类活动日益扰乱地球系统，如何量化集体承受风险（包括经济风险、生态风险、代际风险等）能力的正确水平，以及对风险的评估很难达成一套一致且具体的价值判断。

第三，生态经济学的政策立场不明。合作关系和资金来源是从事生态经济学研究的学者们不得不考量的一个现实问题。但合作关系和资金来源作为一种权力因素反过来成为制约生态经济学政策含义的重要机制，具体表现为，得出的政策立场是站在哪一方，支持哪一方的利益？而这往往与具体的合作对象、合作方式、研究主导者的态度等息息相关。由于跨学科研究的学科属性，生态经济学能够获得多方面的利益支持，且许多生态经济学的研究成果拥有比同行更广泛的受众，因为其研究结果有时是针对中央或地方当局的。例如，在规模问题的概念化方面，环境资源管理、决策过程和制度变革都包含了一系列弹性概念。而另一部分研究是针对非政府组织的，并被非政府组织使用，如对发展中国家的生态足迹、环境空间和生态冲突的研究。如前所述，参与生态经济学研究的学者往往拥有多重学术身份或政治身份，这导致生态经济学家们在选择与利益相关者合作和支持方面的决策存在异质性。例如，在美国，科研机构有与实业家合作的传统。一部分学者倾向于与政府和企业一起工作（Kubiszewski et al., 2013; Turner et al., 2010），而另一部分研究者则与激进的社会运动有更紧密的联系（Martinez-Alier et al., 2011）。当研究人员与公权力合作时，致力于为企业和政府提供决策支持，可能会不加批判地接受上层官僚提出的要求，从而降低生态经济学促进公正和可持续性的潜力——在部分国家，弱势群体的价值可能会因为许多原因被忽视或低估，反之对富人阶级的价值过度重视（Matulis, 2014; Spash, 2008），生态系统研究如何处理研究中的正义和公正性考量？这种对研究者本身研究动机的怀疑，降低了生态经济学的社会影响力和研究成果的可信服程度。

第四，生态经济学作为非正统经济学流派，遭遇新古典阵营的社会事业系统压制。由于当前的期刊评议、学科评比、经济学教育体系、高教就职等都是牢牢掌握在新古典经济学阵营手中的，如同其他非正统经济学派一样，生态经济学家如果以"生态经济学"这一身份出现，难免就会因歧视性差异而遭到多重阻力。尽管生态经济学已经有专门的研究中心、教育项目和博士项目，但这些项目数量仍然很少，设有非正统经济学教学的高校更是寥寥无几。相比正统的环境经济学和资源经济学，生态经济学的从业人员、学科影响远远不足，且该领域的多数知名研究人员都不仅仅是"生态经济学家"，也同样从事更广泛、更主流的学术研究。由于期刊评议的新古典经济学霸权，对于从事生态经济学领域研究的学者来说，在主流权威期刊发表文章往往更具有吸引力，撰写实证类的文章也比规范类研究更容易被同行评议所接受。这也是生态经济学期刊在解决环境问题的策略讨论等方面逐渐倾向于新古典范式来维持自身期刊的扩张，最终走向商业化发文的原因之一（Spash, 2020）。

总的来说，通过SSK视角复盘传统生态经济学与新古典经济学的这番范式较量，我们不难发现，非行动者网络和行动者网络的相互作用，在范式竞争中举足轻重。新古典阵营通过高校教学、期刊发表、职称考核、学科评议等多方位机制，树立起自身的社会事业系统（贾根良、兰无双，2016；张林，2021）。从新生代的经济学研究者开始到中生代研究者的职业发展，新古典经济学的社会事业系统培养了一大批信奉正统范式的忠实"信徒"；吸收、招纳对正统范式个别教条存在异议但总体而言依旧遵从正统范式纲领的"异教徒"；筛选、挤对敢于彻底挑战正统范式的"渎神者"（孟捷，2021），进而形成了正统阵营的范式"封锁"（Lee, 2009）。因此，尽管公理化的均衡微观经济学、宏观经济学，以及经济学其他领域不同形式的"新古典综合"均建立在"肤浅""脆弱"的分析基础之上（Lee，2006），但它们也确实通过社会事业系统的建立而拥有了繁育的土壤——抽象化、概念化体系所得到的结论定理和模型得以逐步积累，并最终相对于非正统而言取得竞争优势。

四、社会生态经济学家未来可行的推进方向

根据以上分析，社会生态经济学家未来需要直面三个问题：首先，凝聚跨学科合作的共识性基础——达成共识是建立社会事业系统的第一步；其次，形成具有可操作性的生态环境政策——以替代新古典经济学的政策形式；最后，确认未来制度变革的方向和评判制度的标准——既然已提出了对资本主义制度的批判，那么变革后的制度方向该转向何处？

这三个问题都可以凝结在对价值判断的讨论中——美国圣塔菲研究所研究教授和行为科学项目主任、美国马萨诸塞大学经济学系荣誉教授塞缪尔·鲍尔斯（Samuel Bowles）指出，经济学不仅需要关注事实（是什么），而且要关注价值体系（应该是什么）（Bowles，2020）。在制定具体的环境经济改革方案或处理当前的环境经济问题时，伦理道德的规范被证实是有必要的——资源在某种意义上是权利问题，工资等级和资源分配在某种意义上是正义问题。生态经济学最后"自然资本化"的新古典倾向实际上也是忘记了这一点，即经济学始终是一门有价值判断的学科——为新古典经济学背书的一直都是为资本主义制度站台的新自由主义意识形态。在新古典经济学的范式框架内，只有失灵的市场，没有剥削的资本主义。缺少对价值判断的审慎态度，就容易在跨学科合作中迷失初衷。

再有，价值判断不仅是凝结共识的基础，也是社会生态经济学家把握未来政策的关键。实际上，当前的生态经济政策之所以困难重重，是因为社会经济运行作为一个复杂系统，经济交换行为缺乏一个一般化的衡量标准，也就是如何阐释不同的商品和服务能在一定范围内交换？交换价值是如何与使用价值交织在一起的（Elder-Vass，2019）？不可通约性是市场行为主体出现异质性偏好选择的主要原因，进而引发了经济行为的不确定性。同时，环境领域中的偏好选择不仅影响自己，也影响他人。行为人和共同体之间是互相依赖、互相协调的关系。可见，想要落实具体的制度调整就必然涉及处理这种交互式的协同关系，发展一种"适当行为的规范"（Vatn，2000；Vatn，2005）。上述问题的解决均指向构建一种囊括伦理道德规范的一般价值理论（General

Theory of Value）来作为价值判断的标准，使日常生活中多种多样的、各不相关的评价性判断（critical judgments）尽可能成为可通约的（R. B. Perry、杨倩倩，2021）。

价值判断的树立也有助于把握制度变革的方向。根据制度主义者的看法，制度同时执行工具职能和歧视职能，前者推动一种向前进步的行为，后者则偏向保守、后向的行为模式（Ayres，1967）。在环境议题的讨论中也是如此——制度一方面可以在保护环境利益的同时也创造利益。例如绿色新政对企业的正向引导、绿色项目的经济创收能力、技术进步的推动，以及项目推行带来的积极社会影响等，激励企业家长期践行环保决策。而另一方面，在一个全球商品竞争的世界里，主流制度保障的是持主要话语权的食利者阶层，这部分阶层也反过来成为巩固、维护主流制度的中坚力量。因此，如果环境政策牵扯到这部分阶层的利益，那么制度关系又会成为落实环境政策的强大阻力（Vatn，2015）。基于制度这种动态演化的，且演化方向可能随社会学习能力、社会认知程度朝前演进或向后倒退的特性，确认一个价值判断的标准来锚定制度调整方向就显得至关重要了。新古典经济学就是缺乏这样一种一般价值理论[①]为社会生产关系和资源供应过程提供价值判断，因而在处理实际问题时要么陷入教条（效率和公平是不可得兼的，经济的增长必须要以不平等、破坏生态资源为代价），要么陷入天真（自由的市场调整机制可以解决一切）。

由于人们对生态冲突的政策分析是由人们对经济-环境关系的基本看法所塑造的，不同的社会经济关系视角、繁衍的物质需求视角、经历危机的意义视角，对生态权力和冲突的本质产生了不同的看法。从而在"经济新世"的价值判断中，"人"才是主体，其核心思想是围绕"提升人的福祉"所展开的，其研究对象是掩盖在经济-环境关系之下的某制度结构中的权力冲突关系，其研究目标是构建资源配置更高效、更公平、更可持续的经济体系。

从这个意义上来说，把制度主义理论中的"社会价值原则"作为一种一般价值理论或许是当下最契合的策略选择。制度是否能实现"社会价值原则"就是制度调整方向的评价标准。图尔将社会价值原则描述为"通过知识的工具性运用来满足人类生命的连续性，实现共同体的非歧视性重构"（Tool，1977）。这就包含四大评价标准：第一，"知识的工具性运用"（the instrumental use of knowledge）指的是制度调整需要将可靠知识运用于工具性的目的；第二，"生命的连续性"（continuity）意味着生存的权利要高于其他权利，是一切进步和发展的前提，任何经济社会行为和过程都不能打断这

[①] 或者说不涉及道德规范的评价标准就是新古典经济学的价值判断本身。新古典经济学总习惯于标榜自己是价值中立的，但目前看来不少学者对这种断言持有异议。

种连续性；第三，"非歧视性"（non-invidious）说明了在这个过程中必须排除歧视性标准和行为，也就是食利者阶层为巩固身份等级对其他阶层展开的剥削行为；第四，"共同体重构"（recreation of community）阐明了人是作为社会、生态系统的一部分而相互联系和传承的，整个共同体在制度变迁过程中得以重新组织或向前协同演化（Tool，1999）。

当我们拿社会价值原则的四个标准来审视新古典经济学，就可以发现当前经济不增长的根源：在新古典经济学的视角里，其理论和政策都集中于维护理性选择、个体主义消费观和自由放任的市场这种意识性评价——环境问题被归属于外部性范畴。但所谓的外部性，只有在一个人采纳了市场中心主义，交换成本为零时才会被视为外部的。这就是正统范式逻辑推理的同义反复，它把"市场效率"作为价值判断的标准。当经济从社会关系中剥离出来，抛开伦理道德的规范，金钱逻辑即开始主宰社会供应过程，而不是作为服务于社会价值的工具。因此，新古典经济学经济增长的三大动力源所展示出的不可持续性矛盾——消费者层面的"欲望的无限性与资源的稀缺性之间的矛盾"、企业层面的"由资本积累驱动的金融化需求与资源的公平分配之间的矛盾"、经济全球化层面的"集体行动中的囚徒困境、公地悲剧与全球环境政策合作之间的矛盾"（Pirgmaier，2021），都可以总结为在"金钱至上"的社会价值判断裹挟下，超出自身真实需要（needs）的炫耀性欲求（wants）（非工具性知识的使用）与歧视性身份等级观的剥削行为和共同体内生命连续性的进步发展之间的矛盾。社会价值理论为社会生态学家的制度调整提供了一个可行的、具体的价值判断标准。将这些评估原则实际运用到经济、社会、政治、环境问题的解决当中，有助于在具体的实践中规避不经济的生产方式和政策选择。

当然，不得不承认社会生态经济学家设想的"经济新世"及其内涵的"社会价值原则"所追求的无疑是一个超阶级的价值判断标准。而在阶级社会中要保证全人类"生命的连续性"，是很难做到的。基于历史经验的阶级利益冲突事实是，一个阶级的利益增加总是要伴随另一个阶级的利益减少（张林，2005）。社会生态经济学家想要追求一个普世性的价值判断标准来进行制度调整，而这个标准的广泛接受和实现又要以"共同体的非歧视性重构"为前提，那么除非展开彻底的阶级斗争，否则这种重构就是不可能完成的。社会生态经济学家"经济新世"的愿景，也必然成为一种乌托邦式的空想。

因此，在笔者看来，如果要客观评价社会生态经济学家的工作，就需要我们以辩证的观点来看：在评价资本主义和新古典经济学范式的缺陷时，社会生态经济学家不乏有着真知灼见；但在批判资本主义制度的具体缺陷时，社会生态经济学家又缺乏对价值判断的洞察——依旧在"是否有必要彻底转变资本主义制度本身"这个问题上重复论证，而不是致力于发展对阶级社会的彻底批判（Goddard et al., 2019）。这也导致了生态经济学在理论、政策使用上的不连贯。当然，其中也不乏一部分学者觉察了开启激进替代方案的必要性。非歧视性标准启发下的阶级批判洞见、共同体视阈下的生命连续性要求，以及立足于全人类福祉提升和生态边界可持续共赢的发展承诺，均指向马克思主义者理想中的社会主义与共产主义。这种社会价值判断的共识引导着这部分激进立场的社会生态经济学家展开与马克思主义的合作，并最终转变身份，加入生态马克思主义的阵营。

在激进社会生态经济学家向马克思主义路径靠拢后，剩余的游离在正统范式和生态马克思之外的那部分学者也开始找寻自己的理论出路——把理论关注点转向对经济人的行为逻辑分析、集体行动的合作博弈机制、消费行为中的偏好选择等，并在这种理论出路的探索中，把关注点转向在以上领域有更显著建树的行为经济学、实验经济学、公共选择学派、后凯恩斯主义经济学等流派。这也是为什么"社会生态经济学家"这一概念在国内研究中鲜少被提及，甚至连具体的代表人物（除了 Clive Spash）都难以罗列的原因[1]——其影响力和理论洞见在主流环境经济学、生态马克思主义，包括制度经济学[2]等多方加持下被严重掩盖和削弱了。当然，生态经济学内部的这种身份转换趋势，也可以说是其在与正统经济学范式的斗争中，凝结了更深刻共识的多元主义合作的结果——在复杂性、不确定性、演化分析的认识论基础上，团结了多方非正统经济学派的力量。但不可否认的是，如果要持续地致力于批判，并寻求某种切实可行的、具有替代资本主义价值判断的新经济学范式，确实是一个相当庞杂的任务。向别的学派寻找更成熟化、体系化的现有理论并与之融合创新是生态经济学未来发展不可避免的趋势。

---

[1] 目前社会生态经济学的代表人物主要是克莱夫·斯帕什（Clive Spash）。Spash 是最早在《生态经济学》（*Ecological Economics*）杂志明确提出"社会生态经济学"（Social Ecological Economics）这一概念的人，并在《生态经济学》基础手册中撰写了"社会生态经济学"的单独章节（Spash, 2017）。而其他涉及社会生态经济学研究的学者，往往在别的领域有着更著名的学术身份（大多数都来自制度主义阵营，如 Norgaard、Vatn、Kallis、Pirgmaier 等），相较于社会生态经济学家，他们为大众更熟知的身份是制度主义学派。这也是跨学科领域研究者难以避免的一个问题——研究身份的专属性不突出。

[2] 由于社会生态经济学家受制度主义学派的影响较大，很多重要概念的提出都来自制度经济学的理论，因此学界也有把"社会生态经济学"理解为"制度生态经济学"的说法，把其理论贡献归类为制度主义的环境思想。

参考文献

[1] Ayres, C. E. 1967, "The Theory of Institutional Adjustment", *In Institutional Adjustment*, ed. Carey C. Thompson, pp. 1-17. Austin: The University of Texas Press.

[2] Ayres, R.U., van den Bergh, Lindenberger, Warr. 2013, "The underestimated contribution of energy to economic growth", Struct. Chang. *Econ. Dyn.* 27, 79-88.

[3] Bruckmeier, K. 2009, "Sustainability Between Necessity, Contingency and Impossibility", *Sustainability*, https://doi.org/10.3390/su10x000x.

[4] Chester, L. 2012, "Unravelling the roles played by derivatives and market power in electricity price formation", *Heterodox Economics: Social Provisioning in Crisis-prone Capitalism, Refereed Papers: 11th Annual Conference, Australian Society of Heterodox Economists*, University of New South Wales, December 3-4.

[5] Chester, L. 2013, "The impacts and consequences for low-income households of rising energy prices", Unpublished report funded by the Consumer Advocacy Panel, Australian Energy Market Commission. Available from http://www.householdenergyuse.com [Accessed October 10, 2013].

[6] Commons, J.R. 1934, *Institutional Economics*. Madison, WI: University of Wisconsin Press.

[7] Costanza, R. 1991, "Ecological economics: a research agenda", *Ecological. Economics.* 2, 335-357.

[8] Dale, G. 2013, "Critiques of growth in classical political economy: Mill's stationary state and a Marxian response", *New Political Economy*, 18 (3): 431-457.

[9] Daly, H.E. 1968, "On economics as a life science". *Polit. Econ.* 76, 392-406.

[10] Daly, H. E.1986, "Thermodynamic and economic concepts as related to resource-use policies: comment", *Land Economics* 62, 319 – 322.

[11] Dorninger, C. ,Hornborg, A., Abson, D.J., von Wehrden, H., Schaffartzik, A., Giljum, S., Engler,J.,Feller, R.L., Hubacek, K., Wieland, H., 2021, "Global patterns of ecologically unequal exchange: implications for sustainability in the 21st century", *Ecol. Econ.* 179, 106824.

[12] Elder-Vass, D. 2019, "No price without value: towards a theory of value and price", *Econ.* 43(6), 1485-1498.

[13] Fox, M.J.V., Erickson, J.D. 2018, "Genuine Economic Progress in the United States: a fifty-state study and comparative assessment", *Ecol. Econ.* 147, 29-35.

[14] Georgescu-Roegen, N., 1971, *The Entropy Law and the Economic Process*. Harvard University Press, Cambridge, MA.

[15] Goddard, J. and Kallis, G. and Norgaard, R. 2019, "Keeping multiple antennae up: Coevolutionary foundations for methodological pluralism", *Ecological Economics*, V165, https://doi.org/10.1016/j.ecolecon.2019.106420.

[16] Goodland, R. 1992, *The case that the world has reached limits. In: Population, Technology, and Lifestyle- the Transition to Sustainability*. Island Press, Washington, DC, pp. 3–22.

[17] Gowdy, J. and Erickson, J. 2005, "Ecological economics at a crossroads", *Ecol.Econ.* 53(1), 17–20.

[18] Kenis, A. and Lievens, M. 2016, "Greening the economy or economizing the green project? When environmental concerns are turned into a means to save the market", *Review of Radical Political Economics*, 48(2): 217–234.

[19] Kubiszewski, Ida, et al. 2013, "Beyond GDP: measuring and achieving global genuine. progress", *Ecological Economics*. 93, 57–68.

[20] Lee, Frederic S. 2006, "The Ranking Game, Class, and Scholarship in American Mainstream Economics", *Australasian Journal of Economics Education* 3(1): 1–41.

[21] Lee, Frederic. 2009, *A History of Heterodox Economics: Challenging the Mainstream in the Twentieth Century*. London/New York: Routledge.

[22] Lo, A. 2014, "The Problem of Methodological Pluralism in Ecological Economics" [MPRA Paper n. 49543]. University Library of Munich, Munich, Germany.

[23] Martinez-Alier, J. and Munda, G., O'Neill, J. 1998, "Weak comparability of values as a foundation for ecological economics", *Ecological Economics*.2 6(3), 277–286.

[24] Martinez-Alier, J. 2002, *The Environmentalism of the Poor: A Study of Ecological Conflicts and Valuation*. Edgars Elgar, Cheltenham, U.K.

[25] Martinez-Alier, J. and Pascual, U. and Vivien, F.D. and Zaccai, E. 2011, "Sustainable de-growth: mapping the context, criticisms and future prospects of an emergent paradigm", *Ecological Economics*. 69, 1741–1747.

[26] Matulis, B. S. 2014, "The economic valuation of nature: a question of justice", *Ecological Economics*. 104, 155–157. https://doi.org/10.1016/j.ecolecon.2014.04.010.

[27] Norgaard, R. B. 1989, "The case for methodological pluralism", *Ecological Economics*. 1, 37–57.

[28] Pirgmaier, E. 2017, "The Neoclassical Trojan Horse of Steady-State Economics", *Ecological Economics*, 133, 52–61.

[29] Pirgmaier, E. 2021, "The value of value theory for ecological economics", *Ecological Economics*, 179, 106790.

[30] Ropke I. 2005, "Trends in the development of ecological economics from the late 1980s to the early 2000s", *Ecological economics.*, 55: 262–290.

[31] Rosewarne, S. 2002, "Towards an ecological political ecology", *Journal of Australian Political Economy*, 50(December): 179–199.

[32] Saltelli, A., Giampietro, M. 2016, "What is wrong with evidence-based policy, and how can it be improved",

Futures. https://doi.org/10.1016/j.futures.2016.11.012.

[33] Söderbaum, P. 2015, "Varieties of ecological economics: do we need a more open and radical version of ecological economics", *Ecological Economics*. 119, 420–423.

[34] Spash, C. 1999, "The development of environmental thinking in economics", *Environment economics*. 8: 413–435.

[35] Spash, C.L. 2008, "How much is that ecosystem in the window? The one with the Bio-Diverse Trail", *Environmental Values* 17(2), 259–284.

[36] Spash, C., Ryan, A. 2012, "Economic schools of thought on the environment: Investigating Unity and Division", *Ecological economics*. 36: 1091–1121.

[37] Spash, C. 2013, "The shallow of the deep ecological economics movement", *Ecological economics*. 93:351–362.

[38] Spash, C. 2017, *Routledge handbook of ecological economics*. Abingdon: Routledge.

[39] Spash, C. L. 2020, "Environmental Economics from Revolution to Conformity: Making Pollution into a Market Failure Rather Than a Cost-Shifting Success", *Papers in political economy*. Submitted for publication.

[40] Tool, Marc R. 1977, "A Social Value Theory in Neoinstitutional Economics", *Journal of Economic Issues*, 11(4). 823–846.

[41] Tool, Marc R. 1999, *Pricing, Valuation and Systems: Essays in Neoinstitutional Economics*. London: Edward Elgar.

[42] Turner, R.K. and Perrings, C. and Folke, C. 1997, *Ecological economics: paradigm or. perspective*. In: van den Bergh, J.C.J.M., van der Straaten, J. (Eds.), Economy and Ecosystems in Change: Analytical and Historical Approaches. Edward Elgar, Cheltenham, UK, pp. 25–49.

[43] Van den Bergh, J.C.J.M., 2010, "Externality or sustainability economics", *Ecological Economics*. 69, 2047–2052.

[44] Vatn, A., 2015a, Environmental Governance. Institutions, *Policies and Actions*. Edward Elgar, Cheltenham, UK.

[45] Vatn, A. 2015b, "Markets in Environmental Governance. From Theory to Practice", *Ecological Economics*, 117, 225–233.

[46] Vatn, A. 2000, "The environment as a commodity", *Environmental Values*, 9(4), 493–509.

[47] Vatn, A. 2005. *Institutions and the Environment*. Cheltenham: Edward Elgar.

[48] Vila, F., M. Wilson, R. de Groot, S. Farber, R. Costanza and R. Boumans, 2002, "Designing an integrated knowledge base to support ecosystem services valuation", *Ecological Economics*, 41 (3), 445–456.

[49] Wackernagel, M., Rees, W. 1998, "Our Ecological Footprint: Reducing Human Impact on the Earth", Vol.

9 New Society Publishers.

[50] Wironen, M.B., Bartlett, R.V., Erickson, J.D. 2019, "Deliberation and the promise of a deeply democratic sustainability transition", *Sustainability* 11, 1023.

[51] 本·塞利格曼：《现代经济学主要流派》，华夏出版社2010年版。

[52] 赫尔曼·达利、小约翰·柯布：《21世纪生态经济学》，中央编译出版社2015年版。

[53] 贾根良、兰无双：《关于经济思想史学科专业归属和栖息地的争论》，《经济学动态》2016年第12期。

[54] 罗伯特·K.默顿：《科学社会学》，商务印书馆2003年版。

[55] 孟捷：《经济学革命的领航者——〈后凯恩斯主义经济学：新基础〉译者前言》，《政治经济学报》2021年第2期。

[56] R.B.佩里、杨倩倩：《一般价值论的问题及其范围》，《当代中国价值观研究》2021年第6期。

[57] 塞缪尔·鲍尔斯、理查德·爱德华兹、弗兰克·罗斯福、梅伦·拉鲁迪：《理解资本主义：竞争、统治与变革》，中国人民大学出版社2021年版。

[58] 张林：《新制度主义》，经济日报出版社2005年版。

[59] 张林、徐士彦：《完善对非正统经济学研究对象的理论阐释》，《经济纵横》2019年第4期。

[60] 张林：《从多元到新古典霸权：20世纪上半叶经济学在美国的发展及其影响》，商务印书馆2021年版。

国外政治经济学

《垄断资本》出版25周年[*]

保罗·斯威齐 著[**]

张雪琴 陈模玲 译[***]

《垄断资本》系已故保罗·巴兰（Paul Baran）和我本人在25年前所出版，并且，我认为就算在各种发展变化发生的20世纪的最后25年，该书整体而言仍然十分立得住。作为下述论述的基础，我先简要概括下本书的基本观点。

垄断资本主义经济发源于19世纪末20世纪早期，并在第二次世界大战后被一定形式和结构的巨型公司所控制，这些巨型公司从在增长早期给予其资助的融资者和企业发起人那里获得了金融独立。在绝大部分工业中，它们像理性的寡头垄断资本家那样行事，避开价格竞争并且通过削减成本的技术、产品创新和广告同对手展开竞争，结果是赢利能力趋于上升，并导致了我们称之为剩余吸收的困难。追随卡莱茨基（Kalecki）和斯坦德尔（Steindl）的开拓性工作，我们提出，存在此类结构的经济体定会存在强烈且持久的停滞趋势，当然这一趋势会被经济内在逻辑以外的力量所抵消，从而不再属于主流经济学的研究范围，因为这一经济学范式谨慎地排除了历史、政治和社会方面的考虑。相反，《垄断资本》一书超过三分之二的篇幅主要是在分析这些力量以及它们与经济规律和趋势之间存在的紧密的相互关联。最后7章（一共11章）的标题在一定程度上表达了该书对美国高等教育制度中所设想和教授的经济学内容的反叛：销售努力、政府民用支出、军国主义和帝国主义、论垄断资本主义的历史，以及不合理的制度。这些章节标题至少在一般意义上也表明了被巴兰和我视为对对抗停滞趋势起反作用的各种力量。

当我回顾该书的基本安排并将其与我们今天的情况进行比较时，我发现就绝大多数情况而言，该书的分析同现实是一致的。但是存在一个《垄断资本》根本没有提及，

---

[*] 原载 Paul M. Sweezy, 1991. Monopoly capital after twenty-five years, *Monthly review*, Vol.43, Issue 7, December, pp.52–57。

[**] 保罗·斯威齐（1910—2004），第二次世界大战以来杰出的马克思主义经济学家之一，著有《资本主义发展论——马克思主义政治经济学原理》、《垄断资本：论美国的经济和社会秩序》（与保罗·巴兰合著）等经典作品。

[***] 张雪琴，中共中央党校（国家行政学院）马克思主义学院副教授、硕士生导师，研究方向为当代资本主义经济、金融化与资本积累、中国特色社会主义政治经济学。

更别说解释的显著变化。这就是在最近25年里,美国和全球资本主义经济中出现了一个急剧扩张且日趋复杂化的金融部门。并且,这一发展本身反过来深深地影响了巨型公司所主导的"现实"经济的结构及其作用机制。①

在我们关于巨型公司的分析中(《垄断资本》一书第2章),巴兰和我假定寡头垄断共同体在其管理者的有效控制之下,从而在通常情况下能够实现一种长期稳定,并且因此既能制订长期计划,也能确保志同道合的继任者在将来能够把既有计划贯彻落实。基于此种关联,我们引用了加尔布雷思于1952年在《美国资本主义》(*American Capitalism*)中的这段文字:"美国当今一代,为了能够存活下去,将会从现在已经在供给这些主要产品的这个或那个公司中购买铁、铜、黄铜、汽车、起酥油、肥皂、早餐食物、培根、香烟、威士忌、收音机和棺材等。稍微想想就会明白,供给此类产品的这些巨型公司没有任何变化,它们已经为数代美国人供给此类物品了。"

这是一个拥有长远计划和很长时间都具有高度稳定性的企业共同体的图景。并且,在20世纪50年代末60年代早期,在《垄断资本》写作之际,看来似乎没有理由认为这一图景会发生重大变化。

然而,不久之后,一幅完全不一样的图景开始呈现在人们眼前,这就是在20世纪80年代达到高潮的并购和杠杆收购狂潮。看上去几乎是在一夜之间,大量的流动性资本汇集到资源丰富且富于创新性的金融企业家的麾下。这些金融企业家对生产既无经验也无兴趣;他们的目标是尽可能多地赚钱,并且将他们(以及他们的委托人)所赚到的钱再投资以赚取更多的钱。为了追求这一结果,他们购买"纸面"资产(以及房地产、艺术品等)以便随后再以高价卖出——这一般在通货膨胀时期比如二战之后的数十年间确曾发生。但是,没过多久,这一新生代金融企业家发现通过积累大量的流动性资本,他们可以通过与大股东签订特别协议以及向其他人提供可观的偿付额,从而尽可能地收购任何一个巨型公司的控制股。其目的不仅仅是取代其公司的现有管理层,还要使自己能够以各种方式掠夺被兼并的公司,而这在公司金融的漫长且复杂的历史中已经屡见不鲜(并被合法化)。

当然,只有一小撮巨型公司事实上受制于这种类型的控制股权收购,但是这一影响是相当普遍的。许多公司,尤其是那些非常大的公司,对公司收购显得非常脆弱,并且感觉其管理会受到威胁——甚至它们确实受到了威胁——从而它们自然要采取措

---

① 为了将"金融"(或"货币")与"实体"相对立,我正在使用已有很长历史并为熟悉经济学文献的读者所容易接受的概念。但是,这当然并不是意味着今天任何一个既存经济体中的各个部门的实体性比以往经济体中的实体性要多或者少。

施保护自己。并且这通常意味着一旦它们有机会，将采取那些控制股权收购公司可能采取的行动。因此，比如说，一个习惯于长期计划和持有大量现金储备以应对未来的机会和紧急情况的谨慎管理的公司，必定会认为有必要缩短计划年限，并且将其积累的资金分散于不同方向，从而使这一公司对收购公司而言，显得不怎么具有吸引力。换言之，金融性控制股权收购带来的普遍威胁迫使管理层加入具有投机金融色彩的一种更早些时候的公司文化中去。随着这些活动越来越频繁，巴兰和我在《垄断资本》中所构建的公司范式就有问题了。

这并非20世纪七八十年代金融大改革影响资本主义制度运行的唯一方式。资本主义历史为一再出现的投机泡沫所不时打断。然而，作为规律，这通常发生在经济周期的扩张阶段，并且相对短暂，也未对经济造成持续的结构性影响。相反，最近的一次投机泡沫发生在二战后的长期扩张时期已经结束之后；它现在已经持续了近20年；并且，它给资本主义经济体的结构带来了具有标志性且似乎是永久性的变化。

最后一点是需要在当前环境下着重强调的。正在谈论的金融大改革包括以下几个维度：所涉及的市场的种类和数量（包括诸如最近才出现的股票期货和期权的起源，以及与传统常规商品和债券交易相关的政府证券和外汇）；各种金融投机活动在这些市场急剧扩张活动；金融行业就业的绝对和相对增长；金融在国民生产总值（GNP）中所占比重的增长。在所有这些维度中，金融部门的相对规模在最近20年里获得了极大增长。

另外一个并且在某些方面更能说明金融在整个经济中具有越来越重要作用的结论，可以从20世纪80年代经济上升周期中对厂房和设备投资的分析中得到。根据历史性标准，20世纪80年代早期的复苏远不是强劲有力的，并且众所周知，这次复苏很大一部分原因在于和平时期军费开支的大幅增加。比较不为人们所知的是私人部门对整体经济贡献不大。对（制造业、交通运输和公用事业的）厂房和设备的投资在整个复苏时期几乎不曾增长，然而金融、房地产和商业却在急剧扩张。[①]

当然，并非所有这些都可归因于金融，但是任何一个对商业状况富有洞见的观察者都不会否认金融此时的作用（比如作为对计算机、商用机器、信息设备和办公大楼的投资）比在之前任何周期性复苏阶段所起的作用都要大。

为什么《垄断资本》没有预见到最近25年里资本主义在结构和运行上所发生的这些变化呢？从根本上来说，我认为答案在于《垄断资本》一书中关于资本积累的概念

---

① 参见1983—1984年奇怪的复苏，文章出处："The Strange Recovery of 1983-1984", *Monthly Review*, October 1986。

是片面的并且不完备的（one-sided and incomplete）。根据主流经济学和马克思主义经济学的一贯传统，我们把资本积累视为必须增加既有资本品存量的过程。但是，实际上这只是积累过程的一个方面。积累也是增加金融资产存量的过程。资本积累过程的这两个方面当然是互相联系的，但是这一联系的性质目前尚且难以回答。解决上述问题的传统方式实际上是假设这一问题不存在：比如，购买股票和债券（这是金融资产的两种较为简单的形式）仅仅被视为购买实体资本品的一种间接方式。这绝不是合乎事实的，并且这可能会导致严重的误解。

本文并不试图提出关于资本积累过程的一个更为令人满意的概念。这肯定是一个相当复杂且困难的问题，并且坦率地说，对如何解决这个问题，我也还没什么想法。但是，我可以自信地说，只有在一个特别强调资本积累的实体层面和金融层面相互关系的更为精确的资本积累理论，而非我们现今所理解的资本积累概念的基础上，理解当今的垄断资本主义社会才是可能的。

金融资本的胜利[*]

保罗·斯威齐 著[**]

张雪琴 译[***]

本次会议宣布的主题是"土耳其与世界的新趋势"。我不应该尝试谈论土耳其的新趋势,其中,一部分原因在于我对此一无所知,但是另一部分更重要的原因在于土耳其已经深度卷入世界经济,从而这一时期的所有新趋势归根结底在于世界的新趋势。为了理解世界其他地方正在发生什么,人们必须首先理解整个世界正在发生什么。就当今时代而言,再没有比黑格尔的名言"真理就是整体"更真实且切题的了。

在凯恩斯写于1936年的一段经常被引用的文字中,他这样说道:

如果投机者像在企业的洪流中漂浮着的泡沫一样,他未必会造成祸害。但是,当企业成为投机的漩涡中的泡沫时,形势就是严重的。当一国资本的积累变为赌博场中的副产品时,积累工作多半是干不好的。[①]

凯恩斯可能是暗指美国这一世界最发达资本主义国家在20世纪20年代末所面临的状况。而今,这一不祥的预言之声在半个多世纪之后的20世纪八九十年代——不仅在美国而且在全世界——完全应验了。

金融资本一旦割断其作为现实经济中生产的适度助手以满足人类需要这一最初作用,它们就不可避免地会沦为只为自我扩张服务的投机性资本。在资本主义早期,没有人能够想到投机性资本这一同资本主义本身一样古老的现象可以控制一个民族经济

---

[*] 本文最初是斯威齐于1994年4月21日在土耳其伊斯坦布尔大学经济系研究生协会主办的一个会议上的演讲,后刊载于《每月评论》1994年6月第46卷第2期,参见:Paul M. Sweezy, The Triumph of Financial Capital, *Monthly Review*, Vol.46, Issue 2, June 1994, pp.1–11.

[**] 保罗·斯威齐(1910—2004),第二次世界大战以来杰出的马克思主义经济学家之一,著有《资本主义发展论——马克思主义政治经济学原理》《垄断资本:论美国的经济和社会秩序》(与保罗·巴兰合著)等经典作品。

[***] 张雪琴,中共中央党校(国家行政学院)马克思主义学院副教授、硕士生导师,研究方向为当代资本主义经济、金融化与资本积累、中国特色社会主义政治经济学。

[①] 中译文采用高鸿业译本,参见约翰·梅纳德·凯恩斯:《就业、利息和货币通论》,高鸿业译,商务印书馆1999年版,第162页。

体，更别提控制世界经济了。但是，现在它确实做到了。

这就是我们今天面临的现实。它的极其严重的后果在各方面都可以看到：从发达工业国家3500万失业者到第三世界日益加深的贫困和匮乏以及随处可见的不受约束的生态恶化。

问题究竟出在何处以及需要如何进行解释是需要回答的。资本积累一直被视为资本主义制度的驱动力，并被所有主要的经济学分析流派——古典学派、马克思主义经济学和新古典经济学——视为分析的核心。资本积累通常被理所当然地视为增加财富、收入，以及提高生活水平。当然，也一直存在着积累过程的另一侧面——它倾向于导致周期性恐慌和崩溃、人口不同部分之间福利的不平等等。然而，就整体而言，资本积累一直并且仍然被视为其积极作用会超出其消极作用的一个必要过程。

评价资本积累在几个世纪中的运行及其后果并非我当前的目的。我想提出的是，最近的变化，尤其是二战之后发生的变化，改变了资本积累的具体形式，即就整体而言，资本积累不再是积极且良性的积累形式，相反它转变为非常具有破坏性的形式。

正如我们今天所知道的，资本主义的历史始于18世纪下半叶的工业革命，主角是在竞争性市场上运行的众多小企业。技术进步始于棉纺织行业并随之扩散开来，旋即引发了自我再生产和自我扩张的积累和经济增长过程。正是这一资本积累过程构成了第一个真正的社会科学——古典政治经济学——的实践基础。

在工业资本主义的早期阶段，市场绝大部分仍然是地域性的，这一事实不仅限制了其规模也为其作为参与者的竞争性行为施加了限制。后来，随着交通运输和通信（运河、蒸汽船、铁路、电报）的发展，市场在规模、非人格化及其所引起的竞争的激烈性上获得了极大的增长。在19世纪后半叶，资本积累和经济增长已经达到了狂热程度。

一方面，这是辉煌的。资本主义正在实现人们所期望它实现的事情。然而，另一方面，就资本的赢利能力而言，情况就有些不同了。困难在于在工业部门，资本家力图不断扩张的产能已经远远超过了能够给其带来利润率最大化的产能。疲弱的企业成批成批地失败了，并且即使是最强盛的企业也不得不挣扎求生。美国已经在力争占据资本主义世界领先者的地位，下述数据说明了这点。美国的零售指数在1865年美国内战结束时为185。到1890年，它跌到了82，在25年间下降了57个百分点。资本和劳动都被严重挤压了，工业动荡和暴力达到了历史之最，关于这一时期的经济学文献遍布悲观和恐怖之感。

正是在这种情况下，历史发生了决定性转折。在所有发达资本主义国家，19世纪最后20年发生了剧烈的资本积聚和资本集中的过程。更强大的公司吞并了较为弱小的企业并且以各种结合形式（卡特尔、托拉斯、股份公司、巨型公司）联合了起来，目的在于消除割喉式竞争（cut-throat competition）并制定控制其产品的价格和产量的政策。也正是在这一时期，资本主义中心国家迫不及待地寻找新市场和更便宜的原材料产地，寻求殖民或者以其他方式控制诸如非洲、亚洲和拉丁美洲的弱小国家。到了20世纪，主要以小规模、国内为导向的19世纪资本主义制度转变为了20世纪被垄断所控制的帝国主义制度。

理解金融在这一历史性转变中的作用是极为重要的。直到19世纪最后25年，银行和其他的货币资本交易者主要有两种职能：一方面提供短期信用以确保工业和贸易的正常运转，另一方面为政府（尤其是召集军队、发动战争方面）、公用事业无论是私营还是国有（运河、铁路、自来水等），以及大型保险公司的长期需求服务。在美国内战（1861—1865）后，在为创造财富提供资金的过程中，许多资本家将其注意力日益转向了工业并越来越成为集中过程的发起者，他们通常最后完全拥有或者控制了大部分股份从而被称为经济的实际控制者。在美国最著名的金融家摩根（J. P. Morgan）的整个事业发展过程中，聚合方式（paradigmatic）在作为个人制企业时是很少发生的。我还应该提一下，大量分析性或者艺术性的文献，都是为资本主义这一历史性转变所激发。三个典型示例是：在美国，索尔斯坦·凡勃伦（Thorstein Veblen）的《企业论》（1904）；在德国，鲁道夫·希法亭（Rudolf Hilferding）的《金融资本》（1910）；在俄国，列宁（Lenin）的《帝国主义论》（1917）。

就我们现在关于20世纪末新的全球趋势这一点而言，理解在一百年前所发生的这一切是很重要的，它为金融资本的最终胜利做好了准备，虽然没有见证其来临。在20世纪上半叶，资本积累过程继续集中在工业资本，正如它在工业革命初期所做的那样。金融家作为合伙人起到了越来越大的作用，并且越来越成为对于工业资本家而言具有主导地位的合伙人。这两个集团共享生产性资本（钢铁、石油、化学、电力、纸等）利润最大化的目标，尽管他们会就战利品的分配争得面红耳赤。当然也存在诸如商业银行家、股票交易商和债券交易商这类人以金融投机为生的现象，但是这在资本主义历史上只是一种邪念并且是偶然性的。一旦它们在社会大范围内有了自己独立的生命，这就将产生灾难性结果。但是就整体而言，金融仍然隶属于生产（subordinate to production）。

紧随积聚和集中所发生的激烈变化期之后，资本积累过程本身在20世纪早期发生了重大变化。正如之前提及的，零售价格在美国内战后大幅下降，在19世纪中期伴随周期性上涨又有所增加，并且此后直到20世纪20年代都持续了上涨的态势（在"一战"时期大幅膨胀）。随着新型寡头垄断公司学会如何调整其生产政策以应对市场对其产能的吸收，与零售价格运动态势相反的是资本投资的下降。这一时期的历史学家已经普遍注意到"一战"之前十年，经济是萧条的，与之伴随的是失业率增加以及非常不寻常地出现了长期的下滑和短期的上升。

回顾往事，很明显，20世纪的开端也是作为20世纪30年代典型特征的长期停滞的开端。最终，正是第一次世界大战的爆发阻碍了停滞的到来。此后出现的战后繁荣转而被一系列特殊力量所推动，其中最典型的就是第一波汽车革命浪潮及其连锁反应。但是，在19世纪末期的这次历史性转变中，根深蒂固的萧条性力量已经嵌入资本主义经济体，从而它们浮出水面成为资本主义制度运转的决定性力量只是时间而已。这最终在1929年投机性金融大崩盘并随之导致20世纪30年代的大萧条时发生了。

大萧条在资本主义历史上算是一件新鲜事。经济整整十年没有任何增长，资本积累过程近乎停滞。作为当时最先进的资本主义国家，美国在1933年失业率达到了25%。绝大部分经济学家根据过往经验认为周期性上涨会最终导致充分就业，然而他们的观点在1937年时失业率仍然维持在14%这一现实面前土崩瓦解。紧随大萧条之后的是大衰退。失业在1938年飙升至19%，从而这十年似乎注定要以不仅在经济层面而且在整个社会层面的重大危机而结束。早就应该推行并可使得数百万人免于饥饿的罗斯福新政（Roosevelt New Deal）失去了支持，并且美国历史上首次出现对资本主义本身的未来的严肃质疑。

最终拉下这一时期大幕的是第二次世界大战。正如约翰·肯尼斯·加尔布雷斯（John Kenneth Galbraith）所表达的，大萧条永远不会结束，它只是同战争经济融为一体了。在1939—1944年这5年间，美国的国民生产总值增长了75%并且失业率差不多消失了。但是这并非资本主义制度内在逻辑的组成部分。这一逻辑在大萧条中展露了其最纯粹的形式：成熟资本主义制度的常态是停滞。因此，发达资本主义国家之所以没有陷入停滞，是因为来自外部的、非经济的力量。

二战后将近25年的时间里，即从20世纪40年代中期到20世纪70年代，这些外部力量都是被充足提供的：修复战时损害、弥补战时资源分配中用于消费品部分的不足、利用出于军事目的而发展的技术诸如电子产品和喷气式飞机，最重要的是新一轮的热战或者冷战。在20世纪50年代和60年代这20年间，用于资本积累的条件是非常有利的。资本主义进入了一个崭新的黄金年代，这与其青年全盛时期非常相似。但是这不可能并且实际上也没有一直持续下去。正是积累的本性消灭了刺激它积累的各种力量，并且除非一种新的刺激力量出现，否则积累过程就会减缓，并且停滞趋势会占据主导地位。这就是20世纪60年代所发生的一切的序幕，并最终导致了1974—1975年的严重的经济衰退，这是二战后出现的最严重的衰退。

急需一种新的刺激力量，并且它一定会以某种形式出现，尽管具体哪种形式肯定是无法预期的。这就是全球资本主义经济必然趋势的逻辑结果。

我必须承认我们即将进入的领域，即使不是完全未知的，也是在很大程度上未被探索且没有充分涉足的，除此之外，无论从知识背景还是从经验积累而言，我也并非特别胜任在此领域扮演探险者的角色，从而我不得不中断我的分析。不过这一研究主题是如此重要，因此任何激发探索欲望和讨论的做法都是极为有益的。

我接下来想谈论的是处于世界经济和大部分国家的统治地位的金融上层建筑在最近20年所具有的相对独立性——这种相对独立性是较之于之前金融所处地位而言的。它是由各种银行——中央银行、区域银行和地方银行——以及一群交易商所提供的各种各样令人眼花缭乱的金融资产和服务所构成的，它们通过市场网络互相联系，其中一些是被精心组织和调节的，其他一些则是非正式且未被调节的。这一（金融）实体是多维的，并且不存在任何概念单位可以用于度量其规模。但是它不仅在直观层面显得规模非常庞大且在不断增长，而且这也清楚地反映在了衡量其整体重要性的相关统计数据上。

我说过这一金融上层建筑是最近20年的新创造。这指的是它的出现基本上是与20世纪70年代停滞的复归同时发生的。这是否意味着与之前的历史经验相悖呢？按照惯例，金融扩张是与实体经济的繁荣结伴而行的。是否存在上述惯例不再有效这种可能呢。恰恰相反，20世纪晚期的现实情况表明可能正好相反，换言之，现在金融扩张不是取决于实体经济的健康而是取决于其停滞？

我认为，上述问题的答案是肯定的。这确实可能并且正在发生。而且我还要补充道，我非常确信金融与实体的反向关系是理解本次会议所关注的当今世界新趋势的关键。

我希望我可以尽可能用简洁明了的术语来加以解释。但是我不能，并且这不仅仅是由于时间有限。这些确实是非常复杂的问题，并且我知道其他人对此亦不能提供一个令人满意的答案。主流经济学家完全否认了这一问题的存在，而他们之所以如此，我认为是由于他们脱离现实。我所能够做的是尽力提出这一论证的内在逻辑。

实体经济，即生产物品和劳务以满足人们生活和再生产的部门，是由一小撮寡头垄断资本家所有的。实体经济被精心组织起来以为寡头垄断资本家生产大量的、远远超过他们能消费或想消费的巨额利润。作为资本家,他们希望对他们的绝大部分利润进行投资。但是,正是产生巨额利润的这一结构本身严格地限制了底层人口的收入,他们仅仅只能以产生最大寡头垄断利润的价格购买当前产量水平下提供给他们的物品和劳务。因此,扩张大量进入大规模消费领域的产品的产能是无利可图的。如果这样做,必定会导致导向过剩产能的投资,这显然是一种资本主义非理性。因此,他们将会如何处置他们的利润呢?

回顾过去,答案是显而易见的:他们应该投资金融性资产,而非现实的生产性资产。并且,我认为,事实上当经济在20世纪70年代再次陷入停滞后,资本家正以日益扩大的规模投资金融性资产。同样,就供给侧而言,变革的时机已经成熟。属于传统形式的大部分金融活动,在20世纪五六十年代为战后繁荣所刺激,然而它们在停滞再次到来之际遭受了重创。因此,金融家开始寻找新的商机。从实体经济中转移出来的资本在金融部门受到了热烈欢迎。由此在接下来的20年里开启了导致金融资本胜利的具体过程。

在我开始准备这次演讲时,我有一个宏大的想法,试图涵盖以下几个方面:首先,对金融资本统治崛起这一核心主题进行阐述;其次,从历史和分析的角度对这一过程的起源和发展的梗概作一介绍;最后,也是最重要的,是对当前世界变化状况的一些看法和对未来的展望。我甚至觉得我还有时间谈谈对现状不满的人们能够做些什么或应该怎么做。

不过遗憾的是,这些都只是幻想。很快,我意识到在一个简短的演讲里很难完成这一目标,所以我将重点放在历史方面,并在结束之前简要谈谈我对现状和未来的一些看法。

第一,随着金融资本的崛起,政治经济权力的中心发生了转移。长久以来,资本主义社会的权力被人们尤其是激进分子想当然地认为是掌握在几百家巨型跨国公司董事会的手里。毫无疑问,他们的作用主要在于进行资源分配和处理其他重要事务,不过我认为这里有一点需要加以强调。当金融资本通过全球金融市场网络操作时,这些董事会的占有人本身已经越来越受到金融资本的控制和制约。换言之,实际权力不是存在于公司董事会,而是在金融市场。这里需要作一个补充说明:巨型公司也是金融市场的主要参与者,并且巨型公司本身有助于提升其在金融市场上的重要性。这看起来有些像亚当·斯密(Adam Smith)的"看不见的手"以新的形式并且以增强的力量卷土重来。

第二,适用于公司首席执行官们(CEOs)的原则同样适用于政治权力的执行者。

并且，他们都受到金融市场对他们能做什么和不能做什么的限制。考虑到国际机构在经济上的软弱性——国际机构的绝大部分受控于国际货币基金组织（IMF）和世界银行（the World Bank）——这是非常明显的。不过这对于包括美国在内的强大成员，情况就绝非如此了。克林顿政府采取的任何政策的后果，从财政政策到医疗改革，都必须得到金融市场的同意。几周前，《纽约时报》有一篇名为《股票市场民主》的新闻，其副标题是"克林顿政府在全球贸易中的外交行动策略"。只要考虑到中间力量，即那些居于强者和弱者之间的人们，那就必须提到20世纪80年代法国的经验。法国人以绝对优势选举产生了一个社会主义政府。这一新政府，应选民的要求，开启了温和的社会改革和财政扩张政策。结果是不久之后，改革草草收场，并发生了严重的收支平衡危机。在一个民主与金融资本已经被结构化的时代，谁更强势是毫无疑问的。

第三，应该怎么办？如果我的分析是正确的，那么，无论是在现行制度下运行的全球经济还是受限于遵循特定制度的具体国家，都不能给世界上的绝大多数人提供他们需要的体面的工作、安全和民生——很明显他们别无选择只能变革这一结构本身。我很确信他们会——并且最终一定会——这么做。人类早就深受其苦，然而人们不可能永远忍受这些必将滑向失控和混乱的社会制度。同时，这些不祥之兆会越来越明显。墨西哥州的贫苦农民的崛起给我留下了深刻印象，该州热情地拥抱了这一金融统治的新世界。恰帕斯人（the Chiapans）还远远没有准备好掌握权力，但是他们已经动摇了整个社会的根基，并且墨西哥人也绝不会再同1994年1月1日之前一样。类似的事情也可能发生在其他地方。我希望如此。